동양학 학술총서 8

개화기에서 일제강점기까지

# 세시풍속의 문학적 형상과 그 변용

동양학 학술총서 8

# 세시풍속의 문학적 형상과 그 변용

개화기에서 일제강점기까지

단국대학교 동양학연구원 편

채륜
CHAE RYUN

'문화전통'이란 과거 문화유산의 정체성을 밝히는 데 초점을 둔 '전통문화'와는 그 의미를 달리한다. 문화전통은 전통문화를 지속적으로 향유하면서도 새로 유입된 외래문화를 주체적으로 수용하여 자기화하는 과정 속에서 형성되는 것이다.

오랜 역사를 거쳐 형성된 우리의 문화전통은 개화기 이후 서구의 충격과 동아시아 국제질서의 재편 과정에서 큰 혼란을 겪었고, 이어 일제강점기라는 민족적 시련에 의해 새로운 국면을 맞이하게 되었다. 특히 일제강점기 우리의 문화전통은 내적 발전의 역량이 억압된 채 점차 일방적 수용 및 왜곡의 향상으로 '변용'되었다. 그러나 그 가운데에서도 일부에서 우리의 문화전통을 지키고자 하는 노력은 계속되었다.

변화와 왜곡이 가장 극심했던 개화기에서 일제강점기까지의 한국 문화전통의 지속과 변용의 양상을 면밀하게 조사·연구하는 작업은 오늘날 우리 문화전통의 정체성과 지향점을 모색함에 있어 구체적인 정보를 제공할 수 있을 것이다. 한국의 개화기 민속 문화에 대한 연구는 극히 미흡하고, 일제강점기에 대한 연구 역시 해방과 함께 단절된 면이 있다는 점에서 이 시기 한국 사회 전반에 걸친 문화전통의 실상 파악은 매우 긴요하다.

　본 연구원은 그동안 '동양학총서'를 간행하여 한국학 연구자들과 동양학 연구들의 연구에 실질적인 자료를 제공하여 왔다. 이번에 간행하는 『세시풍속의 문학적 표상과 그 변용』 역시 이러한 작업의 일환으로 이루어진 것이다. 본 연구서에서는 개화기에서 일제강점기를 거쳐 근대에 이르는 과정에서 전통문화의 하나인 세시풍속이 문학예술의 영역에서 재현되는 양상과 담론화 과정, 그리고 그 문화적 의미의 변천을 추적하고 탐색하고자 하였다. 문학작품 속에 나타나는 세시풍속에 대한 연구는 그동안 연구자들의 큰 관심을 끌지 못한 주제인데, 축적된 연구 성과들을 하나의 책으로 엮어낸 것으로도 의의가 있다고 생각한다. 본 연구원의 연구 과제와 도서의 발간 취지에 공감하여 옥고를 건네주신 필자 여러분께도 진심으로 감사하다는 말을 남긴다.

　본 연구서의 발간에 즈음하여 〈'개화기에서 일제강점기까지' 한국 문화전통의 지속과 변용〉의 공동연구원으로 과제를 이끌어 주신

최인학, 송재용, 신종한 교수에게 연구원을 대표하여 감사의 뜻을 밝힌다. 또한 연구과제의 수행을 위해 열성을 다해 준 연구교수와 연구원들에게도 감사의 마음을 전한다.

개화기에서 일제강점기까지 한국 문화전통의 지속과 변용 양상을 다각도로 조명하는 연구를 통해 관련 학문분야에 구체적인 기여를 할 수 있기를 기대하면서, 지원을 아끼지 않은 한국연구재단 관계자와 이 책의 출판을 맡아준 '채륜' 서채윤 대표와 관계자 여러분께도 감사의 말씀을 드린다.

2015년 5월
단국대학교 동양학연구원
원장 한시준

# 차 례

# 『세시풍속의 문학적 표상과 그 변용』 연구의 방향과 의의

신종한_ 전 단국대학교 교수

『세시풍속의 문학적 표상과 그 변용』은 개화기에서 일제강점기까지 전통문화의 하나인 세시풍속이 문학예술의 영역에서 재현되는 양상과 담론화 과정, 그리고 그 문화적 의미의 변천을 추적하고 탐색하는 일련의 연구 성과들을 한자리에 모은 것이다.

일반적으로 세시풍속은 일상생활에서 절기에 맞춰 관습적으로 되풀이되는 의식, 의례, 놀이 등 주기전승행사를 일컫는다. 대체로 농경문화를 반영하고 있어 흔히 농경의례로 달리 부르기도 한다. 정월 초하루에 어른들에게 세배를 드리고, 떡국을 먹고, 윷놀이나 연날리기 등의 놀이를 즐기는 것이나 4월 초파일에 '부처님 오신 날'을 기념하는 종교적 행사 들이 모두 세시풍속에 속한다. 한편 예수의 탄생을 기념하는 크리스마스 역시 세시풍속의 하나다. 고유의 전래문화가 아닌 외국과의 문화 교류를 통하여 수용된 것이라도 우리의 삶에 일정한 주기와 형식을 부여한다면 세시풍속이라고 인정할 수 있다. 세시풍속이라고 하면 으레 전통적인 농경문화만을 떠올리게 되는데, 이러한 고정관념의 배경에는 세시풍속을 반근대적인 것으로 여기는 인식이 깔려 있다. 그러나 세시풍속 자체는 근대적인 것도 반근대적인 것도 아니다. 인간의 삶은 늘 어떤 규칙성을 부여받음으로써 문화적인 의미를 획득하는데, 세시풍속은 주로 자연의 리듬과 순환에 의거하여 삶을 주기적 질서에 따라 정돈하는 문화적 형식이다. 인공적인 도시문화는 자연환경의 변화에 크게 영향을 받지 않아 자연스럽게 세시풍속의 전래와 보존이 취약할 수밖에 없지만, 도시문화 자체의 주기적인 생리와 리듬에 따라 형성되는 풍속들이 없지 않다. 무엇보다 근대성이란 일시적이고 덧없는 도시적 삶 속에서 영원성을 포착하는 것이라고 할 때[1] 저 영원한 것의 범주에 세시풍속의 형성과 지속이 포함되며 그런 의미에서 세시풍속은 근대성의 주요 요소로 간주될 수 있다. 오늘날 세시풍속에 대한 관심이 고색창연한 호사가적 취미로만 간주되는 것은 근대성의 개념을 서구적인 것으로 이해하는 편협한 사고방식의 산물일 뿐이다. 우리의 일상생활과 주변 환경 속에는 반복되고 순환하는 전통적 세시풍속들이 면면히 이어져 오고 있으며, 끊임없이 새로운 근대적 풍속들이 형성되고 있다. 이러한 세시풍속들은 우리 삶의 근저에서 삶의 의미와 형태를 윤곽짓는 하나의 모체로서 기능한다. 이 책은 바로 이러한 세시풍속의 의미와 양상을 탐색하고 발굴하는 작업의 일환으로, 근대전환기에 세시풍속의 변모 양상을 문학담론의 층위에서 추적하고자 한 논의들이다.

근대문학 연구에서 세시풍속에 관한 문학적 논의는 매우 빈약하다. 최근 국문학계에서 풍속연구 또는 문화론적 연구가 등장하며 연애·성·광고·패션·학교·독서 등 민족·계급 따위 거시적 담론에 가려졌던 일상생활의 미시적 국면들이 속속 공개되면서 근대의 풍속 또는 풍경에 관한 성과들[2]이 나오고 있지만, 이들 가운데 세시풍속에

---

1 미셸 푸코, 「계몽이란 무엇인가?」, 정일준 편역, 『자유를 향한 참을 수 없는 열망』, 새물결, 1999, 187~188면.

2 문학 분야에 한정하여 볼 때 단행본으로 출판된 대표적인 연구물로는 김진송, 『서울에 딴스홀을 허하라』, 현실문화연구, 1999; 신명직, 『모던보이 경성을 거닐다』, 현실문화연구, 2003; 이경훈, 『어떤 백년, 즐거운 신생』, 하늘연못, 1999; 『오빠의 탄생』, 문학과지성사, 2003; 권보드래, 『연애의 시대』, 현실문화연구, 2003; 전봉관, 『황금광 시대』, 살림, 2005; 『럭키경성』, 살림, 2007; 『경성 자살 클럽』, 2008; 『경성기담』, 살림, 2006; 『경성 고민 상담소』, 민음사, 2014; 김주리, 『모던 걸, 여우 목도리를 버려라』, 살림, 2005; 김미지, 『누가 하이카라 여성을 데리고 사누』, 살림, 2005; 백지혜, 『스위트 홈의 기원』, 살림, 2005; 강심호, 『대중적 감수성의 탄생』, 살림, 2005; 소래섭, 『에로 그로 넌센스』, 살림, 2005; 이승원, 『소리가

관한 논의들을 찾아보기는 어렵다. 근대의 풍속에서 세시풍속은 전근대적인 현상으로 제외되고 있는 것이다. 시와 소설을 막론하고 문학작품들에서 세시풍속에 관한 사례들이 적지 않게 발견됨에도 불구하고, 이 방면의 논의가 부족한 것은 서구적 근대성의 잣대로 텍스트를 분석하는 연구자들의 시각 탓이 크다.

세시풍속은 전통적 삶이 근대적 변환의 역사 속에서 겪은 부침과 갈등의 이야기를 풀어낼 수 있는 유효한 제재다. 비록 서구에서 유입된 근대화의 속도가 매우 빠르고, 더욱이 일본 제국주의의 식민 지배를 받으며 침탈과 억압의 폭력적인 과정을 겪게 되었을지라도 일상생활의 저변에서 우리 고유의 문화를 형성하는 세시풍속은 그러한 격변 속에서도 쉽사리 단절되지 않는 완강한 지속성을 띠고 이어져 왔다. 반복되는 주기성을 갖고 있는 세시풍속은 다른 전통문화와 달리 일상적 삶 속에 뿌리 깊게 각인되어 있고 때에 맞춰 되풀이하는 관성을 발휘한다. 그런 점에서 세시풍속에 주목하는 것은 식민지 근대화의 억압 속에서 움트는 문화적 저항의 토양을 확인하는 작업이 될 수 있다. 특히 세시풍속 자체보다 그 재현에 관한 논의가 필요한 것은 이차적 표상들을 통해 세시풍속에 관한 인식과 이해, 달리 말해 전래하는 세시풍속을 어떻게 받아들이고 변용할 것인가 라는 문제의식을 추출해낼 수 있기 때문이다.

---

만들어낸 근대의 풍경』, 살림, 2005; 『학교의 탄생』, 휴머니스트, 2005; 이경민, 『기생은 어떻게 만들어졌는가』, 아카이드북스, 2005; 천정환, 『근대의 책읽기』, 푸른역사, 2003; 『끝나지 않는 신드롬』, 살림, 2005; 문옥표 외, 『신여성』, 청년사, 2003; 김태수, 『꽃 가치 피어 매혹케 하라』, 황소자리, 2005; 박천홍, 『매혹의 질주, 근대의 횡단』, 산처럼, 2003 등이 있다.

이 책에 실린 글들은 무엇보다 이차적 표상으로서 '세시풍속'의 양상에 관심을 두고 '세시풍속'의 문학적 재현을 통해 나타나는 문화적 충돌과 가치관의 대립, 사회적 권력 간의 투쟁 등 담론적 의미망이 형성되고 재편되는 과정을 분석하고 있다. 부족하나마 여기에 실린 글들의 핵심을 간단히 요약하면 다음과 같다.

강진호의 「근대 초기의 풍속과 민족주의적 열정」은 안수길의 대하소설 『성천강』을 다각적인 측면에서 논의하며, 개화기의 삶과 풍속을 구체적인 형태로 재현한 작품이라는 점에 의미를 부여한다. 안수길의 작품은 전통적인 세시풍속보다는 근대적인 형태의 풍속 재현이 두드러지게 나타나는데, 운동회와 연설회, 혼례, 공진회, 굿판 등 근대적 의례와 행사 들에 대한 복원은 개화와 전통 사이에서 갈등하는 당대의 시대상을 여실히 반영하는 것들이다. 이 글은 『성천강』에서 당대 민중들의 구체적인 생활상이 핍진하게 그려져 까닭을 작가적 세계관과 결부시켜 설명하고, 풍속 묘사가 단지 기술적인 차원의 문제가 아니라 주제와 연결된 핵심적인 사상이라는 점을 밝혀낸다.

주강현의 「일제식민지시대 '두레'의 문학적 형상화: 두레와 문학의 힘, 풍속의 힘」은 민속문화 연구자의 시각에서 '두레'의 문학적 형상화를 검토하고 있는 학제간 논의다. 세시풍속에 관한 문학적 논의가 매우 드문 시기에 시도된 연구라는 점에서 의미가 깊다. 이 글은 일제강점기 '두레'에 관한 풍속사적 사료의 하나로써 민촌 이기영의 『고향』과 단편소설, 촌극 등을 다루고 있다. 농민들의 삶을 다룬 이기영의 소설에서 '두레'의 풍속이 얼마나 정교하게 재현되었는가라는 반영론적 관점에서만 접근하지 않고, 식민권력의 억압과 착취에 저항하는 농민공동체의 힘을 보여주는 중요한 매개이자 수단으로서 '두레'의 의미와 가치를 밝히고 있다는 점에서 주목된다. 이기영의 소설을 풍속사적 사료로 취급한다는 것, 다시 말해 세시풍속의 문학적 재현을 고찰한다는 것은 바로 세시풍속이 개인과 공동체의 삶에 작용하는 힘과 가치를 확인하는 작업이라는 것을 이 글은 보여주고 있다.

윤영옥의 「이기영 농민소설에 나타난 풍속의 재현과 문화재생산」역시 이기영의 소설을 대상으로 풍속의 문화적 힘의 규명에 관한 보다 상세하고 치밀한 논의를 보여주고 있다. 이 글의 관점은 이미 본문에서 그 핵심이 잘 요약되어 있는바, "이기영의 농민소설에서 풍속의 재현은 현실세계의 반영이라기보다는 변화하는 현실의 반영이며, 현실의 변화를 위한 재현"이다. 이처럼 풍속을 단지 농민생활의 반영으로 보지 않고, 농민 개개인의 의식과 사회적 양태를 변화시키는 중요한 요소라는 점을 확인하고 있는 것은 중요한 성과다. 특히 이기영의 소설에 나타나는 다양한 풍속의 양상 중 추석, 두레, 단오 등 세시풍속의 재현 양상을 집중적으로 고찰하며, 세시풍속이 사회를 변화시키는 강력한 실천적 문화라는 점을 분석하는 대목은 주목에 값한다.

차선일과 백지혜의 글은 백석의 시에 나타난 세시풍속의 표상들을 살펴보고 있다. 차선일의 글은 백석 시에 나타난 민속성 또는 민속적 상상력이 지닌 미학적 의미, 즉 그것이 시에서 작용하는 미적인 기능과 역할을 1930년대 후반 문화담론의 맥락에서 검토하고 있다. 구체적으로 이러한 작업은 1930년대 후반에 나타난 '과거로의 회귀'

또는 '조선적인 것의 복원'이라는 시대적 지향성과 백석 시의 민속적 상상력이 지닌 시간의식(지향성)이 차별화되는 지점을 비교 탐색하는 논의로 전개된다. 저자는 백석 시의 민속적 전통주의는 세시풍속과 의례 등 민속적 삶의 세계를 미각과 후각 등 감각을 통해 복원하는 구체적인 생활세계에 밀착해 있다고 분석한다.

백지혜의 「백석 시에 나타난 '마을' 형상화의 의미」는 백석 시에서 '마을'이 어떻게 표현되고 있는지를 살펴보는데, 구체적으로 '마을'의 공간은 절기, 명절, 축제, 습속 등 순환적인 주기로 찾아오는 풍속들의 세계에 다름 아니다. 특히 백석의 시는 후기로 갈수록 절기나 세시풍속 등의 모티프를 적극적으로 차용하면서 추상화되거나 회고적인 공간으로서의 '마을'이 아닌 살아있는 구체적인 삶의 터전으로서 '마을'을 형상화하고 있다. 우리가 주목할 것은 구체적인 삶의 터전으로서 '마을'이라는 표상을 구성하는 핵심적인 요소가 바로 절기나 세시풍속 들이라는 점이다. 이러한 점은 무엇보다 기행시편들에서 여실히 드러나는데, 객지에서 그리워하는 고향 마을의 구체적인 모습이 늘 세시풍속 등이 재현되는 공간으로 나타나고 있다. 백지혜의 논고는 전근대성이 아닌 반근대성의 지점에서 백석 시의 토속성과 전통성을 논하며, 특히 절기나 세시풍속이 반근대성을 형성하는 문화적 촉매이자 근거라는 점을 부각시키고 있다.

오태환의 「혼과의 소통, 또는 무속적 요소의 문학적 층위」는 김소월, 이상, 백석의 시들에 투영된 무속적 상상력을 논의하고 있다. 우리가 주목하는 것은 백석 시에 관한 논의다. 저자에 따르면, 백석 시의 "극사실주의적 토속 공간의 원형성"은 무속적 세계와 겹쳐 있다. 앞서 차선일과 백지혜의 논의에서 백석 시에 나타나는 세시풍속이 시적 형상화의 구체적인 원리이자 근원적인 시적 지향의 세계라는 점이 드러났다면, 오태환의 논의는 그 세시풍속이 무속적 전통과도 연결되어 있음을 분석한다. 논의에 따르면, 실제로 백석 시의 토속적 공간은 사람과 동물이 혼연하는 신화적 공간이기도 하고, 재액을 방비하는 축사의례가 펼쳐지는 장소이기도 하다. 또한 무속적 질서는 고향의 집과 마을을 지배하는 심정적 원리이다. 이 가운데 「오금덩이라는곧」과 같은 작품에서 재현된 축사의례에서 보듯, 무속적 세시풍속은 재액이 상징하는 상처와 고난을 치유하는 재생의 힘이자 생명이 탄생하는 원초적인 재생의 공간으로 묘사된다. 오태환의 논의는 백석 시에 관한 각론을 넘어 세시풍속이 지니고 있는 재생적 힘의 원천을 해명하고 있다는 점에서 주목된다.

오태영의 「'향토'의 창안과 조선문학의 탈지방성」은 문학작품 속에 조선적인 것의 대표적인 표상으로 등장하는 '향토' 표상에 관한 심층적인 논의를 전개한다. 저자에 따르면, 1930년대 후반에서 1940년대 전반에 이르기까지 식민지 조선의 지식인들이 조선의 향토성(지방성)에 주목한 것은 위기의 시대를 극복하고 변화된 시대에 조응하기 위한 방편이었다. 중일전쟁 이후 동아시아 지역 구도의 재편 움직임 속에서 조선의 지방성(향토성)을 새롭게 자각함으로써 조선문화의 새로운 패러다임을 모색하려는 것이었다. '향토'는 이러한 구도에서 부상한 '조선적인 것'의 표상으로서, 현실의 고통을 치유해주는 위안처로 표상되는 한편, 과거 조선의 전통을 간직하고 있는 공간으로 재현되었다. 우리의 관심을 끄는 대목은, '향토성'을 구성하는 중요한 요소의 하나로 농촌의 세시풍속이 거론되고 있다는 점이다. 특히 '향토'가 단순히 심적 위안처로서의 자연에 대한 표상을 넘어 조선의 전통문화가 면면히 이어져 내려오고 있는 공간으로 인식되는 데에는 조선의 전통으로서 세시풍속 등의 존재가 결정적인 요소로 작용했다고 분석되고 있다. 오태영의 논의는 식민지 후반기의 담론적 지형에서 향토적인 것의 표상이 수행하는 의미와 기능을 조망함으로써 작품론 또는 작가론에 한정되어 있는 세시풍속에 관한 문학적 논의를 보다 넓은 맥락으로 확대하였다는 점에서 의미가 깊다.

『세시풍속의 문학적 표상과 그 변용』은 단국대학교 동양학연구원이 2005년부터 한국연구재단의 지원을 받아 중점연구소 과제로 수행해온 〈'개화기에서 일제강점기까지' 한국 문화전통의 지속과 변용〉의 3단계 연구의 결과물이다. 총괄과제인 〈'개화기에서 일제강점기까지' 한국 문화전통의 지속과 변용〉은 우리 문화전통의 정체성과 지향점을 모색하기 위한 연구로, 변화와 왜곡이 극심했던 개화기에서 일제강점기까지 한국 문화전통이 어떻게 지속되고 변용되었는지 그 양상을 조사하고 탐색하는 작업이다. 이 책은 이러한 총괄과제의 3단계 세부과제의 하나로, 개화기에서 일제강점기를 거쳐 근대에 이르는 동안 우리 민족의 세시풍속이 어떠한 지속과 변용의 과정을 거치며 이어져왔는지를 문화적 표상의 영역에서 살펴보는 연구이다. 아무쪼록 여기에 실린 논의들이 민속학과 현대문학의 접점을 살펴보는 연구 영역의 초석을 마련하여 학제 간 연구의 가능성을 열고 관련 학문분야에 기여할 수 있기를 바란다.

참고문헌은 각주로 대신함

# 근대 초기의 풍속과
# 민족주의적 열정

### -『성천강』(안수길)론 -

강진호_ 성신여자대학교 교수

● 이 글은 강진호, 「근대 초기의 풍속과 민족주의적 열정-〈성천강〉(안수길)론」
(『현대소설연구』 제48집, 한국현대소설학회, 2011)을 재수록한 것이다.

# 1. '성천강'과 회고담

『성천강』은 안수길 소설 중에서 가장 긴 작품이다. 원고지로 5,000매 가량 되는 대하소설로, 그 전편에 해당하는 『통로』와 비교하자면 4배 이상의 길이를 갖고 있다. 그런데 그렇게 긴 분량을 갖고 있음에도 불구하고 작품은 뚜렷한 사건이나 갈등이 존재하지 않는 독특한 형태를 보여준다. 방대한 분량을 소화하기 위해서는 여러 인물과 사건이 복잡하게 얽히고설키는 등의 복합적 구조를 지녀야 하지만 작품에는 그런 모습이 보이지 않는다. 윤원구라는 노인이 70세에 이르러 '살아온 과거를 돌아보고 기록한 내용'을 바탕으로 작품을 창작했다는 작중 화자의 진술처럼, 작가는 윤원구의 회고록을 저본底本으로 해서 과거의 일화들을 담담하게 서술한다. 회고록이란 과거에 대한 단편적인 기록이고, 그것도 칠순 노인의 머릿속에 남아 있는 자의적이고 주관적인 기록인 까닭에, 작가는 그 조각들을 서로 연결하고 살을 붙여서 한편의 서사를 만들어낸 것이다. 그런데 '윤원구'는 단순한 가공인물이 아니라 작가의 실제 부친을 모델로 했다는 점에서, 작품은 일종의 자전소설이나 가족사소설로 볼 수 있다. 작품 속의 윤원구가 보여주는 일련의 행적에는 북간도로 이주하기까지 안수길 일가의 실제 내력이 구체적인 형태로 투사되어 있고, 그런 점에서 『성천강』은 가계家系에 대한 실록적 기록과도 같다. 장사를 하다가 실패하고 불우하게 생을 마감한 윤원구 부친의 일화나 부산에서 해산물 중개업을 하는 조부의 행적, 그리고 윤원구의 아들(안수길)이 태어난 시점(1911)과 장남인 그를 고향에 두고 둘째를 데리고 간도로 이주한 시기(1924) 등을 고려하자면, 윤원구는 1924년에 간도로 이주한 뒤 용정 광명고녀에서 교감을 지낸 안용호와 거의 같다는 것을 알 수 있다. 또한, 부친 안용호가 사망한 것은 『성천강』을 연재하고 있던 1972년이고, 『성천강』이 단행본으로 출간된 것은 1976년인데, 그 서문에서 작가는 "아버님 영전에 바칩니다."라는 헌사를 붙여 놓았다. 아버지의 일대기를 모델로 한 까닭에 부친에게 받친다는 헌사를 달았고, 그것을 통해서 안수길은 자신의 삶과 문학의 터전인 '북간도'로 이주하게 된 알리바이를 마련한 것이다.[1] 3부작으로 이야기되는 『북간도』와 『통로』, 『성천강』에는 그러한 가계사가 연대기처럼 투사되어 있다. 『북간도』는 한 가족이 간도로 이주한 뒤에 겪는 사건과 생활을 주된 소재로 하고 있고, 『통로』는 주인공 윤원구의 4~5세 무렵의 기억에서 시작해서 을사조약이 체결된 1905년까지의 시기를 다루었으며, 『성천강』은 윤원구가 서울과 함흥을 오가면서 배우고 또 교사로 성장하는 과정과 3·1운동을 주도하고 수감되어 출옥한 뒤 간도로 떠나기까지의 과정을 연대기 형식으로 그리고 있다.

　기존 연구에서 『성천강』은 그리 큰 주목을 받지 못하였다. 대부분의 연구자들이 『북간도』를 중심으로 논의를 했고, 『성천강』은 그 과정에서 잠시 언급될 뿐이었다. 그러다가 최근 들어 몇몇 논자들이 『성천강』에 주목했는데,[2] 특히 관심을 끄는 것은 최경호의 논문이다.

---

1 안수길의 생애에 대해서는 다음 글을 참조할 수 있다. 김윤식, 『안수길 연구』, 정음사, 1986; 최경호, 『안수길 연구』, 형설출판사, 1994; 오양호, 『일제강점기 만주 조선인 문학연구』, 문예출판사, 1996; 안수길, 『성천강』, 태극출판사, 1976에 수록된 「연보」 등.

2 학위논문으로는 김창해의 「안수길 소설의 공간모티프 연구('통로'·'성천강'을 중심으로)」, 단국대 석사학위논문, 1995; 백진영의 「안수길의 장편소설 연구」, 숭실대 석사학위논문, 1998;

최경호는 작품은 그 작가의 분신과도 같다는 전제 아래, 『성천강』은 『북간도』와 동일한 착상으로 되어 있고, 또 윤원구 개인의 자전적 시각을 통해 민족문제를 보고자 한다는 점을 지적하였다. 그리고 『북간도』 후반부에서 목격되는, 역사적 사실에 '인물이 압도'되고 지나친 작가의 개입으로 '소설의 구조화가 약화된 점'을 보완하기 위해 『성천강』이 씌어졌으며, 안수길은 『북간도』보다는 『성천강』이 높이 평가되기를 소망하였다는 사실을 언급하였다.[3] 공감되고 또 타당한 지적으로, 특히 『북간도』 후반부의 '역사 사실의 지나친 개입에 따른 미흡함을 보완하려는 의도'로 『성천강』을 창작했다는 지적은 『성천강』을 이해하는 데 중요한 시사점을 제공한다.

주지하듯이, 『북간도』는 간도라는 서사적 공간의 채용과 백두산 정계비를 둘러싼 중국과의 영토 분쟁, 그 와중에서 고통 받는 재만 이주민들의 척박한 삶에 대한 서술을 통해서 우리 민족의 한과 고통이 서린 간도를 서사적 화폭에 담아 낸 작품이다. 하지만 그런 성과에도 불구하고 한편으로는 작가의 민족주의적 시각이 지나치게 개입해서 서사의 개연성이 떨어지는 것을 목격할 수 있다. 『북간도』에는 『북향보』에서 목격되는 영웅적 인물과 계몽적 언술이 이한복 일가의 민족주의적 삶이나 간도가 우리 땅이라는 계몽적 언술로 대체되고, 그런 시각으로 인해 인물과 환경은 유기적인 조화를 이루지 못하고

---

서병국의 「안수길의 장편소설 연구」, 한국외대 교육대학원 석사학위논문, 1985; 조수진의 「안수길 장편소설 연구」, 고려대 석사학위논문, 2003 등이 있고, 일반논문으로는 최경호의 「안수길론('통로', '성천강'을 중심으로)」, 『계명어문학』 제2집, 한국어문연구학회, 1986이 있다.

3  앞의 최경호의 「안수길론」 참조.

추상화되어 있다. 작가의 민족주의적 시각이 서사의 근본 동인動因이 되어 인물들의 성격과 운명을 일방적으로 조정한 까닭이다. 그래서 『북간도』에는 많은 수의 인물이 등장함에도 불구하고 실상은 이한복, 최칠성, 장치덕 등 몇몇 인물만이 뚜렷할 뿐 나머지 인물들은 고유의 개성과 운명을 갖고 있지 못하다. 이를테면, 작품 속의 인물과 사건, 배경 등의 요소 하나하나는 작가로부터 독립해서 그 나름의 생명력을 가져야 하지만, 그렇지 않고 작가의 이념과 시각에 의해 일방적으로 조종될 때는 인물로서의 개성과 생명력을 가질 수 없다. 안수길의 인물들이 자율성을 갖지 못하는 것은 작가의 민족주의적 시각이 작품에 일방적으로 강요되고, 그로 인해 현실의 복합적 양상이 일면적으로밖에 파악되지 못한 데 원인이 있다.[4]

그런데, 『성천강』에서는 그러한 작가의 시각이 상대적으로 약화되어 드러난다. 주인공이 민족주의적 교육자로 성장하는 일련의 과정에 작품의 초점이 모아져 있지만, 그 과정이 결코 도식적이거나 일방적 시각에 의해 강요되지는 않는다. 대신 인물이 처한 일상의 삶과 현실의 관계가 작품의 전면을 차지하고, 그로 인해 서사의 진폭은 『북간도』에 비해 상대적으로 단조롭고 협소하다. 『북간도』가 간도가 지닌 역사적 의미에 주목하고 이한복 일가 4대에 걸친 삶을 서사의 기본축으로 하는 등 역동적 형태를 갖는다면, 『성천강』은 시종일관 윤원구 한 사람의 행적에만 초점이 모아져 있다. 더구나 이 작품은 언급한 대로 회고록의 형식으로 되어 있다. 회고록이란 한 인물

---

4  강진호, 「추상적 민족주의와 간도문학」, 『작가연구』 2호, 1993 참조.

이 살아온 과정을 주관적으로 기록하는 양식이고, 그래서 주변 인물들은 주체와의 관계 속에서만 의미를 가질 수밖에 없는데, 『성천강』은 그런 회고록을 작품의 저본으로 한 까닭에 한층 단조로운 형태를 갖는 것이다. 그런데, 그것은 한편으로 한 인물이 걸어온 삶의 행적을 구체적 일상 속에서 포착해내는 것이라는 점에서 한 시대를 조망하는 효과적인 방법으로 기능하기도 한다. 가령, 한 인물이 성장한다는 것은 그 시대의 사회·문화적 환경 속에서 자기를 발견하고 정신적으로 성장하는, 곧 사회화와 내면內面의 확장과정인 바, 작가는 그런 과정을 서술하면서 한 시대와 사회의 특성을 구체적 형태로 포착해내는 것이다.

『성천강』은 구한말에서 일제 강점기라는 격랑의 시기를 살아온 당대 민중들의 생활과 그 이면을 관통하는 민족주의적 열망을 생생하게 포착해 놓은 작품이다. 주인공 윤원구는 단순한 인물이 아니라 격동의 시대를 온몸으로 거슬러 감내해온 예외적 개인이고, 그런 점에서 그의 행로는 당대 민중들의 삶과 풍속, 나아가 가치와 열망을 대변한다고 할 수 있다. 그런 견지에서 이 글은 『성천강』의 특성과 의미를 고찰해 보고자 한다.

## 2. 근대 민족주의자의 탄생

방대한 분량에도 불구하고 『성천강』의 내용은 사실 간단하다. 주인공 윤원구를 중심으로 한 성장소설로 정리할 수 있을 정도로 작품은 시종일관 그의 성장 과정에 초점이 모아져 있다. 성장소설이 한 인간이 성장하는 과정에서 겪는 꿈과 희망, 성취와 좌절을 통해서 보편적 교양의 인물로 성장하는 곧, 자기실현의 과정을 제시하는 것이라면, 『성천강』에는 윤원구라는 인물의 꿈과 희망, 성취와 좌절의 행적이 시간의 흐름과 더불어 펼쳐진다. 이를테면, 윤원구는 함흥 시골에서 벗어나 서울에서 공부를 하겠다는 생각으로 조부가 있는 부산으로 나오지만 사업이 여의치 않았던 조부의 완강한 반대에 부딪혀 다시 함흥으로 돌아오고, 그곳에서 근대적 교육을 받기 시작한다. 관립 고등학교에 입학한 뒤 원구는 개화파인 학생 간부들과 함께 조선이 하루 빨리 근대화되어야 한다는 생각에서 단발동맹을 결성해서 주도하고, 이후 서울로 올라와서 유학생활을 시작한다. 그렇지만 가난으로 인해 학업을 계속할 수 없어서 다시 함흥으로 낙향하고, 얼마 후 정숙학교에 취직해서 교사로 근무한다. 교장과 종교적 문제로 갈등하다가 학교를 그만 둔 뒤 다시 상경하고, 이후 인도에 가서 수행하겠다는 망상에 사로잡혀 한 동안 방황과 실의의 나날을 보낸다. 그러다가 친구의 주선으로 갑산에서 보통학교를 세우고 후진을 양성하다가 3·1운동을 주도한 뒤 옥고를 치르고, 출옥 후 더 이상 국내에서는 활동할 수 없다는 생각에서 간도를 향해 떠나는 것으로 작품은 마무리된다.

이런 과정을 서술하면서 작가는 윤원구가 민족주의적 성향의 교육자로 성장하는 일련의 과정에 시선을 집중한다. 그래서 주변 인물들에게는 깊은 관심을 보이지 않고 오직 시대적 격랑을 헤치면서 근대적 주체로 성장하는 원구의 일련의 행적에만 초점을 집중한다. 구한말에서 일제 식민치하라는 격동기를 온몸으로 헤쳐 가는 윤원구의 행적은, 그런 점에서 작가가 오랫동안 고민해온 '어떻게 살 것인가'의 문제를 함축한 것으로 이해할 수 있다.

윤원구가 근대적 인물로 성장하는 과정에는 여러 계기들이 작용하지만, 무엇보다 결정적인 것은 신학문에 대한 열망이다. 새로운 학문, 곧 서구의 신학문을 배워야 한다는 열의는 구한말 당시 젊은이들을 사로잡았던 시대적 분위기였는데, 윤원구 역시 거기에 휩쓸려 새로운 운명을 맞게 된다. 작품에서 언급되듯이, '그저 무언가를 해야 한다. 그러기 위해서는 신학문을 배워야 한다.'는 것, 그런 분위기가 당대 청년들을 사로잡았고 윤원구 역시 그 대열에 가담해서 선두로 나선 것이다. 게다가 윤원구가 살던 함흥은 근대화에 대한 열풍이 강렬했던 곳이다. 당시 관북지방에는 서북지방에서 활동했던 안도산의 영향으로 '서북학회 지부'가 생기는 등 신학문과 신사조에 대한 열의가 고조되고 곳곳에 학교가 설립되었다. 윤원구가 경서를 배우는 등 전통적인 교육을 받았음에도 불구하고 근대적 신학문에 관심을 두게 된 것은 그런 분위기와 무관하지 않다. 원구는 서울 유학이 무산되자 곧 바로 서재書齋에 들어가서 논論 즉, 자신의 뜻을 당당하게 논하는, 당시 유행했던 근대적 논설의 중요성을 인식한 것은 그런 사실과 무관하지 않다. 그렇기에 신학문에 대한 열망은 자연스럽게 '화륜선'으로 상징되는 근대 세계에 대한 동경으로 이어지는데, 그것은 조부가 있는 '부산'에 대한 동경으로 구체화되어 드러난다. 가령, 부산에서 해산물 중개업을 하는 조부는 원구에게는 정신적 지주이자 경제적인 풍요의 상징이었다. 조부는 함흥의 가족들에게 쌀과 해산물, 돈

등을 보내왔고, 그것으로 해서 가족들은 생활의 안정과 함께 자부심을 가질 수 있었다. '산골에 파묻혀 있다가는 아무것도 안 된다'는 생각, 신을 삼고 새끼를 꼬고 가마니를 짜는 등의 촌일은 일종의 '자포자기'의 생활이고, 그래서 부지런히 '공부를 해야 한다'는 생각이 윤원구를 사로잡았고, 그런 생각에서 원구는 아버지의 3년 상을 마치기도 전에 조부를 찾아 부산으로 떠났던 것이다.

> …… 부산은 신계골보다야 크고 개명한 곳임에는 틀림이
> 없으나, 항구라 상술이 발달되었고, 따라서 사람들이 이
> 해타산에 밝아 야박하기만 한 듯했다. 그래서 서울에 가서
> 신학문을 배워야 하겠다는 생각이 더욱 굳어졌다. ……[5]

그런데, 원구의 눈에 비친 항구는 기대했던 것과는 달리 "상술이 발달되었고, 따라서 사람들이 이해타산에 밝아 야박하기만" 했다. 그런 사실을 목격하면서 윤원구는 조부에게서 떠나 발길을 '서울'로 돌리고자 한다. '화륜선'으로 상징되는 근대세계에 대한 지향을 상업이 아닌 교육을 통해서 이루겠다는 무의식적 선택이 이루어진 것으로, 윤원구의 이러한 행동은 이후 그의 삶을 결정짓는다.

윤원구의 부친이나 조부는 상업에 종사하고 있었고, 사실 『북간도』에서 안수길이 날카롭게 포착한 것도 상인의 삶이었다. 민족주의적 성향이 강했던 이한복 일가는 감옥으로 가야 했고, 일제와 타협한

---

5  안수길, 『성천강』, 태극출판사, 1976, 23면.

최칠성 일가는 민족을 배반하는 밀정으로 전락했지만, 장사꾼이 된 장치덕 일가는 그들과는 달리 만주에 성공적으로 정착할 수 있었다. 수완 좋은 장사꾼 장현도는 간도의 번성과 더불어 북간도에 뿌리를 내릴 수 있었고, 작가는 그 과정을 실감나게 포착해 놓은 바 있다. 그런데, 『성천강』의 윤원구는 상업을 버리고 대신 교사의 길을 선택한다. 거기에는 물론 부친의 불행한 삶과 죽음이 무의식적으로 작용했을 것으로 판단된다. 『통로』에서 자세히 서술되었고 『성천강』의 앞부분에서 언급된 것처럼, 원구의 부친은 장사를 하고 있었다. 부친은 서문거리에서 조그만 가게를 내고 있었지만 넉넉하지 않았고, 게다가 실패로 끝났다. 원구 아버지는 조선의 '은전銀錢'을 연해주에 싣고 가서 러시아 돈과 바꾸어오면 이익이 많이 남는다는 것을 알고 그 장사에 뛰어들었다. 당나귀에 은전을 가득 싣고 고향을 떠난 원구 부친은 청진까지 갔지만, 돌연 계획을 바꾸어서 소장수로 나섰고, 그 과정에서 불행하게도 소에 받쳐 횡사한 것이다. 이런 부친의 불행한 죽음을 지켜보면서 윤원구는 험하고 굴곡 많은 장사보다는 교육 쪽으로 방향을 돌린 것으로 보인다. 『성천강』이 『북간도』에 비해 한층 구체적인 느낌으로 다가오는 것은 이런 선택과 관계되거니와, 교사의 길이란 작가 안수길이 성장하면서 늘 보고 겪은 부친의 모습이었다. 그런 부친을 모델로 한 관계로 윤원구가 교사로 성장하는 것은 당연한 일로 보이지만, 그것은 한편으로 작품의 리얼리티를 구성하는 중요한 요소가 되었다고 할 수 있다.

윤원구가 교사로 성장하면서 민족주의적 성격을 갖게 된 중요한 계기는 무엇보다도 안도산과의 만남이었다. 윤원구의 서울 유학을 격려하고 여러 가지로 도움을 준 함흥 '서북학회 지부'의 이 지부장 역시 안도산의 영향 아래 있었다. 이 지부장은 대운동회 때부터 원구를 알고 있었고 단발동맹 때에는 거듭 칭찬을 아끼지 않았던 함흥 지방의 선각자로, 원구에게 안도산을 만나 서북지방을 먼저 방문해 달라는 말을 전하라고 부탁한다. 이 부탁을 전하는 과정에서 원구는 자연스럽게 안도산과 대면한다.

> …… 나는 지체치 않고 도산 선생을 원동苑洞의 이갑 씨 댁으로 찾아갔다. …… 이 지부장으로부터는 물론, 성재 선생으로부터도 들어 마음속에서 우러러 받들던, 만인이 추앙하는 민족의 지도자를 뵙게 된다는 감회로 가슴이 꽉 차 있었다. ……6

"마음속에서 우러러 받들던, 만인이 추앙하는 민족의 지도자" 안도산을 만나면서 윤원구는 깊은 감동에 사로잡힌다. 안도산은 윤원구에게 통감부의 간부 표손일表孫一의 일화를 소개하면서, 인격과 수완이 수준 미달이라는 것을 말하고 우리는 더욱 정신을 차리고 힘을 합해야 희망이 있다는 것, 그리고 "공부를 열심히 해야지, 이 나라는 당신네들의 손에 달렸"다는 것을 강조한다. "도산 선생을 뵈었다는 사실이 나의 서울 유학생활의 출발점에 당해 적지 않은 영향을 준 것이 사실"이라는 진술처럼, 이 만남을 통해서 윤원구는 안도산의 언행

---

6  안수길, 앞의 책, 211면.

을 내면화하고 이후 안도산과 같은 웅변가, 민족운동가로 서서히 변모해 간다.

『성천강』의 거의 전부가 윤원구가 교육을 받거나 가르치는 일화로 되어 있는 것은 그런 사실과 무관하지 않다. 가령, 함흥에서 관립 고보에 다니던 윤원구가 학교의 비정상적인 모습에 실망을 느끼고 상경해서 한성고보에 입학하고, 이후 다시 낙향해서 정숙학교 교사로 일하는 것이나 다시 상경해서 불교 교습소의 일을 보는 것, 그리고 갑산에서 친구의 주선으로 보통학교를 세우고 후진 양성에 힘쓰는 것 등 작품의 중심 서사는 모두 교육과 관계된다. 또, 윤원구가 부산에서 돌아온 뒤 관립 고보에서 단발동맹을 결성해서 활동하는 것도 교육 활동의 연장선상에 놓여 있다. 근대적 흐름에 동참해야 한다는 생각에서 윤원구는 상투를 자르자는 '단발동맹'의 취지에 공감하고 학동들의 머리 깎기를 독려한 것이다.

윤원구의 의식이 반일감정으로 채워진 것도 이런 사실과 결부지어 이해할 수 있다. 윤원구의 반일감정은 동학당이었던 삼촌 혁찬과 부친을 지켜보면서 구체적 형태를 갖추기 시작한다. 원구네 집은 면에서 조금 떨어진 곳이어서 지방 동학당 수령급 인물의 숙소로 사용되고 있었다. 그런데 동학당의 반일운동에 당황한 일본은 군대를 풀어서 동학 잔당을 잡기에 혈안이었고, 숨어 지내던 당원들은 멀리 피하지 않을 수 없었다. 원구 부친과 숙부 역시 몸을 숨기지 않을 수 없었는데, 원구는 이 일을 목격하면서 막연하게나마 일본 사람에 대한 거부의 감정을 갖게 된다. 노일전쟁을 목격하면서는 그것이 강한 증오심으로 내면화되고, 이후 '해아 밀사사건'을 전해 듣고는 한층 강한 반일의식으로 발전한다. 만국 대표 앞에서 할복자살을 했다는 것은(실제로는 분사憤事) 일제의 침략이 노골화되던 당대 현실에서 청년들에게 민족의식을 촉발시키기에 충분한 것이었다. 게다가 이 사건 뒤에는 고종이 순종에게 양위하고, 일본은 정미7조약을 맺어 조선을 거의 지배하다시피 했다. 군대해산과 자결, 의병운동이 연이어 일어났고, 그런 현실을 지켜보면서 윤원구의 민족의식은 점차 확고한 형태로 굳어진다. 갑산에서 청년들에게 민족의식을 심어주고 몸소 3·1운동을 주도하는 등의 행동은 그런 의식의 자연스러운 발로로 볼 수 있다. 이런 민족의식의 소유자에게 조선은 더 이상 사회활동을 할 수 있는 공간이 아니었다. "일제 밑에서 안주의 생활을 할 수 없다는 결론을 내리고", 마침내 조선을 떠날 것을 결심하는 것이다.

윤원구의 이런 모습을 통해 우리는 간도 용정에서 교감을 지낸 교육자 안용호가 어떻게 해서 간도로 이주하게 되고 또 교육자의 길을 걷게 되었는지를 짐작할 수 있다. 윤원구는 단순한 작가의 부친이 아니라 구한말에서 일제 강점 초기를 온몸으로 감당해 온 당대 선각先覺이라는 점에서, 윤원구가 걸어온 길은 서구 열강의 침략으로 새로운 변화가 모색되던 시기, 전근대의 완고한 껍질을 뚫고 새롭게 한 시대를 개척해야 했던 지사적 인물의 탄생과정을 구체적으로 증언하는 것이라고 할 수 있다. 더구나 윤원구가 지향하는 교사상은 일제 식민치하의 현실과는 정면으로 배치되는 것이었다는 점에서, 일제의 지배력이 미치지 못하는 간도로의 이주는 필연적인 것으로 이해할 수 있다. 윤원구는 일신과 가족의 행복보다는 나라와 청년의 미래에 더 큰 관심을 가졌고, 그것을 위해서 자신의 모든 것을 바치다시피 했다. 윤원구의 그런 모습은 안수길이 오랫동안 고민했던 '어떻게 살 것인가'에 대한 구체적인 해답으로 이해할 수 있다. 새삼스럽지만, 근대소설이란 본질적으로 길을 찾는 과정으로 되어 있고, 그래서 주인공은 부단히 외부와의 갈등 속에서 자신을 길을 찾는 존재로 등장한다. 루카치의 말처럼, 소설의 주인공은 뭔가를 찾는 문제적 인물이고, 그 찾기의 과정이 곧 삶(서사)의 내용을 이룬다. 윤원구가 발견한 나라와 민족을 위한 행보가 공소하게 느껴지지 않는 것은 그것이 구체적인 탐색의 과정을 통해 제시되기 때문이다. 그것이 비록 용정에서 교사를 했던 작가의 실제 부친을 모델로 했다고 하더라도, 구체적 현실과의 교섭을 통해서 포착된 것이기에『북간도』에서 목격되는 거친 관념과 추상의 세계와는 궤를 달리한다.『북간도』가 현실적 모색과 성찰의 과정을 생략한 채 작가의 민족주의적 이념만을 거칠게 제시했다면,『성천강』은 그와는 달리 성찰과 모색을 통해서 구체적 현실의 세계를 작품 속에 포착해 놓은 것이다.


## 3. 전환기의 풍속과 개화의 열정

『성천강』의 또 다른 특성은 정론적 텍스트가 담보하지 못하는 일상의 구체성을 천착했다는 데 있다. 최근 유행처럼 씌어지는 근대에 관한 각종 담론들이 근대 초기의 특성들을 다양하게 보여주지만 한편으로는 추상적이고 공소한 느낌을 주는데, 이 작품은 그런 담론들이 포착하지 못하는 비담론적 실제를 복원함으로써 근대 초창기에 대한 새로운 방증자료를 제공한다. 『성천강』에는 뚜렷한 서사가 없는 대신에 구한말에서 일제 초기에 이르는 시대의 다양한 풍속과 삶의 풍경들이 파노라마처럼 펼쳐진다. 개화기 이래 전국 각지에서 요원의 불길처럼 일어났던 단발운동이라든가 조혼 반대운동, 연설회와 운동회, 기독교의 확산과 선교활동 등은 우리에게 근대란 무엇인가를 성찰케 하는 중요한 계기들이다.

작품에서 무엇보다 큰 비중으로 서술되는 것은 단발운동이다. 작품 초반은 거의 단발운동과 관계되는 내용으로 채워져 있는데, 당시 단발은 어느 입장에서 보느냐에 따라 정반대로 의미화될 수 있는 사안이었다. 보수적인 입장에서 볼 때는 전통을 훼손하고 일제의 조선 지배를 정당화하는 사전 정지작업으로 간주되지만, 개화파의 입장에서는 구습에서 벗어나 근대화에 동참하는 진보적 행동으로 이해되었다. 『성천강』에서는 단발이 개화파에 해당하는 윤원구의 입장에서 서술되는 관계로 시종일관 우호적인 태도로 나타난다.

근대화에 대한 열의로 충만한 윤원구에게 '단발'은 근대적 학문을 하기 위한 기본 전제였고, 한편으로는 전근대의 인습에서 벗어나는 통과의례와도 같은 것이었다. 부모에게서 물려받은 신체발부身體髮膚를 지키는 것이 효의 근본이고 그것을 훼손하는 것은 인륜을 파괴하는 것이라고 믿었던 현실에서, 단발이란 '근대 문명의 대열에 참여할 것인가 이탈할 것인가'라는 선택의 문제와 직결되어 있었다. 그래서 윤원구 등 단발을 주도하는 부류들은 별다른 회의 없이 단발을 감행하고, 어떻게 하면 그것을 널리 확산시킬 것인가에 골몰한다. 이들에게 단발은 오랜 습속과의 싸움이고 그래서 그것은 장구하고 전면적인 투쟁의 형태를 띠게 된다. 개천 기원절에 교실의 문을 걸어 잠그고 강제로 상투를 자르고, 심지어 관심을 딴 데로 돌린 뒤 몰래 상투를 베는 등의 기만행위마저 서슴없이 행해진 것이다.

> 한 대의 기계로는 수십 명을 빨리 깎아낼 수 없다. 가위를 미리 준비한 것은 이 때문이었다. 오히려 가위는 기계와는 달라 다루는데 별로 기술도 요령도 필요 없다. 단발 동지들이 하나씩 들고 돌아가면서 상투부터 잘라 버리기로 한 것이었다.
> 단발 동지 다섯의 머리는 깎여지고 거수했던 학우들의 상투가 하나 둘 방바닥에 떨어지자, 남아 있던 학도들이 슬슬 도망치려고 했다. 단발 동지들은 짓궂게도 그런 사람을 쫓아가서 상투를 잘라 버리곤 했다. 그래도 겁이 난 사람은 창문으로 뛰어넘어 도망친다.[7]

윤원구 등이 보여준 행동은 유길준 등의 개화파들이 보여준 행동과 흡사하다. 당시 '위생에 이롭고 활동하기 편하다'는 명분과 함께 전격적으로 단행된 단발령(1895년 11월)은 엄청난 파장을 불러일으켰다. 내무대신이었던 유길준은 일본군의 후원을 등에 업고 거리 곳곳에서 상투를 잘랐고, 머리를 깎이지 않으려고 뻗대는 젊은이는 머리통을 잡아 무릎을 꿇리고 강제로 머리칼을 베어냈다. 거리마다 골목

---

7 안수길, 앞의 책, 113면.

마다 통곡 소리가 울려 퍼졌다. 단발령으로 인해 온 나라는 가마솥처럼 들끓었고 곳곳에서 각양각색의 기행들이 연출되었다. 모처럼 서울에 나들이 왔다가 잘린 상투를 싸들고 통곡하며 내려가는 사람, 돼지를 몰고 장터에 나왔다가 상투가 잘리자 땅을 치며 통곡하는 사람, 순검의 칼날 앞에서 눈물을 떨어뜨리며 머리를 내미는 사람, 아예 문을 걸어 잠그고 벽장에 숨어 지내는 사람 등 가지각색의 모습이 목격되었다.[8] 윤원구 등 단발 동지들의 행위 역시 개화파의 그것과 크게 다르지 않았고, 그래서 학도들의 격한 반발은 불러일으키게 된다. 그렇지만 단발을 신학문을 하는 청년학도의 당연한 의무로 받아들였던 윤원구 등은 한층 단호하고 조직적으로 단발운동을 전개한다. "1. 유발자는 황조거역자다. 2. 유발자는 비국민이다. 3. 상투는 야만인의 표지이다." 등 이들이 내세운 표어는 이들에게 단발이 얼마나 절박하고 불가피한 일이었는가를 단적으로 보여준다. 그런 점에서 윤원구 등의 행동은 실제 단발운동을 주도한 개화파 인사들의 의지와 신념을 대변한다고 해도 지나친 말은 아니다.

그런데, 작품에서 상세하게 묘사되듯이, 일반 학도들이나 민중들은 아직 단발을 받아들일 만한 준비를 갖추고 있지 못했다는 점에서 당대의 또 다른 일면을 헤아려 볼 수 있다. 윤원구 등의 단발운동에 대한 민중들의 반응은 냉담하거나 적의로 가득 차 있었다. 단발을 피하기 위해서 학교에 나오지 않거나 심한 경우 학교를 그만두기도 했고, 어떤 사람은 대상大祥이 끝나지 않았다는 핑계로 단발을 거부했

---

8  강준만, 「한국머리카락 논란의 역사」, 『인물과 사상』, 2007. 9, 166~167면.

고, 또 어떤 사람은 단발운동에 맞서 칼을 들고 날뛰는 등 극단적인 반감을 보이기도 했다. 이런 모습들은 단발이 몇몇 주도자들의 의지와는 달리 당대 민중들의 호응에 바탕을 둔 게 아니었음을 말해주거니와, 윤원구의 단발 소식을 접한 뒤 조모가 보인 격한 반응은 그런 당대인의 심리를 한층 구체적으로 보여준다.

원구 조모는 손자의 단발 사실을 알지 못한 채 식구들과 함께 예신제 준비에 여념이 없었다. 예신제는 이장이 중심이 되어 마을 사람 전부가 모여서 햇곡식으로 만든 떡과 술을 갖추어 산신령에게 제를 지내는 행사로 일종의 마을 축제와도 같은 것이었다. 원구네 식구는 전을 붙이고 떡을 만드는 등 갖은 정성을 다해서 제물을 만들었고, 원구가 학교에서 돌아오면 함께 제를 올리기 위해 산으로 떠나려던 참이었다. 그런데 원구는 오지 않고 대신 원구가 머리를 깎았다는 소식만이 들려오고, 이 소식을 듣고 조모는 '증손이 목을 잘랐다'는, 하늘이 무너지는 것과도 같은 파천황의 충격에 사로잡힌다.

「우리 증손이 머리를 깎기당이? 머리를 깎는 거는 목아 지를 자르는 기나 똑같다. 애구 애구 이거 어쩌면 좋겠니? 야아들아, 예신이구 무시기구 없다. 지지구볶구구 하는 거 거둬치워라. 예신이 영험이 있다문 어째 우리 사람으 쥑이 자구 머리를 깎기 했겠니? 예신이구 무시기구 없다……」

그러고는 또 까무러칠 것 같았다.

원구 모친은 더욱 기가 막혔으나, 시어머니와 함께 울부

짖으면서 딩굴 수는 없는 일이었다.[9]

이런 조모의 반응에서 당대의 단발운동이 민중들의 정서를 외면한 채 일방적으로 강요된 폭거와도 같았음을 확인할 수 있다. 일제에 의해 강요된 근대화처럼, 단발운동 역시 당대인들의 호응을 얻지 못한 채 일부 근대화론자들에 의해 주도된 강압적인 행동이었고,[10] 그것을 『성천강』은 역설적인 형태로 포착해 놓은 것이다. 물론 그렇다고 해서 작가가 단발운동이 일제의 침략정책과 긴밀하게 연결되어 있다는 사실을 간과한 것은 아니다. 작품에서 윤원구 등 단발동맹원들의 행동은 마치 일진회 회원들의 그것과 흡사하고, 그래서 자칫 일진회 일파로 몰려 의병들로부터 공격을 당할 수도 있다는 사실이 언급된다. 단발을 한 사람들은 의병들로부터 폭행을 당할 수도 있기 때문에 밤에는 거리를 다니지 말아야 한다는 것. 이는 당시 민중들이 단발을 일본에 순종하는 굴욕적 행위로 받아들였다는 것을 보여주는 구체적 사례라 할 수 있다. 단발은 전통적인 윤리관에 어긋날 뿐만 아니라 한편으로는 일제의 침략정책과 연결되어 있다는 사실, 그것을 말해주듯이 작가는 윤원구 등 학생 간부들의 단발을 일진회 일파와 연결시키고 그 부정성을 경계했던 것이다. 그렇지만 작가는 시종

---

9 안수길, 앞의 책, 123면.

10 부모에게서 물려받은 신체발부(身體髮膚)를 지키는 것이 효의 근본이고 그것을 훼손하는 것은 인륜을 파괴하는 것과 다를 바 없다고 믿었던 현실에서, '위생에 이롭고 활동하기 편하다'는 명분과 함께 전격적으로 시행된 단발령(1895년 11월)이 이렇듯 엄청난 파장을 불러일으킨 것이다. 김삼웅, 「단발령 논쟁에 담긴 보수·개화의 시대인식」, 『인물과 사상』, 2007. 9, 209~210면.

일관 근대화에 대해서 적극적이고 우호적인 태도를 유지했고, 그래서 단발운동이 갖는 부정성에 대해서는 더 이상의 관심을 보이지 않는다.

『성천강』은 이렇듯 단발운동에 대한 이런 두 입장을 구체적 장면과 그에 반응하는 다양한 인물들을 통해서 실감나게 장면화했다는 점에서 풍속사와도 같은 중요한 의의를 갖는다.

『성천강』에서 또 하나 주목되는 것은 운동회와 연설회이다. 개화기의 운동회는 광무 9년(1897)부터 융희 3년(1909)에 이르기까지 전국적인 전성기를 누렸다. 당시 운동회는 단순한 체육행사가 아니라 유희와 오락적 성격이 훨씬 강했다. 또한 운동회는 연설과 강연을 통한 계몽의 각축장으로서의 성격, 실전을 방불케 하는 군사훈련 식의 경기도 포함하는 다채로운 풍속의 각축장이었다. 경기에 임하는 것은 학생들이었지만 관중들은 대부분 일반 시민들이었고, 심지어 지역공동체의 유명 인사들과 권력의 핵심인사들까지도 한데 모여 가지각색의 욕망을 표출하였다. 『성천강』은 운동회의 이런 측면들을 구체적 형상으로 복원해서 보여준다.

주인공 윤원구가 운동회의 의미를 발견한 것은 서울 훈련원의 넓은 뜰에서 학부學部 주최로 열린 각급학교 학도 대운동회를 목격하면서였다. 운동회가 한창 유행이던 1909년 경, 정미7조약으로 해산된 군대가 원한과 울분을 머금고 일본에 항거했던 이 훈련장에서 청년 학도들의 하늘을 뚫을 듯한 기세를 지켜보면서 윤원구는 벅찬 감회에 사로잡힌다. 그것은 마치 순국 항쟁한 선열들의 넋을 위무하는 듯한 것이었다. 일제의 침략이 노골화되고 국운이 점차 쇠하는 과정에서 윤원구는 의병들의 정기를 이어받아 새롭게 항일의 기세를 복원하는 자리로 운동회를 받아들인 것이다. 운동회는 '강건한 애국주의와 상무정신을 고취'하는 것을 목표로 젊은 학도들을 분발시키는 행사라는 것. 윤원구는 그 본질을 바로 꿰뚫어 보았고, 그래서 그것을 고향에서 몸소 실행하고자 한 것이다. 방학을 이용해서 한성 운동회에서 받았던 감격을 고향 함흥의 성천강변에서 재현하려는 의도로 윤원구는 낙영 학교 교사와 면장을 만나 설득하는 등 운동회 개최를 준비했고, 마침내 '학도 연합 대운동회'를 성공적으로 개최하기에 이른다. 면장과 각 동네의 이장 등 면내의 유력인사들이 본부석을 차지하고, 면민들이 모인 가운데 종합체조를 시작으로 운동회의 막이 오른다. 운동회가 성공적으로 마무리된 뒤 원구는 연단에 올라 준비한 연설을 쏟아놓는데, 이는 당시 운동회의 성격이 어떠했는가를 단적으로 보여준다.

　　……서울에서 본 소견으로는 우리나라의 형세가 날로 기울어져 가 걷잡을 수 없도록 되어 있는 것이 사실입메다. 그것이 눈에 환히 보입데. 그러나 한편으로는 뜻있는 인사들이 뻗디디고 있고, 청년 학도들이 힘 있게 자라고 있는 것입메다. 도산 선생님도 뵈었읍메다마는 선생님의 말씀도 우리나라는 우리들 청년 학도들의 손에 달렸다고 했읍메다. 촌에 살고 있다고 해서 멍해서는 앙이되겠읍니다…… 그러구 학부형들도 자제들의 뒤를 밀어 조야갰읍

니다⋯⋯[11]

　운동회에 이어진 이 연설 장면을 통해서 우리는 운동회의 목적이 청년들의 민족의식을 분발시키고 위기에 처한 나라를 구하는 데 있었음을 확인할 수 있다. 윤원구가 중앙학교에 편입한 뒤, 강화도로 수학여행을 간 자리에서 토해내는 연설 장면 또한 그런 사실의 연장선상에 있다. 마니산의 제천단에서 "단군 할배가 백성과 나라를 위해 하늘에 제를 올리던 일"을 떠올리며 제천고사를 지낸 뒤 윤원구는 저도 모르게 일어나서 감격에 찬 연설을 쏟아놓는다. 유구한 우리의 강토가 일본의 손에 들어갔다는 것, 그래서 "두 주먹을 불끈 쥐고 잃어버린 강토를 다시 찾을 것을 맹세"하자고 한다. 연설이 끝나자 학도들은 울음을 터뜨렸고, 마니산 제천단은 울음소리로 뒤흔들렸다. 교감은 당시 보성 전문학교 수학여행에서 그와 비슷한 일이 있었고, 그로 인해 당국이 교장을 불러 주동자를 찾아내라는 등의 소동이 있었다는 것을 상기시키면서 자제를 요구하지만, 불씨가 던져진 청년들의 우국 열정은 쉽게 수그러들지 않는다. 나라 잃은 청년 학도들의 심경이 구체적으로 표현된 장면이다.

　『성천강』에는 이 외에도 근대 전환기의 풍속을 보여주는 다양한 삽화들이 등장한다. 작품 초반에 제시된 윤원구의 결혼식 장면은 개화의 거친 흐름 속에서도 고이 간직된 전통의 한 단면이다. 신랑과 신부 집에서 서로 음식을 교환하고 동네잔치를 벌이는 약혼식, 신

---

11 안수길, 앞의 책, 227면.

랑이 장가를 가는 전안奠雁과 그 석 달 후에 신부가 시집에 오는 권
귀捲歸, 신랑이 신부 집으로 가서 식을 올리는 혼행婚行 장면 등에 대
한 서술은 전통 혼례에 관한 도록을 보는 듯이 생생하다. 이 과정에
서 특히 주목을 끄는 것은 다른 지방과 달리 함흥 고유의 '사주머리
를 보내는 풍습'이다. 신랑의 사주를 신부집에 보내는 것이 일반적인
관례이지만, 함흥에서는 그와는 정반대로 신부의 사주를 신랑집에
보내는데, 이는 지금까지는 신부집에서 키웠으니 이제부터는 일생을
신랑에게 맡긴다는 뜻을 갖고 있었다. 작가는 함흥 고유의 이런 풍습
을 사실적으로 복원해 놓았다. 또, 원구가 몸이 허약해져 집에서 요
양할 때, 조모가 무당을 불러 벌인 굿판 역시 독자들의 시선을 끌기
에 충분하다. 손자의 병 치료를 위해서 무당을 불러 굿을 벌이는 장
면, 굿을 즐기는 조모와 모친의 모습은, 유교가 모든 생활규범과 윤
리를 지배했던 조선시대에도 내방內房에서 널이 행해졌던 굿의 생명
력이 어디에 있는가를 생생하게 보여준다. 조모와 모친에게 굿이란
가족의 안정을 비는 기원이자 동시에 일종의 취미였던 것. 물론 이
과정에서 원구는 굿은 조모와 모친의 무지에서 비롯된 것이고 그것
을 깨닫도록 하는 게 자신의 임무라는 근대주의자로서의 다짐을 망
각하지 않는다.

또, 일제가 조선을 통치한 지 5년째 되던 해에 식민통치의 공적을
홍보하기 위해서 경복궁에서 개최한 공진회共進會의 풍경은 일제가
조선 민중들의 환심을 사기 위해 어떻게 노력했는가를 단적으로 보
여준다. 공진회를 보기 위해서 서울 장안은 가슴에 꼬리표를 단 시골
사람들로 붐볐고, 그런 현실을 보고 당국은 쾌재를 불렀으며, 여관업

자들은 그것을 이용한 돈벌이에 혈안이 되어 있었다. 문밖출입을 거의 하지 않았던 원구의 모친과 여동생까지도 공진회를 보기 위해 멀리 서호진에서 배를 타고 원산으로 나와서 다시 기차를 타고 서울로 올라와 10여 일을 묵고 갔을 정도다. 이런 풍경을 보여주면서 작가는 일제 식민통치로 야기된 풍속의 변화를 박물지와도 같이 포착해 놓았다. 이 외에도 윤원구가 유랑생활[이른바 포영捕影생활]을 할 당시 잠시 빠져들었던 광석 수집의 풍경 역시 당시의 사회 분위기를 보여주는 흥미로운 사례이다. 일확천금을 꿈꾸면서 산골을 헤매 다니면서 광석을 수집하는 행위는 1920, 1930년대 식민지 조선을 강타했던 이른바 '황금광狂 열풍'을 준비하는 일종의 예고편과도 같다. 친지로부터 돈을 빌리고, 친구를 설득하고, 관청을 찾아다니는 등 광석에 눈이 멀어 허송하는 윤원구의 행적은, 너도 나도 '금광, 금광—' 하며 투기 대열에 뛰어들었던 황금광黃金狂의 전조前兆라 하겠다.

『성천강』은 이러한 풍속을 통해서 당대 민중들의 일상적 삶의 습속들을 다채롭게 형상화해 놓았다. 개화기는 전근대의 풍속이 지속되고 한편으로는 새로운 풍속이 형성되어 서로 갈등하고 부정하는 상황이었다. 풍속이란 예로부터 전해진 생활 속의 습관이자 한편으로는 당대인들의 욕망이 집약된 매개물이라는 점에서, 이 두 흐름을 흡수하면서 근대 지식인으로 성장하는 윤원구의 행적은 피식민지 주체의 탄생과정으로 정리할 수 있다. 풍속이란 윤원구의 존재를 가능케 한 자양분이고, 윤원구는 그것을 바탕으로 근대적 내면과 의식을 소유한 인물로 성장했던 것이다.

# 4. 복원과 증언의 서사

『성천강』은 여러 가지 점에서 『대하大河』(김남천)를 연상케 한다. 안수길과 김남천은 모두 1911년생이고, 두 작품 모두 개화기를 주된 배경으로 하였다. 『대하』(1939)와 『성천강』(1974) 사이에는 35년이라는 창작 상의 거리가 존재하지만, 개화기라는 동일한 시기를 다루었고 또 두 작가가 모두 자신이 태어나고 성장한 고향을 소재로 취했다는 점에서 공통점을 갖는다. 김남천은 고향인 평안남도 성천을 서사의 주된 배경으로 했고, 안수길은 함경남도 흥남의 성천강 일대를 배경으로 다루었다. 두 작가는 모두 자신의 고향에 대해서 잘 알고 있었을 뿐만 아니라 소설을 구상하는 과정에서 상당한 양의 자료를 섭렵한 것으로 보인다.[12] 그런 관계로 두 작품에서 제시된 개화기의 풍경은 사진첩을 보는 듯이 다채롭고 생동감이 넘쳐난다. 그런데, 김남천이 현대의 전사를 그림으로써 현실의 발전 방향을 제시하고 궁극적으로 새로운 시대의 전망을 획득하고자 했다면, 안수길은 한 개인의 삶을 복원하는 데 서사의 초점을 맞추었다. 역사 현실보다는 가계와 일상생활에 좀 더 시선을 모았고 그런 관계로 『성천강』에는 풍속과 실제 생활이 한층 구체적인 형태로 포착된다.

근대화에 눈이 멀어 앞뒤를 분간하지 못하고 단행된 단발운동,

---

12 김남천의 경우 「작품의 제작과정」(『조광』, 1939. 6)을 통해서 『대하』를 창작하기 위해 인정식의 『조선 농촌기구의 분석』, 이청원의 『조선역사독본』과 『조선독본』, 백남운의 『조선 사회경제사』, 그리고 『성천 읍지』 등을 두루 살폈다고 한다. 안수길의 경우도 구체적인 자료를 제시하지는 않았으나, 많은 책자와 기록들을 읽었을 것으로 추정된다.

계몽의 각축장과도 같았던 운동회와 연설회, 일제의 선전장인 공진회, 전통혼례, 광석 수집 장면 등은 개화와 전통 사이에서 갈등하던 당대 일상의 구체적 세목들이다. 이런 풍습을 작가는 윤원구의 성장과 연결해서 연대기처럼 제시한 관계로 작품은 마치 풍속사를 보는 듯한 생생한 실감을 제공하고, 한편으로는 낡은 것과 새로운 것 사이의 균열과 갈등과 균열의 양상을 구체적으로 보여주게 된다. 그런 점에서 『성천강』은 개인과 가계사의 복원을 통해서 구한말에서 일제 강점기라는 격동의 세월을 살아온 당대 민중들의 생활상을 구체적으로 형상화한 작품으로 정리할 수 있을 것이다. 그리고, 개화기에서 삼일운동 직전까지의 격동기를 살면서 민족주의적 교육자로 성장하는 윤원구라는 인물의 창조는 애국 계몽의 열정이 당대인들의 삶에 어떻게 영향을 주고 그 형태를 주조籌造했는가를 보여주는 구체적인 사례라는 점에서도 중요하다. 윤원구는 당대 현실에 수동적으로 휩쓸리는 존재가 아니라 그것을 자기 식으로 이해하고 받아들이면서 적극적으로 대응한 능동적 인물로 나타난다. 근대에 대한 긍정적 시각에서 단발운동에 적극 앞장서는 것이나, 안도산에게 감화되어 교육자로 자신의 길을 닦아 가는 장면 등은 모두 인물의 주체적 대응 양태들이다. 그런 대응은 『북간도』에서와는 달리 당대 현실과 긴밀하게 조응해서 이루어진다는 점에서 한층 사실적이고 개연성이 있다. 그런 점에서 『성천강』은 『북간도』의 작위성과 관념성에서 한 단계 벗어나는 성과를 획득한다. 그리고, 이 작품은 작가 개인적으로 『북간도』 후반에서 노정한 서사의 도식성을 일상과 역사 현실의 사실적 포착을 통해서 극복하고, 한 개인의 삶을 통해 함흥에서 북간도에 이르는 작가 자신의 문학적 연대기를 완결지었다는 점에서도 중요한 의미를 갖는다. 작가가 이 작품을 두고 다른 어떤 것보다 높이 평가되기를 소망했다는 것은 그런 작품의 특성과 무관하지 않을 것이다. 물론, 그렇다고 『성천강』에 한계가 없다는 것은 아니다. 지루하고 산만한 서술, 한 인물에 초점이 모아짐으로써 야기되는 단조롭고 평면적인 서사, 근대와 개화의 부정성에 대한 안이한 인식 등은 이 작품의 근원적 한계로 지적될 수 있다. 더구나 대하소설이라는 방대한 분량에도 불구하고 한 인물의 연대기와도 같은 형식을 취함으로 해서 서사의 묘미가 상대적으로 반감되는 등의 문제점도 심각하게 드러난다. 하지만 그럼에도 불구하고, 이 작품은 한 인물의 성장 과정을 통해서 격동의 구한말과 일제 강점기를 살아 온 당대 민중들 삶을 증언하고 복원해냈다는 점에서 다른 무엇과도 비교할 수 없는 중요한 성과를 획득한 것으로 평가할 수 있다.

## 참고문헌

### 1. 기본자료

안수길, 『성천강』, 태극출판사, 1976.

김남천, 「작품의 제작과정」, 『조광』, 1939. 6.

### 2. 연구논저

강준만, 「한국머리카락 논란의 역사」, 『인물과 사상』, 2007. 9.

강진호, 「추상적 민족주의와 간도문학」, 『작가연구』 2호, 새미, 1993.

김삼웅, 「단발경 논쟁에 담긴 보수·개화의 시대인식」, 『인물과 사상』, 2007. 9.

김윤식, 『안수길 연구』, 정음사, 1986.

김창해, 「안수길 소설의 공간모티프 연구('통로'·'성천강'을 중심으로)」, 단국대 석사 학위논문, 1995.

백진영, 「안수길의 장편소설 연구」, 숭실대 석사학위논문, 1998.

서병국, 「안수길의 장편소설 연구」, 한국외대 교육대학원 석사학위논문, 1985.

오양호, 『일제강점기 만주 조선인 문학연구』, 문예출판사, 1996.

정여울, 「풍속의 재발견을 통한 계몽의 재인식」, 『한국현대문학연구』 제14집, 한국현 대문학회, 2003. 12.

조수진, 「안수길 장편소설 연구」, 고려대 석사학위논문, 2003.

최경호, 「안수길론('통로', '성천강'을 중심으로)」, 『계명어문학』 제2집, 한국어문연구 학회, 1986.

_____, 『안수길 연구』, 형설출판사, 1994.

# 일제식민지시대
# '두레'의 문학적 형상화

### - 두레와 문학의 힘, 풍속의 힘 -

주강현_제주대학교 석좌교수

● 이 글은 주강현, 「일제식민지시대 '두레'의 문학적 형상화: 두레와 문학의 힘, 풍속의 힘」(『한국의 민속과 문화』 제1집, 경희대학교 민속학연구소, 1998)을 재수록한 것이다.

# 1. 머리말

인류가 자연의 구속에서 벗어나 자연을 개조하며, 사회를 발전시켜나가는 데서 결정적 요인으로 된 것은 창조적 노동이었다. 사람은 노동을 통해서만 의식주를 해결하고, 그로 인하여 사회가 유지되고 발전하였다. 따라서 인류 역사는 노동의 역사로 환치시켜 볼 수도 있는 것이다. 인류의 노동은 물질적 재부를 생산하였으니, 물질문화를 통하여 사회를 재창조해 나갔다. 그런 점에서 노동문화의 상징이었던 두레는 많은 학문 영역에서 주목을 받아왔다. 그러한 두레는 조선후기 이앙법의 확산과 더불어 새롭게 창조되어 나갔다. 즉, 조선후기 민중의 성장과 더불어 두레도 성장해왔다.

그러나 일제시대에 이르러 식민지 농업정책에 따라 농촌사회가 철저하게 분해되어나갔고, 두레도 운명을 같이 하였다. 마을공동체 문화였던 두레는 '노동력=화폐'인 화폐경제 개념에서 자유로울 수 없었다. 그러나 만성적인 노동력 부족은 여전히 두레를 중요한 노동력원의 하나로 간주하게 하였으며, 일제말기는 물론이고 해방 전후 시기까지도 변질된 형태로나마 두레가 이어지게 하였다. 그러나 두레에 관한 연구는 문헌자료가 터무니없이 부족한 실정이다.

그런 점에서 볼 때, 민촌 이기영의 고향을 비롯한 일제시대 두레의 문학적 형상화작업은 두레 연구자료의 외연을 넓혀주었다. 단순히 두레 연구사 차원만이 아니라 식민지시대 민중의 동력을 파악하는 하나의 통로를 열어놓고 있다. 물론 농민이 조직된 힘을 파악하는 작가들의 시각 자체를 살펴볼 수 있게 한다.

이 글은 이같은 점을 감안하면서 이기영의 『고향』을 비롯한 여러 소설들, 또한 일제시대에 발표되었던 촌극과 단편소설을 통하여 두레의 문학적 형상화를 검토해보기로 한다.


# 2. 이기영의 『고향故鄕』에 반영된 두레

## 1) 일제하 농촌분해와 풍속의 힘

민촌民村 이기영李箕永(1898. 5. 6~1984. 8)은 충남 아산군 배방면 회룡리 출생이다. 1924년 7월 개벽 현상문예에 「오빠의 비밀편지」로 입선하여 등단하였다. 그의 대표작 몇 편을 중심으로 논의를 전개해 본다.


「민촌」, 『조선지광』, 1925. 12[1]

「원보」, 『조광지묘』, 1928. 5

「홍수」, 『조선일보』(1930. 8. 23~9. 3)[2]

「鼠火」, 『조선일보』(1933. 5. 30~7. 1)[3]

『고향』, 『조선일보』(1933. 11. 15~1934. 9. 21)[4]

---

1 『李箕永短篇集』(학예사, 1939. 8)에 재수록.

2 安俊植 篇, 『농민소설집』(별나라사, 1933)에 재수록.

3 단행본 『鼠火』(동광당서점, 1937)에 재수록.

4 이 글에서 사용한 텍스트는 1989년 재간행본이다.(『이기영선집』Ⅰ, 도서출판 풀빛 재간행)

『고향』은 카프활동으로 인한 2차 투옥 속에서 농민문학의 기념비적 업적으로 떠올랐다. 1933년 11월 15일부터 1934년 9월 21일까지 조선일보에 연재하고서 1936년에 상하 두 권으로 출간되었다.[5]

그가 그리고 있는 식민지농촌은 철저하게 분해되어 나가고 있는 상황 그대로다. 단편 「홍수」를 보면, 그들 T촌에 사는 농군들의 집을 마치 사태에서 밀려 내린 바윗돌처럼 함부로 굴러 있는 것이 그들의 집이었다고 쓰고 있다. 사회과학적인 문장이 생경하게 드러난 대목에서는 자본주의의 잔인한 '마수'가 농촌 구석구석까지 빈틈없이 침입하였다고 하였다.

단편 「민촌民村」에는 충청도 향교마을을 중심으로 지주 박주사 집안과 소작들을 대비시키고 있다. 박주사 아들은 소작권을 미끼로 하여 작인의 딸을 첩으로 갈아치우고 16세의 점순이를 벼 두 섬에 데려가고 있다. 점순이가 불과 벼 두 섬에 팔려가도 손 쓸 수 없는 피폐상 그대로이다. 식민지 봉건지주와 소작관계가 청산되기는커녕 더욱 노골화되는 과정을 보여준다. 단편 「원보」에서는 경상도 산골의 농민 원보가 신작로 공사에 동원되었다가 치료차 서울로 올라와 죽게 되는 비참한 농민의 비애를 다루고 있다.

---

5 이기영 소설의 농민문학적 위치에 관해서는 다음을 참조.
　이재선, 『한국현대소설사』, 홍성사, 1979.
　신춘호, 「한국농민소설」, 고려대 박사학위논문, 1980.
　간복균, 「1930년대 한국농민소설연구」, 단국대 박사학위논문, 1986.
　임영환, 「1930년대 한국농촌사회소설연구」, 서울대 박사학위논문, 1986.
　김윤식·정호웅 공편, 『한국 리얼리즘 소설 연구』, 문학과비평사, 1987.
　김재용, 「일제하 농촌의 황폐화와 농민의 주체적 각성-'고향'론」, 『민족문학운동의 역사와 이론』, 한길사, 1990.
　권유, 『이기영 소설연구』, 태학사, 1993.

『고향』의 농민들도 연일 굶고 있다.[6] 농촌이 급속도로 분해되어 자작농이 사라지고 모두 소작농으로 변해 버린 실정을 보여준다. 그나마 소작농도 소작을 떼이지 않으려고 하다가 종내는 소작마저 사라지고 떠돌이 유랑의 길을 떠나지 않을 수 없는 식민지농촌의 모습이 그려진다. 소설에서 식민지 농민들의 굶주리는 처지가 가장 잘 드러나는 대목은 술지게미를 먹는 모습들일 것이다.[7]

이 같은 식민지농촌상황을 타개할 방책은 무엇인가.

작가는 김희준이란 인물을 등장시킨다. 희준이가 동경에서 나오던 날, 원터 동리는 별안간 발칵 뒤집혔다. 동리 개는 있는 대로 다 나와 짖고, 닭이 풍기고, 돼지가 꿀꿀거리고 송아지가 나올 판이다. 사람들은 모두 나와서 희준이가 양복에 금테 안경을 쓰고 금시계줄을 늘이고 짐꾼에게 부담을 지워가지고 호기 있게 들어 올 줄로 믿고 있다. 그러나 그는 시꺼먼 학생양복에 오골조골한 모자를 쓰고 헤어진 손가방 하나 달랑 들어온다.[8] 이같이 나타난 희준이가 농촌에서 사회적 모순과 맞서는 많은 계기에 그동안 농촌소설에서 못 보았던 새로운 힘이 내재되어 있다. 그 힘은 풍속의 힘이다.

『고향』을 포함한 이기영의 소설에서 유별난 것은 풍속사적 측면이다. 지금까지의 연구는 그가 지닌 세계관에서 땅에 뿌리박은 측면을 간과한 면이 많다. 그러나 그에게 있어 풍속은 단순한 풍속 이상

---

6  이기영, 『고향─이기영 선집 1』, 풀빛, 1989, 43면.

7  이기영, 앞의 책, 63면.

8  이기영, 앞의 책, 26면.

이다. 『고향』에서 두레라는 하나의 풍속이 사회변혁을 이끄는 힘으로 전환되는 모습은 식민지시대 작가들 대부분이 주목하지 못했던 점이다. 더욱이 대개의 카프작가들이 사회주의적 혁명에는 관심이 있었지만, 그 정신적 토대에서 당대 농민대중들이 향유하고 있던 풍속사적 문제에 대해서는 대부분 간과하거나 무시하는 경향을 보여주었다. 그 점에서 그는 당대 민중의 세계관과 생활에 아무리 제한적인 측면이 있다손 치더라도 풍속이 지닌 힘, 즉 민족적 전통이 지닌 힘에 대해 많은 관심을 쏟아 넣은 작가로 인정된다.[9] 따라서 변혁의 힘이 농민대중들 속에서 어떻게 재구성될 수 있는가를 가장 정확하게 간파한 리얼리스트로 보아야 할 것이다.

이기영은 당대의 사라져가는 농민생활 풍습에 많은 애정을 기울이고 있었던 것으로 보인다. 대개의 사회주의자들이 전래 풍속을 '미신', '비과학' 따위로 동격 내지 청산했던 시각과 대조된다. 먼저, 『고향』이외의 작품에서 일관되게 풍속이 그려지고 있는가를 몇 가지만 살펴본다.

단편 「홍수」를 보면, 이미 그가 풍속에 대해 관심을 표하고 있음을 알 수 있다. 「홍수」의 농민들도 두레를 동원하여 논을 매고 있다. 「홍수」에서의 두레일은 고지를 두레에 넣어서 매는 방식이다. 가난한 농민들이 정초에 고지를 먹고나서 지주의 논을 집단적인 두레방식으로 농사지어 주는 것이다. 소설에서의 두레는 이미 식민지농촌 분해가 급격히 진행된 상태의 고지형 두레로 인정된다. 그러면서도

---

9  현재까지 나온 이기영의 연구작업도 마찬가지로 보여진다. 그의 풍속사적 애정과 편력이 전혀 간과되어왔다. 만약 고향에서 두레라는 주제를 빼놓았을 경우를 생각해보면 쉽게 짐작이 가는 대목이다.

'원시 부락민족이 전쟁에 나가는 기분'이라고 하여, 건강한 농민문화가 지닌 힘을 평가하고 있다. 단편 「홍수」에서 그려진 두레의 이미지가 그대로 『고향』으로 옮겨온 듯한 느낌이다. 「홍수」의 주인공들은 백중 같은 세시절기도 중시했다.

민촌의 풍속에 대한 경도는 심지어 소설에서 백중날 풍물을 치면서 결혼식을 거행하게 하고, 예물로 호미와 낫을 주는 데서 절정을 이룬다. 신랑신부가 나갈 때 쇠잡이들이 풍물을 쳤으며 신랑신부에게 여물을 끼얹어 주고 있다. 여기서 두레먹기를 백중에 하고 있음도 보여주고 있으며, 두레와 백중과의 관련성을 말해주고 있다.

'한국근대소설사에서 가장 우수한 작품의 하나'[10]로 평가받기도 하는 「서화鼠火」에서도 풍속에 대한 저자의 이해는 두드러진다. 쥐불을 지피는 데서 멀리 어디선가 풍물치는 소리가 바람결에 들려오고 있으며, 농촌의 문화마저 사라지고 있는 모습에 대해 여러번 진술하고 있다.

식민지 농촌분해는 농민생활풍습의 근간을 뒤흔들었음을 말해준다. 아이들의 제웅놀음을 바라보면서, "이런 풍속도 쥐불이나 줄다리기와 마찬가지로 지금은 다만 어린애에게 형태만 남아있다. 마을 사람들은 모두 생기가 없어졌다"고 표현하는 데서 더 이상 전래 풍속은 어쩔 수 없이 자기힘을 잃어가고 있는 것으로 그려진다.

## 2) 『고향』에서의 농민동력과 두레

『고향』은 일제하 1920년대 말 일본 독점자본의 침탈 하에 있던

---

10 정호웅, 「李箕永論」, 김윤식·정호웅 공편, 『한국 근대 리얼리즘 작가 연구』, 문학과지성사, 1988, 81면.

식민지 반봉건의 조선농촌이 겪는 황폐화와 이에 대응하여 일어선 농민들의 모습을 노농동맹의 관점에서 풀어내고 있다.

『고향』의 인물은『고향』이전 작품의 인물들과 유형적 연관성을 지니고 있다. 지식인·여성운동가·소작농민, 그리고 그에 대립되는 지주상이 그것이다. 『고향』도 농촌소작인이 다중의 주인공이 되는 가운데 김희준으로 표상되는 지식인, 안승학으로 표상되는 마름, 갑숙이로 표현되는 여성 인물군이 등장하고 있다.

지주계급의 이익을 대표하는 마름 안승학으로 대표되는 부정적 인물과 김희준과 농민들의 결속을 통하여 뚫고 나가는 건강한 모습을 대조시킴으로써 당대 농민들의 삶을 그려내고 있다. 이런 농민들의 구체적인 삶과 투쟁은 김희준을 비롯한 원터 마을의 여러 농민들, 늙은 세대로는 김선달, 조첨지, 박성녀, 원칠 등과 젊은 세대로는 인동, 인순, 방개, 막동, 갑숙, 음전 등의 활동 속에서 드러나고 있다. 특히 김희준 같은 지식청년의 농민대중과 청년대중에게 미치는 지도력과 농민대중들의 총체적인 삶을 기반으로 한 자발적인 노력 간의 상호 교호작용은 농민들로 하여금 스스로 운명의 주인으로 나서게 하여 인간 해방에 이르게 하는 결정적인 역할을 한다. 소시민적 근성을 비판하고 김희준이 농민대중들과 만남을 이루어내면서 농민들을 하나로 뭉치게 하고, 농민들 사이에 벌어진 틈을 메워 나가면서 단결된 집단력을 세워나간다.[11]

---

11 김재용, 「일제하 농촌의 황폐화와 농민의 주체적 각성-'고향'론」, 이기영, 『고향-이기영 선집 1』, 풀빛, 1989.

청년회 일이 잘 되지 않으면서 노동야학도 휴학상태로 빠져든다. 이때 마을 안의 젊은 아이들이 두레를 내자고 한다. 마름댁에 허락을 득해야 한다는 대목에서 지주소작관계에서의 두레는 어디까지나 지주측과 합의로 이루어지고 있음을 보여준다. 소설에서 모처럼 두레를 내는 것으로 되어 있고, 풍물마저 없기에 외상으로 사오는 것으로 보아 이미 마을에 풍물 악기마저 사라질 정도로 두레가 분화된 상태를 말해 준다.

안승학은 희준이의 힘이 커지는 것을 반대하여 두레를 반대하였으나 결국 대세를 따를 수밖에 없게 된다. '두레를 내면 누가 단독으로 이익을 먹을겐가 무언가'[12]는 대목에서 두레의 이득은 전적으로 공동의 것임을 말해 주며 당시의 분해된 두레에도 공동체성은 여전한 것으로 그리고 있다. 소설에서 이기영이 묘사한 두레는 다음의 몇 가지로 이해된다.

① 농기는 깃대라고 불렀으며 여는 곳과 마찬가지로 꿩장목이 있다.

② 두레꾼들은 정나무 밑으로 모였다.

③ 두레 조직의 웃어른은 상좌上座이며 공원과 어린축들의 小童이 있다.

④ 두레에 사물 이외에 소고(버꾸)가 쓰이고 있다.

---

12 이기영, 앞의 책, 234면.

꿩장목을 앞세우고 논매러 나가는 농민들의 풍물굿을 살펴볼 수 있고, 그 자생적 조직 속에 좌상左相·공원公員 등의 조선후기 이래의 오랜 전통을 지니는 민중조직으로서의 두레의 모습이 여전히 일제하 식민지하에서도 관철되고 있음을 알 수 있다. 또한 아이들이 노는 소동축들이 버꾸놀이를 통하여 소동小童두레의 모습도 확인할 수 있고, 명절 기분이 나면서 왠지 마을 전체가 통일되어져 가는 분위기도 느낀다. 안승학처럼 원터사람들과 대립적인 인물에게 좌상을 맡기고 있고, 마을 전체가 모처럼 통일감을 맛본다.

두레는 연이어 나게 되었다. "그들은 작년에 처음으로 두레를 내던 해에 성적이 좋았을 뿐 아니라, 가위 농악도 제구가 맞게 있으므로 두레를 내는데 아무런 지장이 없었다. 희준이는 작년과 마찬가지로 두레에 한몫을 보았다"고 하고 있다.[13] 이듬해의 두레는 악기를 사지 않아도 되었고, 타동 고지논도 맨 까닭으로 수입이 작년보다 많은 데다 다른 비용이 없이 고스란히 모이게 된다. 두레를 통하여 힘이 모아지는 과정을 그리고 있다.

두레꾼들이 술을 과음하지 않고 신용을 보이기 때문에 타동에서도 고지를 자청하였다. 그래 그들은 그 돈 중에서 삼분지 일만 두레를 먹고 나머지는 공유재산公有財産으로 계에 맡겼다. 두레를 일으켜 그 돈으로 백중날 경비에 쓰던 전통에서 벗어나 공유재산을 늘려 가는 모습이 보여진다. 사실 희준이가 지도한 두레는 새삼스런 것은 아니다. 전래의 두레는 공동경비를 제외하고는 늘 마을 공동재산으로

---

13 이기영, 앞의 책, 437~439면.

넣어 마을의 힘을 키웠다. 농촌분해가 이루어지면서 공유재산이랄 것도 없어지자 조금 벌어들인 수익이나마 그대로 술값 등으로 날려 버리던 식민지시대 두레의 모습을 탈피하고자 한 것일 뿐이다.

방축이 무너지고 수해가 나면서 많은 집들이 피해를 입게 된다. 희준은 마을 사람들과 사의 한 후에 두레먹을 돈으로 수해 입은 사람에게 분배해주기로 한다. 집이 무너져서 거처할 수 없는 사람에게는 집을 짓도록 조력한다. 두레의 상부상조하는 전통이 그대로 드러나는 대목이다.

김희준이 농민대중들의 만남을 이루어내면서 농민들의 초보적인 조직화를 꾀하는 것이 두레와 노동야학이다. 전자는 가난한 농민들이 상호 부조정신과 집단주의 정신을 배양하는 통로가 되며, 후자는 농민들의 계급의을 심어 주는 방도가 된다. 두레를 통하여 분산고립된 농민들을 하나로 뭉치게 하고, 농민들 사이에 벌어진 틈을 메워 나감녀서 단결된 집단력을 길러 나갔던 것이다. 두레가 착실히 리루어지자 마을의 농민들 사이에는 엄청난 변화가 생겼다. 마을 사람들의 기분이 통일되어, 두레를 모으리 전에 싸웠던 사람들도 이를 계기로 화해하게 된다. 쇠득이 어머니와 백룡이 어머니 간의 얽혔던 감정 대립도 인동이와 막득이 간의 대립도 두레를 운영하는 과정에서 풀리게 된다. 이것은 두레가 가지는 생활력을 생동하게 보여준다.[14]

두레가 얼마나 농민들 사이의 관계를 좁혀 주고 단결시켜 주는 데 기여하는가를 단적으로 보여주는 증거이다. 두 해 동안에 걸쳐 진

---

14 김하명 외, 『조선문학사 3』(1926~1945), 과학백과사전출판사, 1981, 443면.

행된 두레 덕분에 소작쟁의를 성공적으로 이끌어나갈 수 있었던 것이다. 김희준 역시 두레를 통하여 소시민성을 청산하고 농민 편에서 그들의 사상과 감정을 지니게 된다.

마지막 대목에서 농민들은 결국 마름 안승학에게 대항한다. 말할 것도 없이 두레꾼들이 그대로 소작쟁의의 주역이었음은 물론이다. 농민들은 두레로 자신들의 공동체의식의 힘을 알게 되었고 단합하여 소작쟁의를 승리로 이끌게 된다.

"검은 장막이 한거풀 벗기어지고 희미한 회색구름이 하늘 한구석에서 점점 커지면서 장차 오는 광명을 예고하는 것 같다"는 대목에서 작자는 먼동이 터오는 식민지의 하늘을 그리면서 끝을 맺고 있다.

고향에서 두레는 대중을 동원하고, 대중을 조직화시키는 최상의 동력이 된다. 인텔리 김희준 같은 인물의 변화 못지 않게 다수의 소작인들의 두레를 통하여 하나의 힘을 결집되는 과정은 이 소설의 백미이기도 하다. 물론 작자가 노동 간의 결합을 늘 의도하고 있지만, 정작 고향의 풍속사적 힘을 식민지시대 대다수 작가들이 제대로 꿰뚫지 못했던 측면을 이기영의 손을 통하여 복원되고 있다.[15]

사실 『고향』의 배경이 되는 마을에는 비단 두레굿만 있는 것이 아니다. "서낭 뒤에 바위 중턱에는 누구나 소원성취가 된다고 행인들이 던진 돌멩이가 떨어져서 그 밑에 수북하니 쌓였다"고 표현되는 마을이다. 그리고 이곳의 민중들은 "장상과 입맞추면 재수 있다고 믿는 사람들"이기도 하다. 이기영에게 풍속은 타파해야할 비과학적 대상

---

15 이는 홍명희의 장편소설 『임꺽정』에서 보여지는 풍속의 힘과 또 다른 차원의 대비관계를 이룬다.

이 아니라 적극적인 대중적 힘의 원천이 되고 있다.

소설에서 농민은 단순한 교화의 대상이 아니다. 이미 농민들은 조선후기 이래로 두레를 통하여 일과 놀이의 일사분란한 체계를 세웠고, 자긍심 높은 농민문화의 토대를 건설한 바 있다. 일본제국주의가 노렸던 대목은 바로 이 점인 바, 끊임없이 농민층을 분해시켜 나가면서 이들 농민들의 자주적인 흐름을 봉쇄시켜 나간 것이 바로 식민지화의 완성과정이었다. 이기영은 이 점을 잘 주목하고 있었고, 그러한 탓에 여타 "행세식 사회주의자"들의 농민소설과는 그 질을 달리하고 있다. 당대 거개의 소설가들이 놓친 민의 생활과 풍습에 대한 그의 정확한 관찰과 이해심을 잘 드러내주고 있다.

# 3. 촌극 「공사公事마당」과 「풍문農樂」에 나타난 두레

## 1) 촌극 「공사마당」과 두레

조선농민사의 기관지인 『조선농민』에 실린 촌극 「공사마당」[16]을 보면 일제시대 두레의 모습이 잘 나와 있다. 조선농민사는 농촌계몽운동에 주력하여 각 지역에 사우社友를 확보하고 이·면·군里·面·郡단위로 농민사를 계열화하였다.[17] 조선농민사에는 많은 농민시들이 수록

---

16 C生, 「공사마당」, 『조선농민』 1932년 7월호, 68~70면.

17 趙東杰, 『일제하 한국농민운동사』, 한길사, 1979.
　池秀傑, 「한국농민사의 단체성격에 관한 연구」, 『역사학보』 106, 역사학회, 1985.

됨으로써 관심의 대상이 되어왔다.[18] 그러나 단편적인 촌극은 관심의 대상에서 제외되었다. 촌극 「공사마당」은 조선농민사가 농촌사회에 구축코자 했던 자력갱생의 계몽주의적 농촌운동의 일 방식으로 두레를 주목하였고, 촌극형식을 빌려서 두레를 기술하고 있다. 즉,

① 농군회의기관인 공사公事를 당대 농촌사회 입장에서 새롭게 조망해 볼 필요를 나타내고 있다. 식민지농촌 해체라는 과정에서 과연 '투쟁적'이지도 않고, '계급 적'이지도 못하지만 한 번쯤 고려해 볼 필요성을 보여 준다.

② 두레는 한 마을에 1개이며, 회의와 조직명을 두레공 사로 부르며, 좌상座上이 총괄하고 있다. 회의는 곧잘 통일되는 것으로 보아 민주적이고 일상분란하게 이루 어지는 것으로 보고 있다.

③ 휴한기에 남의 품을 집단적으로 팔아서 7월에 먹는 비용을 마련하는 공굴이 있다. 순수하게 두레먹기만을 위한 공동노동이 별도로 존재했음은 앞의 소설 『고향』 에서 마찬가지다.

두레꾼의 총수는 20여 명으로 나타난다. 전일적으로 마을민이 참

---

18 박경수, 「한국근대 농민시의 전개과정과 현실표상연구–조선농민사의 농민시를 중심으로」, 『한국문학논총』 14, 한국문학회, 1993.

여하기는 하되 매우 느슨해진 상태의 두레이다. 두레공사 시기는 모 깃불을 펴놓은 한여름 밤이다. 공굴을 금년에도 하자고 하는 측에 대해 세상이 하도 뒤숭숭하니 공론도 많다. 공굴은 이 마을의 두레 숫자가 크기 때문에 나흘로 결정된다. 두레의 크기를 따져서 공굴 일수를 정했음을 알 수 있다. 두레 먹는 날인 술멕이農宴는 백중과 칠석 중에 칠석으로 결정된다. 현존 민속조사자료에서 쉽게 확인되는 술멕이란 말을 쓰고 있으며, 두레먹기가 칠석과 백중 중에서 정해진 관습이 아니라 그때그때 사정에 따라 양자택일됨을 알 수 있다.

술멕이를 준비하면서 머슴사는 집은 주인에게 말하여 술 한동이씩을 말해두라고 하나 이판에 술을 줄지 모르겠다고 한다. 두레꾼들 가운데 머슴이 섞여 있고, 주인집에서 술멕이에게 술을 내는 것이 관례인데도 불구하고 세상이 어려워지면서 주인들조차 어렵게 된 농촌의 실상이 드러난다. 자작농이 소작으로 전락하고, 소작조차 얻지 못하고 황폐해져 가는 농촌의 경제력이 엿보인다. 그래도 술멕이에 모처럼 고기는 먹어야 했다. 금년은 소와 돼지 중에서 무엇을 잡아서 잔치를 하느냐는 논의 끝에 소가 결정되고, 50원짜리 대각을 산다.

작년 말, 소매거지 할 때 열두말직이 4원 30전을 내지 않은 조생원을 걸먹이고 있다. 두레에서 공동으로 해준 품값을 잘라먹는 사람이 생겼을 정도로 농촌의 공동체적 질서가 와해된 상태의 두레임을 암시한다. 두레에서 해주는 일값을 개인이 내지 않는 일은 예전에는 있을 수 없던 일이다. 또한 두레의 공동노동이 반드시 품값을 전제로 한 노동청부적 성격으로 완전히 전화된 상태임을 같이 보여준다.

품을 팔아먹고 살아야 하는 빈농의 입장은 분명 비통한 현실이기는 하지만, 마을의 집단적인 노동으로 대처해 주지 않으면 농사 자체가 곤란한 현실을 반영한다. 일제하 낮은 기술력은 여전히 소농경영의 노동력에 의존할 수밖에 없었음을 말해주며 두레의 중요한 역할의 하나가 바로 노동력의 집단적 동원이었다. 물론 30년대의 두레는 대부분 품팔이를 두레에 넣어서 공동으로 해결하는 분화된 형태의 두레다. 그러나 비록 남의 품을 파는 농군신세들이지만 '우리가 일을 아니해주면 농사를 그리친다'는 말에서 집단의 힘은 여전한 것으로 보여진다.

촌극寸劇의 마지막에 흉년 걱정을 하는 판에, '흉년이 골백번 들어서 무서울 것 없다. 내가 농사 한되직이를 짓니 부자처럼 논이 있니'라고 하여 무토농민無土農民인 데다가 그나마 소작 붙이는 땅도 불과 얼마 안됨을 통하여 황폐해진 식민지 농촌의 현실과 농군들의 신세를 잘 말해주고 있다.


## 2) 단편소설 「풍문」과 두레

「풍문」은 1933년도에 『비판』지에 실렸던 연작 단편의 「농군」의 하나로 작자는 조벽암이다.[19] 1930년대 머슴의 입장을 통해서 사회적 모순을 드러낸다.

칠성이는 김참봉네 머슴이다. 김참봉네 행랑살이 리서방, 만석이와 칠성이가 대화하는 장면으로 소설은 시작된다. 칠성이는 아침부터 시무룩하다. 김참봉은 머슴인 칠성이를 등거리 하나 해주지 않는 대신에 야단으로 방패막이를 한 것이다. 백중날이라 웬만한 집에서

---

19 조벽암, 「풍문」, 『비판』 1933년 3월호, 84~93면.

는 으레 머슴에게 베등거리 하나씩은 해주는 것인데도 불구하고 김참봉은 그것도 아까워서 추후로 미룬 것이다. 그때 술꾼들이 들어온다. 칠성이도 석만이·만석이를 이끌고 건너마을 신작로거리의 주막으로 향한다.

백중날 저녁이다. 칠성이는 깽매기, 만식이는 북, 석만이는 징, 리첨지는 장구, 돌이와 여럿은 벅구, 박서방은 호적을 잡았으니, '모든 쇠와 가죽은 얇고 두껍고 가볍고 무겁고 크고 작게' 서로 어울린다. 백중은 '농부들의 명절이고, 머슴들의 생일날'이다. 칠성이도 주인에게 지전 한 장을 받아들고 주막집에서 어지간히 취한다. 얼큰하게 취한 판에 한바탕을 풍물놀이가 벌어진다. 풍물놀이에 동네사람이 둥그렇게 모여들어 판이 마련된다. 칠성이는 꽹매기를 치면서 돌모를 돌린다. 벅구잽이들의 뛰노는 약동, 장구잽이 리첨지의 엉덩춤이 볼만하다.

리첨지는 벼슬아치 앞을 드나들면서도 도리어 어려운 사람들 불평에 가담하는 그런 인물이었다. '그가 동학의 민×에도 뒤로 얼마쯤 충동을 하였는 일도 있었다는 것이 예사로운 일은 아니었다. 여하튼 리첨지는 근대 조선의 팻말役 같은 경험을 암암리에 지내쳐왔다'고 표현되는 인물이다. 더욱이 리첨지의 아들은 강습소니 야학당이니 제멋대로 돌아다니다가 스무살을 넘자 기미년에 투옥·복역·출옥·출분을 거듭하였다. 따라서 그에게 입분이는 단 하나 남은 기둥이었다. 그 리첨지가 장고잡이의 명수였다. 입분이는 김참봉네 부엌데기였고, 칠성이는 입분이에게 정분을 느끼는 것으로 된다.

그 리첨지가 안을 내놓는다. 자신의 딸이 부엌일을 하는 김참봉네 집에 가서 굿을 치자고 한다. 칠성이는 '그 도야지가, 더구나 그 집의 머슴인 내가 앞서서 끌고 가면 어떻할까'하고 걱정도 하지만 내 친 김에 몰려간다. 농기가 앞서고, 깽메기가 그 뒤를 따르고, 그 다음에 징, 북이 열을 지어 김참봉네로 향한다. 한바탕 놀아도 주인이 나오지 않다가 일본옷을 입은 아들이 나와서 그만둘 것을 명령한다. 보리말이나 달라고 하는 농민들의 기대에 반하게 내어쫓는다. 스무 살이 겨우 넘은 아들에게 반말을 당하면서 내쫓긴 풍물패의 흥은 완전히 깨어지고 만다.

이튿날 칠성이는 다시 주인집으로 되돌아간다. 늦잠 잤다고 김참봉의 설교를 들으면서도, '농민들이 게을러서 굶주리고, 김참봉은 부지런히 해서 잘 산다고는 암만해도 여겨지지가 않는' 칠성이의 심정이 엿보인다. 칠성이는 예전에 서울 시구문 밖에서 일하던 시절을 떠올린다. '오랫동안 서로 친하게 지내든 그 붙잡혀 간 사람들과 절친한 동무'라는 표현에서 무슨 사건이 있었고 사람이 잡혀갔다는 것이 간단히 스쳐 지나가는 것으로 설명되었다.[20]

「공사마당」이 1932년의 작품이고 천도교 계열의 『조선농민』에 실렸다면, 「농군」은 이듬해인 1933년과 1934년에 쓰여진 소설이다. 따라서 세 작품은 모두 30년대 초반의 두레에 대한 인식 정도를 잘 보여주고 있다.

이 작품의 제목은 풍문이고, 친절하게 농악이란 설명을 붙여 놓았다. 풍문은 풍물의 방언으로 보인다. 굳이 제목을 풍문이라고 붙여

---

20 검열로 인하여 13행이 생략되었다.

놓음으로서 작자는 농민들에게 풍물굿이 갖는 의미를 암시하고 있으며, 실제로 풍물굿은 소설을 반전시켜 준다.

「농군」의 주인공 칠성이에게 주인은 '소리 없는 총으로 쏘아 버렸으면 그 똥만 먹고 사는 개만도 못한 것들'이다. 머슴과 주인의 신분 대립이 분명하게 드러나는 대목이다. 칠성이는 귀한 골연을 피어 물고서 성냥을 그어 돌려 붙이면서 '바로 지금은 우리도 하이칼나갓헤'라고 외친다. 골연 피는 하이컬러는 칠성이 같은 머슴에게는 선망의 대상이기도 하면서 왠지 '다른 인간'이다. 남 다해주는 등거리 하나도 해주지 않으면서 일을 시키는 주인에 대한 공격이 잘 드러나고 있다.

칠성이와 리첨지, 칠성이와 입분이는 한 축을 형성한다. 신분적 모순관계를 온몸으로 겪고 있는 머슴신분의 칠성이, 동학부터 기미년 독립운동까지 줄줄이 민족운동사의 맥락을 이어 온 '근대 조선의 팻말 역'인 리첨지, 리첨지의 달로 칠성이와 같이 김참봉네 부엌일을 하는 입분이가 한축을 형성한다. 다른 한축은 역시 지주인 김참봉이다. 그의 아들은 베잠방이가 아니라 일본옷을 입고 있으므로 같은 민족이되 이미 같은 민족성원은 아닌 모습으로 나타난다. 일제하 식민주의 성격을 잘 암시하고 있다.

이 소설에서도 풍속은 중요하다. 시기적으로 백중 같은 두레성원들의 축제일이 의도적으로 설정되고 있다. 백중이라고 해야 머슴들은 으레 '말라빠진 병아리 한 마리를 얻어먹고 진하디 진한 피곤을 양념치고 베적삼 하나로 지도처럼 그려진 걸레쪽 같은 땀옷을 벗어버리며, 또한 코 묻은 지전 한두 장으로 침체되었던 술값 담배값을 갚음과 동시에 하루의 휴가를 얻는 것'이다. 머슴들의 처지가 잘 드러나고 있으며 백중이 머슴의 명절이었음을 분명히 보여주고 있다.

작중인물들은 저마다 풍물을 잘 친다. 역사의 산 증인이라고 할 리첨지는 신분이 낮은 편이 아닌데도 불구하고 장구놀이에 일가견이 있다. 민중과 동화되는 삶의 전형이 보여진다. 그 풍물패가 김참봉네를 찾아가 걸립을 하려고 하나 박대를 당하고 만다. 공동체적 생활기풍에서 찾아온 걸립패를 내쫓은 일은 상상도 할 수가 없다. 풍물패의 내쫓김은 지주와 일반 농민들 간의 대립항쟁을 명확하게 보여주는 사건이다. 작자가 왜 의도적으로 풍문이란 제목을 붙였는지가 설명되는 대목이다.

작품의 앞머리에 작자는 사족을 달아 두었다. "잡어다 가둔 맹수와 갓치 사람은 항상 헛된 운명에 대하야 슬대업시 낙망하고 광노할 것이 아니라 사회적 조직적 계획적으로 목전의 모순을 헤쳐야 한다." 풍물을 치면서 김참봉네를 들이치던 모습은 바로 두레의 선조들이 풍물을 앞세워 관아로 나아갔던 정신과 하나로 다를 게 없는 것이다.


## 4. 맺음말

본 연구에서는 두레와 관련하여 그 문학적 형상화의 몇 가지 사례를 검토하였다. 그 검토 결과 다음과 같은 사실을 규명할 수 있었다.

첫 번째, 이기영의 소설 『고향』을 중심으로 두레가 식민지시대 사회변혁에서 발휘하던 풍속의 힘을 분석하였다. 분화되어 나가는 두레의 현실이 소설에 잘 드러나고 있으며, 그 자체로서 일제시대 두레의 존재양상을 이해시켜 주고 있다. 식민지시대 농민들은 이미 봉건제 하의 농민들처럼 단일공동체의 농민들이 아니라 식민지하에서 분해를 당하면서 착취의 노리개로 전락하고 있었다. 이 당시 식민지하 민족해방운동의 지평은 이들 농민들의 유동적 변모와 이를 시민계급의 입장이 아닌 노동자 계급의 입장으로 묶어세우는 과정이었다. 여기서 우리는 두레굿이 지녔던 매우 강인한 잠재된 동력을 읽어볼 수 있다.[21] 이기영의 소설 『고향』은 풍속사적 힘을 가장 잘 드러내 준 식민지시대 소설의 수작을 이룬다고 하겠다.

두 번째, 촌극과 단편소설에 반영된 두레의 문학적 형상화를 검토하였다. 촌극 「공사마당」의 농민들은 『고향』의 농민들과 다를 바가 없다. 두레를 통해서나마 무언가 농민조직의 재생을 기대해 보고자 하는 암시가 엿보인다. 이들 두레의 모습은 조선후기 이래로 전승되어 온 공동체적 노동집단의 마지막 모습이기도 하다. 이제 30년대가 끝나면서 40년대로 들어오면 그나마 두레는 완전히 분해되고 강제적 공동작업반이 맹위를 떨치게 되는 것이다. 「풍문」 역시 앞의 『고향』, 「공사마당」과 더불어 30년대 두레풍물패의 잔흔을 여실히 보여주고 있다.

이상의 검토를 통하여 일제시대 두레의 문학적 형상화와 두레가 지니는 풍속사적 힘을 검증하고자 하였다. 추후에 두레와 연관된 새로운 작품이 확인되면 본 연구를 보완할 기회를 갖고자 한다.

---

21 주강현, 『굿의 사회사』, 웅진출판사, 1992, 42~43면.

## 참고문헌

### 1. 기본자료

이기영, 「民村」, 『李箕永短篇集』, 학예사, 1939.

_____, 「원보」, 『조광지묘』, 1928년 5월호.

_____, 「홍수」, 『농민소설집』, 별나라사, 1933.

_____, 「鼠火」, 『鼠火』, 동광당서점, 1937.

_____, 『고향-이기영 선집 Ⅰ』, 도서출판 풀빛, 1989.

C 生, 「공사마당」, 『조선농민』 1932년 7월호.

조벽암, 「풍문」, 『비판』 1933년 3월호.


### 2. 연구논저

간복균, 「1930년대 한국농민소설연구」, 단국대 박사학위논문, 1986.

권 유, 『이기영 소설연구』, 태학사, 1993.

김열규, 『한국문학사』, 탐구당, 1983.

김용희, 『현대소설에 나타난 '길'의 상징성』, 정음사, 1985.

김윤식·정호웅 공저, 『한국소설사』, 예하, 1995.

_____ 공편, 『한국 리얼리즘 소설 연구』, 문학과비평사, 1987.

김재용, 「일제하 농촌의 황폐화와 농민의 주체적 각성-'고향'론」, 『민족문학운동의
   역사와 이론』, 한길사, 1990.

김정자, 「불의 기법의 문체론적 해석」, 『국어국문학』 93호, 국어국문학회, 1987.

김하명 외, 『조선문학사 3』(1926~1945), 과학백과사전출판사, 1981.

박경수, 「한국근대 농민시의 전개과정과 현실표상연구-조선농민사의 농민시를 중심
   으로」, 『한국문학논총』 14, 한국문학회, 1993.

신동욱, 『우리 이야기문학의 아름다움』, 한국연구원, 1981.

신춘호, 「한국농민소설」, 고려대 박사학위논문, 1980.

윤홍로, 『한국문학의 해석학적 연구』, 일지사, 1976.

이재선, 「집(家)의 시간성과 공간성」, 『가와 가문』, 서강대학교 인문과학연구소, 1989.

_____, 『한국현대소설사』, 홍성사, 1979.

임영환, 「1930년대 한국농촌사회소설연구」, 서울대 박사학위논문, 1986.

정호웅, 「李箕永論」, 김윤식·정호웅 공편, 『한국 근대 리얼리즘 작가 연구』, 문학과 지성사, 1988.

趙東杰, 『일제하 한국농민운동사』, 한길사, 1979.

주강현, 『굿의 사회사』, 웅진출판사, 1992

池秀傑, 「한국농민사의 단체성격에 관한 연구」, 『역사학보』 106, 역사학회, 1985.

진정석, 「단편소설의 미학을 위한 모색」, 『한국근대작가연구』 22, 동아출판사, 1995.

한점돌, 「총체적 식인지현실의 형상화」, 『한국근대작가연구』, 삼지원, 1992.

홍태식, 「한국근대단편소설의 인물연구」, 명지대학교 박사학위논문, 1987.

B. K. Malinowski, 한완상 역, 『미개사회의 성과 억압』, 삼성출판사, 1982.

C. S. Hall, 최현 역, 『융 심리학 입문』, 범우사, 1989.

G. Bachrlard, 민희식 역, 『불의 정신분석』, 삼성출판사, 1982.

J. G. Frazer, 장병길 역, 『황금가지』, 삼성출판사, 1977.

A. Van Gennep, *the rite of passage*, Chicago Univ. Press, 1966.

J. R. Cirlot, *A Dictionary of Symbols*, Philosophical Librarary, 1962.

M. Eliade, *The Sacred and the Profane*, New York: Harcourt Brace Jovanovich, 1959.

_____, *The Myths cf the Eternal Return, or Cosmos and History*, Princeton, Princeton University Press, 1971.

Wheelwright, *Metaphor and Reality*, Indiana University, 1962.

# 이기영 농민소설에 나타난 풍속의 재현과 문화재생산

윤영옥_ 전북대학교 강의전담교수

● 이 글은 윤영옥, 「이기영 농민소설에 나타난 풍속의 재현과 문화재생산」(『국어국문학』 제157집, 국어국문학회, 2011)을 재수록한 것이다.

# 1. 풍속론과 이기영 농민 소설

풍속이란 특정 시공간에 사는 사람들의 취미, 문화, 관습, 기호 등과 관련된 개념이다. '풍속은 한편으로는 한 지역의 "오래된" 패턴을 지닌 생활관습을 의미하는 동시에 다른 한편으로는 "새롭게 형성된 삶의 방식"[1]을 의미'한다. 농민소설 속에 등장하는 풍속은 전통적으로 반복되어 온 일상성에 기초한 것으로, 지속적인 일상 속에 포함된 반복 가능성과 익명성, 그리고 자연화를 전유하고 있다.

일상성에 기초한 문학적 재현은 현실을 일정한 방식으로 드러내면서, 또한 현실을 은폐할 수 있다. 일찍이 코지크는 '일상성은 무엇보다도 사람들의 개별적 삶을 매일 매일의 테두리 속에서 조직하는 것'[2]이라 주장하면서, 일상성이 개인의 개별적 삶과 사회적 관계망과 연관되어 있음을 주목한 바 있다. 풍속에 내재한 이러한 일상성은 부르디외의 아비투스habitus[3]개념과 상통하는 바가 있다. 풍속에 포함되어 있는 사회적이고 문화적인 성향들은 특정 사회적 장에 속해 있는 개인의 인식, 판단, 행위가 구조화된 것이면서, 또한 그것들을 구조화하기 때문이다. 즉 풍속은 일상적이고 관습적으로 축적된 문화이

---

1  권명아, 「풍속 통제와 일상에 대한 국가관리」, 『민족문학사연구』 제33호, 민족문학사학회, 2007, 372~373면.

2  Karel Kosik, 「구체성과 역사」, M. 마페졸리, H. 르페브르 외, 박재환 역, 『일상생활의 사회학』, 한울아카데미, 1994, 126면.

3  여기서 아비투스(habitus)는 사회 공간 속에서 개인들이 차지하는 위치 및 그와 관련된 삶의 방식, 그리고 문화적 취향 및 느끼고 사고하는 방식 등을 꿰는 개념이며, 개인 및 특정 사회계급이 타자와 구별짓는 대상과 행동을 소유하는 능력과 기질 혹은 취향을 말한다.

기 때문에, 풍속은 사람들의 개별적 삶과 집단의 삶을 조명하기에 적합한 문학적 대상이지만, 문학적으로 풍속을 재현하는 일은 일정한 방식으로 현실을 조명하거나, 은폐하거나 조직하는 작업과 연계될 수 있다. 풍속이란 그것의 친숙성과 지속성을 담보하는 것으로서, 삶의 진정성 혹은 주입효과로서의 정치성을 구사할 수 있기 때문이다.

위와 같은 풍속의 개념을 토대로 풍속의 재현에 대한 문학적 관심이 고조된 것은 1930년대 이후부터였다. 그러한 관심의 이면에는 '구체적으로 현실을 반영'한다는 리얼리즘 정신의 발현이 있었다. 당시 풍속론은 사회적인 이념을 제대로 표현할 수 없었던 식민지 현실에서 사회의 총체적 구조와 역사의 흐름을 드러낼 수 있는 창작방법론으로 등장하였다. 풍속의 강조는 소설의 정치적 의제를 표현하는 측면을 상당히 위축시켰지만, 당대의 풍속을 구체적으로 재현함으로써 문화사적으로 풍요로운 결실을 거둘 수 있게 하였을 뿐 아니라 결과적으로 풍속의 재현이 사회 현실을 반영하는 수동적 역할 뿐 아니라, 나아가 재현을 통해 사회를 재구조화할 수 있는 가능성을 열어놓았다. 그리고 그러한 가능성을 가장 농후하게 보여주는 작품들이 이기영의 일련의 농민소설들이다.

당시 풍속의 재현이 함축하는 의미를 김남천은 다음과 같이 주장하고 있다.

> 풍속은 생산관계의 양식에까지 현현되는 일종의 제도(예컨대 가정제도)를 말하는 동시에 다시 그 제도 내에서 배양된 인간의 의식적인 제도 습득감(예컨대 가족적 감정, 가족

적 윤리의식)까지를 지칭한다.

　이렇게 성찰된 풍속이란 확실히 경제현상도 정치현상도 문화현상도 아니고 이러한 사회의 물질적 구조상의 제 계단을 일괄할 하나의 공통적인 사회현상이라고 보지 않을 수 없을 것이다. 사회기구의 본질이 풍속에 이르러서 비로소 완전히 육체화된 것을 알 수 있다.[4]

김남천은 풍속을 경제, 정치, 문화를 포괄하는 개념, 즉 생산양식과 제도, 인간의 의식을 포괄하는 개념으로 파악하고 있다. 김남천은 풍속이 제도와 의식적인 제도 습득감, 즉 사회의 물질적 측면과 정신적 측면을 포괄하고 있다고 보았던 것이다. 김남천의 위와 같은 주장은 풍속을 문화의 개념으로 확장하고 있다는 점에서 매우 중요하다. 김남천이 풍속의 개념을 경제, 정치, 문화 현상을 포괄하는 사회 현상으로 본 것은 문화의 개념 속에 포함되어 있는 실천적 영역의 가능성을 예고하는 것으로 볼 수 있다.[5] 이러한 주장은 이기영의 농민소설에서 풍속을 통해 재현의 정치성을 확대하는 모습과 일맥상통한다고 할 수 있다.[6]

---

4　김남천, 「일신상의 진리와 모랄(5)」, 『조선일보』 1938. 4. 22.

5　비교적 최근에, 김동식은 문화를 '사회구조와 인간적 실천의 매개적·분절적 영역'으로 주장한 바 있다. 김동식의 주장은 김남천의 풍속 개념 속에 나타난 문화의 개념이 확장된 것으로 볼 수 있다. 김동식, 「풍속·문화·문학사」, 『민족문학사연구』, 민족문학사학회, 2001, 72면 참조.

6　풍속의 재현이 작가의 사실주의적인 의도에 얼마나 부합하였는가에 대해서는 짚고 넘어갈 필요가 있다. 실제로 풍속의 개념은 지나치게 방대하여서 작품 속에 묘사된 생활의 모습들이 모두 포함될 수 있다는 어려움이 있다. 실제로 풍속의 묘사는 당대의 제국주의적인 식민이론에 대한 저항을 관철시키기도 하였지만, 그와 다르게 지배담론을 충실하게 수용하는 역할도 하였

이기영 소설 중 농민소설인 「홍수」, 「고향」, 「서화」, 「대지의 아들」, 「두만강」, 「땅」에는 다양한 풍속이 구체적으로 묘사되어, 풍속이 광범위한 편폭과 지속성을 지니고 집약적으로 재현되어 있다.[7] 「홍수」, 「고향」, 「땅」에서는 '두레'가, 「두만강」, 「대지의 아들」에서는 추석이, 「서화」에서는 쥐불놀이와 단오가 강조되고 있다.

1930년대 이후 김남천의 「사랑의 수족관」과 『대하』, 홍명희의 『임꺽정』, 박태원의 『천변풍경』등 다수 장편소설들이 풍속을 재현하는 문학적 경향을 보이고 있었는데, 이들 작품에서 풍속의 재현은 사회현실의 반영이란 측면이 강하였다. 이에 비해 이기영 농민소설에 나타나는 풍속은 당대 현실을 재현함과 동시에 나아가 새로운 현실을 구성하는 역할을 하고 있다. 농민을 소재로 한 소설인 「서화」-「고향」-「두만강」-「땅」은 특정 풍속의 지속과 변화를 보여주고 있는데, 위 작품들에서 문화구성물인 풍속은 인물의 내적 성향과 경제적 정치적 효과를 가시화하고 있다. 이로 미루어 작가 이기영은 풍속에 대해서 당대의 다른 작가들에 비해 훨씬 다층적이고 심도 있게 접근하고 있음을 알 수 있다.

이기영은 농민소설에서 풍속의 재현을 통해 서사의 내용을 이미지화하고, 그 이미지를 주제와 연결시켜, 현실 세계를 객관적으로 반영하고 이를 사회적 실천의 차원으로 전환시키는 절합적 기능을 수

---

다. 가족사 연대기소설들인 김남천의 『대하』나 이기영의 『봄』에서 풍속의 재현은 근대화 과정을 유장하면서도 자연스럽게 표현하여 '근대화'의 필연성을 강조하는 역할도 했던 것이다.

7  일찍이 주강현은 '두레라는 풍속이 사회변혁을 이끄는 힘으로 전환되는 모습은 식민지 시대 어느 작가도 주목하지 못했던 점'이라고 지적하며, 이기영의 소설들에서 풍속의 문학적 재현이 탁월함을 추켜세운 바 있다. 주강현, 『두레─농민의 역사』, 들녘, 2006, 637면.

행하고 있다. 이기영 농민소설의 전개 과정에서 풍속의 재현이 지닌 정치적 효과는 점차 강화되는 추세를 보이고 있다. 풍속의 재현을 통해서 초기에는 사회변화를 드러내고자 하였으나, 점차 사회 변화를 주도하려는 의지를 보인다. 후에 창작된 「대지의 아들」, 「두만강」, 「땅」에서 풍속은 국가 이미지와 연계되어 정치성이 훨씬 강화된다. 이와 같이 이기영 농민소설에서 풍속의 재현은 당대 사회의 모습을 재현할 뿐 아니라 일정한 정치적 효과를 담보한 문화생산의 역할을 하고 있음을 보여준다. 본 연구에서는 이러한 양상들을 살펴보고자 한다.

## 2. 풍속의 재현과 서사 기능

### 1) 풍속과 인물의 내면풍경

#### 단오와 인물의 애정관계

이기영 농민소설에 재현된 풍속에는 특정 인물의 심리 나아가 여러 인물들의 관계, 집단적인 승인의 문제가 얽히어 있다. 즉 작품 속에서 풍속은 세계에 대한 이미지나 인물의 위상과 내면을 주조하고, 당대 일상생활을 시공간적으로 재현하고 있다. 그런 점에서 이 작품들에서 풍속은 인물들의 아비투스를 재현하고, 당대 사회적 흐름을 보여주는 역할을 하고 있다. 풍속의 묘사를 통해 세계를 총체적으로 보여주고, 그 세계와 구체적인 사회 속의 인간을 연계하고 있는 것이다.

아래 내용은 「서화」에서 이쁜이와 돌쇠, 원준이 단오날 널뛰는 장면이다.

 이쁜이가 먼저 구르니까 돌쇠는 떨어질 듯이 서투른 두 발길로 간신히 널판을 밟는다. 그는 얼마 올라가지 않았다. 구경꾼들은 웃음을 내뿜었다. 그러자 돌쇠가 다시 탁 구르니까 이쁜이는 까맣게 공중으로 올라간다. 구경꾼들은 아슬아슬해서 쳐다보았다. 그러나 이쁜이는 조금도 자리를 잃지 않고 어여쁜 발맵시로 널판을 구른다. 돌쇠는 다시 엉거주춤하고 줄 타는 광대처럼 올라갔다. 구경꾼들은 또 폭소를 터치었다. 돌쇠가 떨어지며 다시 밟자 이쁜이는 이번에는 아까보다도 더 높이 올라갔다.
 "아이 무서워라."
 "참 잘 뛴다."
 제비같이 날쌘 동작에 여러사람들은 감탄하기 마지 않았다. 사실 이쁜이는 돌쇠가 기운차게 굴러주는 바람에 신이 나서 뛰고 있었다. 그는 널에 정신이 쏠려 있으면서도 심중으로 부르짖었다.
 '그이가 참 기운도 세군!'[8]

 원준이는 힘껏 굴러보았다. 그러나 이쁜이는 아까 돌쇠

---

8  이기영, 「서화」, 창비, 1933/2006, 152면.

와 뛰던 것의 절반도 못 올라간다. 이쁜이가 떨어지며 널을 구르니까 이번에는 원준이가 까맣게 올라갔다가 베갯머리의 옆으로 떨어진다. 그 바람에 널판이 삐뚤어져서 핑그르 돌며 두 사람은 땅 위로 둥그러졌다.

"하하하."

구경꾼들은 일시에 폭소를 터쳤다. 이쁜이는 남부끄러워서 얼굴이 빨개진다. 그는 원준이에게 눈을 흘겼다.

"밥을 그렇게 해서는 안되겠구려…… 호호호"

"난 안 뛸래."

이쁜이는 골딱지가 나서 성선이 처를 쳐다본다.

"허허, 늘 한번 뛰랴다가 망신을 했군!"

원준이는 궁둥이를 털고 일어서자 무색해서 있을 수가 없던지 슬그머니 밖으로 나가버렸다.⁹

이 작품에서 묘사된 널뛰기는 보름날의 세시풍속이다. 이 작품에서는 널뛰기는 두 개의 장면으로 등장하는데, 하나는 '이쁜이-돌쇠'의 널뛰기를, 다른 하나는 '이쁜이-원준'의 널뛰기를 다루고 있다. 이 두 개의 널뛰기는 결과적으로 '돌쇠-이쁜이-원준'의 애정관계를 비교하여 보여주고 있다. 이쁜이와 돌쇠는 서로 화합하고 조응하면서 널을 뛰고 즐기는 데 반해, 이 두 사람을 시샘하여 시작한 원준과 이쁜이는 서로 조화하지 못한 채 널을 뛰고 있다. '이쁜이-돌쇠'가

---

9　이기영, 「서화」, 앞의 책, 152~153면.

널뛰기를 통해 동네 사람들의 흥을 북돋우는 장면은 '이쁜이–원준'이 서로 널뛰기를 지속하지 못하고 오히려 원준이 망신을 당하게 되는 장면과 대조된다.

널뛰는 상대에 대한 이쁜이의 태도와 동네사람들이라는 반응은 풍속의 한 장면이 주는 시각적 인상이 역사적으로 구조화된 집단의식과 연관되어 있다는 단서를 제공하고 있다. 두 널뛰기에 대한 동네 사람들의 폭소는 서로 다른 의미를 지니고 나타난다. 이쁜이와 돌쇠의 경우에 폭소는 즐거운 감탄과도 같은 것이라면, 이쁜이와 원준의 경우에 폭소는 비난이나 야유의 정서에 가까운 것이기도 하다. 널뛰기에 대한 동네사람들의 반응은 교묘하게 표출된 두 사람의 애정에 대한 공적인 승인과 연결되어 있다. 이쁜이와 남편이 아닌 두 외간 남자들과의 널뛰기, 이것은 즉 마음이 통하는 사람과의 애정에 대한 긍정과 승인을 나타내는 것이기도 하다. 이러한 사회적 승인은 두 사람의 정서적 조화를 우선시 한다는 점에서 애정을 바라보는 사회집단의 시각을 반영하고 있다. 이러한 대조는 풍속으로서의 널뛰기가 인물들의 상호 애정관계의 알레고리로 작용하고 있음을 보여준다.

널뛰는 과정에서 돌쇠의 날쌔고 기운찬 발구르기와 원준의 얼뜨고 어색한 발구르기는 이쁜이의 신나고 성내는 반응과 연결되어 두 남자에 대한 이쁜이의 애정의 향방을 알려주고 있다. 또한 돌쇠와 원준의 널뛰기의 적응과정은 진정한 애정과 애정의 탐욕, 그리고 그것에 대한 집단의 태도를 보여주면서, 두 인물이 소속된 계층의 애정에 대한 시각적 차이 및 상호 관계를 드러내는 역할을 하고 있다.

## 2) 풍속과 사회변화

### 명절의 재현과 식민지 현실

이기영 농민소설에서 풍속은 흔히 '변화하는 사회상' 혹은 '사회의 변화'로 드러난다. 「설」, 「신개지」 등에서 풍속의 변화란 식민지 근대화를 지칭하고 있거니와, 「서화」에서 풍속의 재현은 식민지 근대화로 파생된 농민 생활의 변화와 관련되어 있다.

식민지 치하에서 사람들은 '생활에 쪼들리면서', '철도가 놓인 후에', '왜놈의 풍습을 좇느라고' 급격한 변천을 겪고, 나아가 가난한 빈농들은 가장 큰 명절인 설명절도 제대로 쇠지 못하는 경우가 많았다. 뿐만 아니라 사회경제의 변화는 명절풍속의 변화를 가져온다.

> 그렇던 것이 시대가 바뀌어지면서 마을사람들은 거의 다 생활에 점점 쪼들리어 그날의 끼니를 이어가기가 힘들었다. 그들은 어느틈인지 모르게 막다른 골목에서 헤매었다. 생활에 쪼들릴수록 옛날 풍속은 한가지 두가지씩 없어져갔다.
>
> 그것은 철도가 놓인 후에 왜놈들이 들어오며 급격한 변천을 가져오게 하였다. 소위 '개화꾼'들은 왜놈의 풍습을 좇느라고 향토의 미풍을 시들히 생각하였다. 그들의 눈에는 조선것은 모두 다 구식이요, 하잘것없어 보였다. 그들은 명절까지도 왜놈의 것을 자기들의 명절로 바꾸어서 쇠

었다.[10]

그러나 이런 풍속도 쥐불이나 줄다리기와 마찬가지로 지금은 다만 어린애들에게 형해가 남아 있다. 마을 사람들은 모두 생기가 없어졌다. 모두 누르퉁퉁한 얼굴을 들고 늙은 이처럼 방구석으로만 기어들었다. 그리고 신세 한탄을 하며 한숨 쉬는 사람이 늘어갔다.

돌쇠는 이런 분위기에 싸인 것이 답답하였다. 마치 사냥꾼에게 쫓긴 짐승이 굴 속에 끼인 것 같다. 왜 그들은 전과 같은 팔팔한 기운이 없어졌을까? 그래서 이런 명일도 전과 같이 활기 있게 지내지 못하는가?

그는 날이 갈수록 우울해졌다. 그런데 이 우울을 풀기에는 술과 노름이 약이었다.

'모두 살기가 구차해서 맥이 빠졌구나!'[11]

예전 시대에는 살기가 그리 어렵지 않기 때문에 심심풀이로 도박을 하였는데 지금은 모두 역기가 나서 서로 뺏어먹으려는 적심賊心을 가지고 노름을 한즉 그것은 벌써 심사가 틀린 것이라 하였다.[12]

---

10 이기영, 『두만강 1』, 도서출판 풀빛, 1954/1989, 473~474면.
11 이기영, 「서화」, 앞의 책, 149~150면.
12 이기영, 「서화」, 앞의 책, 133면.

86 세시풍속의 문학적 표상과 그 변용

"첫째 노름으로 말씀하면, 제…… 제가 물론 잘못했사와
유, 하지만두 저는 본시 노름꾼이 되고 싶어서 한 것은 아
니외다. 어떻게 합니까? 일 년 내 농사를 지어야 먹을 것
은 제 돌을 못 대고 식구는 많은데 굶어 죽을 수는 없으
니……"13

「서화」에서는 노름이 심심풀이(놀이)에서 남의 것을 빼앗으려는
노름으로 변화되는 풍경을 드러내면서, 주인공 돌쇠가 왜 노름을 하
게 되었는가를 드러내고 있다. 노름에 대한 인물들의 태도는 인물들
이 속해 있는 사회적 상황의 변화를 노정하고 있다. 식민지 현실의
열악함으로 인해 열심히 일해도 남는 것이 없고, 돈을 벌 수 있는 길
이 막혀서, 인물들은 노름으로 생계를 유지하고자 하였다. 식민지 근
대화는 생활의 활기를 빼앗고, 사람들은 경제적으로 빈곤하게 되었
으며, 전통적인 풍속은 성격이 다른 풍속으로 교체되어 간 것을 보여
주고 있다.

위 작품에서 명절 풍속의 변화는 당시의 사회경제적 지형도와 밀
접하게 관련되어 나타난다. 이들 작품에서 풍속의 묘사는 사회의 변
화상을 서사적으로 재현하는 역할을 하고 있다.

### 장례와 민중계급의 성장

이기영의 『두만강』에는 김땟거리를 지나가는 세 개의 장례식이

---

13 이기영, 「서화」, 앞의 책, 150면.

묘사되어 있다. 이러한 장례 풍경에서 각 시대와 계급을 상징하는 한판서, 이진사, 노동자 김성칠의 장례는 그 사회의 지배세력과 대항세력, 대안 세력의 갈등과 긴장, 부침을 뚜렷이 그려내면서, 그 시대의 지배적 가치를 변별적으로 드러내고 있다.

  이 고을에서 옛날에는 송월동 옥녀봉 밑에 한판서의 묘를 쓸 때 장사를 굉장하게 지내었다. 그때 군내 일경에서 구경꾼들이 답지하여 장관을 이루었었다.
  그러나 한판서의 장례는 서울 재상가의 호화로운 기구를 보였을 뿐 백성의 피를 긁어모은 양반관료의 불의한 부귀를 인민들은 속으로 미워하며 그들의 죄악을 남 몰래 저주하였다.
  그 다음으로는 칠앗 이진사의 장례가 한판서와는 다른 의미에서 장관이었다. 그것은 그가 유명한 한학자요, 애국자라는 점에서 뿐 아니었다. 그는 왜놈 헌병에게 무참히 학살을 당하였지만 놈들한테 굴복하지 않고 도리어 강도 일제의 침략적 죄악을 폭로 규탄하며 끝까지 나라를 위하는 절개를 지키었기 때문에 부락의 주민들과 원근 각처의 선비들이 모여들어서 그의 장례를 성의껏 각별히 거행하게 되었던 것이다.
  그래 한판서의 장례를 관청의 위엄을 빌어서 죽은 백골까지 인민에게 폐해를 끼친 관장官葬이라고 한다면 이진사의 장례는 그와 정반대인 민장民葬으로서 인민의 추모를 받았던 것이다.

그런데 이번의 노동청년 김성칠의 장례는 이진사와도 다른 새 시대를 긋는 의미에서 또한 장관이었다. 왜냐하면 이진사는 비록 유명한 학자요 애국자라고 할지라도 그 역시 세습적 양반의 집안이니 그를 계급적 신분으로 따져본다면 역시 한판서와 별로 다를 것이 없는 양반 출신이기는 마찬가지였기 때문이다.

그러나 김성칠은 양반도 아니요, 농민도 아닌 노동자다!

노동자란 자본주의 사회제도 내에서 새로 생긴 계급이다. 옛날 봉건사회에도 수공업적 '장인'들이 있기는 하였다. 그렇지만 그들을 현대적 노동자로는 볼 수 없었다. 이와 같이 노동자는 새 시대를 떠메어온 기본 계급—혁명계급인 만큼 종래의 모든 계층과는 다르다.

그만큼 노동자는 새로운 계급을 형성하고 노동계급은 새 시대의 영웅으로 등장하게 되었다!

하긴 인민들은 아직 의식수준이 낮아서 정치사상적으로 그것을 투철히 인식하지는 못하지만 하여튼 노동자라는 새 인간이 생겼다는 것은 근로인민의 생활에서 새로운 것을 의미한다.[14]

과연 이날 부근 각처에서는 남녀노소의 구경꾼들이 이른

---

14 이기영, 『두만강 5』, 도서출판 풀빛, 1957/1989, 111면.

아침부터 영결식장으로 쇄도하였다. 그들은 단지 장례의 호화로움을 구경하려는 호기심뿐만 아니라 다른 새로운 무엇을 제가끔 느끼었던 것이다.

이번에 경철노동자들은 철도회사를 대항하여 동맹파업을 단행하였다. 그들은 희생된 동지의 시체를 떠메고 용감히 시위행진을 하였다. 그들은 무장한 경찰대와 충돌하여 일대 육박전을 전개하기까지 하였다.

그전에야 어디 이런 일들이 한번이나 있었던가? 있기는 고사하고 꿈에도 생각할 수 없었다. 하다면 비록 무의식중에라도 새 시대의 영웅으로 상징되는 노동자에 대한 직감적인 무엇이 근로인민의 선량성과 근로를 사랑하는 그들의 생활 속에서 그 어느 점으로나 서로 상통하는 것을 느낄 수 있지 않았겠는가!?

그렇다! 현재 노동계급의 역량은 아직 미약하지만 그들은 새로운 시대를 타고났다. 종래의 다른 어떤 계급에도 속하지 않은 새 계급으로 탄생한 노동자는 완강한 혁명성을 소유하고 있다. 이 새로운 인간은 무진장한 힘을 가졌다.[15]

이 작품에서 장례의 풍속은 양반중심의 봉건사회로부터 노동자 중심의 미래사회를 지향하고 있다. 양반인 이진사는 양반의 비판세력으로 등장하여, '애국'이라는 화제를 중심으로 사회의 주류세력을

---

15 이기영, 『두만강 5』, 앞의 책, 112면.

양반에서 노동자로 슬그머니 이동시키는 역할을 하고 있다.

이 작품에서 장례의 묘사는 전통이면서 미래이고, 겉으로 드러난 문화풍경이면서 그 이면의 정신사적 의의를 포착하고 있다. 이 작품에 선보인 장례식들에서 그것이 갖는 문화적 의의는 각처에서 모여든 구경꾼들의 장례식에 대한 심회이다. 한판서의 장례식에서는 장관壯觀에 대한 '구경'이었다면, 이진사의 장례식에서는 애국자에 대한 '추모'를, 노동자 김성칠의 장례식에서는 새 시대 새 계급 새 영웅에의 '상통相通'을 느낀 것이다. 노동자의 장례식을 집단적으로 치른다는 것은 노동자가 새로운 문화 (생산)집단으로 등장했음을 예고하는 것이다. 나아가 장례식에서 구경꾼들이 느끼는 〈구경−추모−상통〉의 심리적 차이는 그 시대 일반 백성들의 사회적이거나 의식적인 경향의 추이를 반영하고 있다는 점에서 주목된다. 노동자와의 상통은 일반인들에게 노동자가 주도하는 세계가 이미 보편화된 세계임을 드러내는 것이며, 지배계층에 대한 노동자들의 태도는 대항을 넘어 미래의 대안이 되고 있음을 드러낸 것이다. 이 작품에서 장례 풍경이라는 문화적 구성물은 사회담당계층의 추이를 드러내는 역할을 하고 있다.

이를 뒷받침하는 것은 묘지의 위치와, 장례식을 주도한 장례위원들의 면면이다. 장례위원들은 동료였던 철도회사 노동자들 뿐 아니라 조선일보 기자인 최학연과 송월동 농민들(이춘실, 김관일, 유성관, 권치백, 맹덕삼)이다. 먼 시골에서 농민들이 조문을 오는 풍경을 통해서 지식인, 농민, 노동자의 연대와 협력을 표현하고, 일제에 저항한 농부 박곰손이와 강덕만의 분묘 옆에 안장된 노동자 김성칠의 장지는 농민계층을 노동자의 연대 및 후원세력으로 위치시키고, 노동자 중심 사회가 시대의 대세임을 드러내고 있는 것이다.

특히 상두꾼들의 노래는 고등계 형사들의 감시에도 불구하고, 대중들이 노래를 통해 기존의 지배계층을 야유하고 풍자하면서 당당한 계급의식으로 그들을 압도하는 장면을 보여주고 있다. 장례 풍속의 재현은 대중 집단의 사회의식의 변화를 보여주고, 이를 통해 사회 주도 세력의 추이를 드러내고 있다.

### 3) 풍속에 나타난 비교와 대조의 서사

풍속은 개인 및 집단의 의식과 정체성을 표명한다는 점에서 일종의 문화자본의 역할을 하고 있다. 풍속이 스스로를 타집단과 차별화하고 이를 통해 사회계층이 구분하는 기능을 수행하기도 한다는 점에서, 그것은 사회 집단이 보유하고 있는 문화재화이자 아비투스가 체화된 결과라 할 수 있다. 이기영 농민소설들 중 「서화」에 나타나는 단오와 쥐불놀이의 재현, 그리고 『두만강』에 묘사된 장례 풍경은 한국 농민 계층의 생활상을 통해 그들의 아비투스를 보여주고, 자유로운 남녀 간의 애정이나 노름이나 쥐불놀이에 대한 사회문화적 인식의 지형도를 보여주고 있다.

위 문학작품에서 풍속은 서사구조적인 측면에서 인물들의 마음을 드러내거나 사회 경제적 상황을 나타내거나, 집단의식과 역사의 흐름을 표현하는 등 재현적 기능에 초점이 주어져 있다. 풍속의 재현은 인물 개인 및 집단의 의식을 아비투스로 구현한다. 즉 하층 계층 인물들의 내면과 생활을 통해 사회의식이 어떻게 싹트고, 변화하였으며, 강력한 연대를 이루었는가를 자연스럽게 반영하는 역할을 하고 있는 것이다.

이러한 서사 기능은 비교와 대조의 수사로 이루어진다는 공통점이 존재한다. 「서화」의 단오날 널뛰기와 『두만강』의 장례식 풍경은 그 대표적인 사례라 할 수 있다. 「서화」에는 두 가지 비교가 나온다. 하나는 과거와 현재의 단오풍경의 비교이고, 다른 하나는 '돌쇠-이쁜이', '이쁜이-원준'의 널뛰기의 비교이다. 『두만강』에는 한판서, 이진사, 노동자 김성칠의 장례가 비교되어 있다. 풍속의 재현을 통해 표현된 비교와 대조의 수사는 궁극적으로 서술 대상 사이의 차이를 부각시켜 변화하는 사회상과 사회적 집단의식의 지향성을 드러내고 있다.

단오와 장례식은 공중이 함께 하는 행사로, 개인과 집단의 교호 작용이 이루어진다. 널뛰기의 묘사에는 널뛰기 하는 '돌쇠-이쁜이-원준'의 애정 관계라는 개인적인 정서의 문제와, 이를 구경하는 사람들의 태도를 통해 애정의 사회적 승인 문제를 통해 애정에 대한 사회적 시각의 변화를 보여주고 있다. 또한 한판서, 이진사, 노동자 김성칠의 장례는 각각 봉건적 지배 계층과 과도기적 지식인 계층, 노동자 계층의 장례풍경을 비교·대조하고 있다. 각 장례마다 구경꾼들이 쇄도하지만 구경꾼들은, 한판서의 경우에는 관장官葬으로 관청의 위엄을 빌어서 지내지만 그의 불의한 부귀를 속으로 미워하고 저주하며, 이진사의 경우에는 민장民葬으로 성의껏 추모를 하고, 김성칠의 경우는 감격하고 있다. 이러한 태도의 차이는 죽은 인물에 대한 태도인 동시에, 그들이 속한 집단과 그들이 주도하는 역사의 흐름과 관련되어 있다.

「서화」와 『두만강』에서 구경꾼이란 시대의 민중이며, 이들이 보여준 태도의 차이는 새로운 역사를 주도하는 민중의 시각인 셈이다. 비교와 대조의 틀로 진행된 풍속의 재현은 인물의 개인 의식과 집단 의식, 사회의 정치 경제적 지형도를 포괄하는 수사학적인 전략임을 알 수 있다.

# 3. 풍속의 재현과 문화 생산

## 1) 문화적 표상의 부과와 문화재생산[16]

### 추석과 문화재생산

이기영 문학 작품에서 가장 두드러지게 반복적으로 재현되는 풍속은 추석과 두레이다. 「대지의 아들」과 「두만강」에서는 추석이 강조되고, 「홍수」, 「고향」, 「땅」에서는 '두레'가 강조되고 있다.

추석은 「대지의 아들」에서 매우 자세하게 재현되어 있는데, 이러한 경향은 조선 농민들의 만주 이주를 다룬 작품들의 경우에도 나타

---

16 이 글에서 사용하는 문화자본과 문화재생산의 개념은 부르디외에서 논의한 개념과 달리 사용 되었다. 풍속을 집단 정체성을 변별하는 문화자본으로 보았으며, 문화재생산은 문화자본을 세대 간 상속 및 재생산한다는 의미가 아니라, 문화가 사회적으로 확대 재생산되는 것으로 사용하였다. 즉 문학작품이나 신문기사, 유행가 가사, 영화 등에 의해 만들어진 사실과 다른 조작된 이미지가 반복적으로 생산되어 대중에게 유포됨으로써, 대중들이 그 이미지를 사실과 부합하는 것으로 생각하고, 이러한 판단에 따라 사회적 행위를 하여, 보다 확대된 사회적 효과나 현상을 가져오는 경우를 지칭하는 의미로 사용하였다.

난다. 안수길의 「벼」에서는 쌀로 떡을 만들어 나누어 먹고, 농악을 함께 즐기는 모습이 섬세하게 묘사되어 있다. 추석날 매봉둔 사람들은 햅쌀로 떡을 하여 먹고, 농악을 지피며 논다.

며칠전부터 젊은패들은밤을 밝혀가며 벙거지며상모를 만드렀다. 북장구들은 가지고 온 것을 썼다.

민식이는 장구를 치고 홍덕호는 상쇠를 잡었다. 치호와 후에드러온 젊으니넷은범고잡이였고 오손이와또하나후에 온 젊으니는벙거지를쓰고 음률에마추어 긴머리를끄덕끄덕하며 상무를 팽팽돌리였다. 모두들신이나서 두드리고 춤추고들까부럿다.

오직박첨지만은 아들생각에 혼자이노름에서 제외되어있었으나 젊은패들의 기꺼운노리에 가만히 앉어백일수없섯다. 그는벌덕이러났다.

증을 쥐였다. 그리고 노리패의 원진圓陣에 뛰어드러갔다. 모두들 박첨지가드러선것을보고 더욱 기꺼하였다. 더욱 명랑하여졌다. 두어바퀴 돌은후였다.

박첨지는 증이시원치않은 모양인지 민식이의장구를 빼이서메였다. 그리고 다리를 들석들석 어깨를 웃슥웃슥 춤추면서 자즌가락 의 장단을첬다. 증도잣고 벅고잽이도 상쇠잽이도 따라서 상무도 자저졌다. 십여분눈이돌아갈것같

이 모두 땀들을 흘렸다.[17]

　청명한 추석절후는 밤에도 달이 밝엇다.
　정대감네 마당에는 앞뒤로 구경꾼이 둘러싸고 그가운데
는 쇠잽이들이 돌아다니면 신이나서 풍물을 친다. 더욱 노
리판에 솜씨가 익은 정대감은 병호와 맛부터서 장구를 다
루는데 가진재주를 다부럿다. 그는 저녁술이 얼근하여 그
러지 안허도 취흥이 도도한 판이엇다. 그런데 병호와 마주
얼렷스니 그야말로 조흔콤비엿다. 병호는 상쇠를 치며 상
모를 돌리엿다. 희몽(학몽?)이는 장삼을입고 춤을추고, 성
도 성문이 형제는 소고를들고 까치거름을 하는것이 또한
장관이엇다. 양서방과 원일여는 북과 징을 울렷다.[18]

　안수길의 「벼」와 이기영의 「대지의 아들」에서 추석은 떡의 공식共
食과 농악을 통해 민족이 화합하고, 풍요로움을 즐기는 명절이다. 민
족의 명절로서의 추석은 민족이 공유한, 민족 정체성을 나타내는 문
화구성물이라 할 수 있다. 위 작품에서 추석은 흥취와 어울림, 경쟁
과 현기증, 기쁨이 어우러진 풍요로운 민족의 명절로서, 민족적 정체
성을 나타내는 표상이다.

---

17 안수길, 「벼」, 연변대조선문학연구소·허경진·허휘훈·채미화 주편, 『안수길』, 보고사, 1941/2004,
　286~287면.
18 이기영, 「대지의 아들」, 『대지의 아들』, 권영민·이주형·정호웅 편, 『한국근대장편소설대계』,
　태학사, 1939-1940/1988, 116면.

만주에서 추석을 즐기는 만주 이주농민들은 실제로는 일본의 식민지 조선인으로서 중국 정부와 식민자인 일본 어디에도 속해 있지 않았지만, 중국인들의 입장에서 보면 그들은 일본 침략자들의 첨병이었고, 일본의 입장에서 볼 때 '2등 국민'이었던 것이다. 결과적으로 쌀을 즐기고, 벼농사를 우월함으로 인식하는 이들은 '쌀'을 매개로 밭농사를 짓는 만주인들을 야만인인 토인土人으로 보고 인종적 타자로 규정하며, 벼농사의 기술을 가진 조선인을 문명적 주체로 보게 된다. 즉 그들은 실제로는 피식민지인이면서도, 쌀을 매개로 일본 식민주의자들의 눈으로 만주를 바라보게 되는 '일본제국의 호명된 주체'[19]로 등장하였던 것이다.

그러나 추석의 풍요로운 이미지는 당대 현실과는 거리가 있는 것이었다. 위 작품들이 발표되던 1940년 전후 만주에는 日滿 정부의 수전확대시책으로 여러 형태의 수전水田농장이 설립되었으며, 수전농장의 대부분은 조선농민을 소작농으로 하는 지주경영 형태였다. 이 시기 만주에서의 수전 확대는 쌀생산량을 증대시켰음에도 불구하고, 조선인들은 각종 세금의 부담과 소작료의 증가로 생활여건은 더욱 악화되었다.[20]

해방 후 작품에서 당대의 농촌은 다음과 같이 묘사되어 있다.

---

19 윤대석, 「1940년대 '만주'와 한국문학자」, 『한국학보』 제118집, 일지사, 2005, 134면.
　 정종현, 「근대문학에 나타난 '만주'표상」, 『한국문학연구』 제28권, 동국대학교 한국문학연구소, 2005, 237면.
20 김영, 『근대 만주 벼농사 발달과 이주 조선인』, 국학자료원, 2004, 212-215면 참조.

몇해 전만 하여도 새해를 맞게 되면 마을사람들은 명절을 쇠느라고 집집마다 설 음식을 차렸다. 그들은 형세의 유무대로 색다른 음식을 해먹고 깨끗한 옷을 갈아입었다. 그것은 어데나 명절 기분이 떠돌아서 기쁘게 서로들 왕래하였다. 떡을 친다, 소를 잡는다 하여 설날 아침에는 흰떡국으로 차례를 지냈다.

아이들은 중둥풀이로 설 호사를 시켰다. 사랑에서는 방을 새워 윷들을 놀고 여인들은 육괘책을 보고, 아이들은 연을 날리며 제기를 차곤 하였다. 그들은 모두 다 명절 기분에 싸여서 남녀노소 할 것 없이 유쾌하게 명절을 쇠었다.

서로 세배를 다니고 젊은이들은 세뱃돈으로 돈치기를 하였다.

보름 명절에는 각시와 처녀들이 이집 저집으로 몰려다니며 널을 뛰었다.

색시들은 전반같이 땋아늘인 머리 끝에 새빨간 궁초댕기를 드렸다. 무색옷으로 치장을 차린 그들이 마주 서서 널을 뛸라치면 어른들은 빵 둘러서서 구경을 하였다.

……(인용자 생략)

그렇던 것이 시대가 바뀌어지면서 마을사람들은 거의 다 생활에 점점 쪼들리어 그날의 끼니를 이어가기가 힘들었다. 그들은 어느틈인지 모르게 막다른 골목에서 헤매었다. 생활에 쪼들릴수록 옛날 풍속은 한가지 두가지씩 없어져갔다.

그것은 철도가 놓인 후에 왜놈들이 들어오며 급격한 변천

을 가져오게 하였다. 소위 '개화꾼'들은 왜놈의 풍습을 좇
느라고 향토의 미풍을 시들히 생각하였다. 그들의 눈에는
조선것은 모두 다 구식이요, 하잘것없어 보였다. 그들은 명
절까지도 왜놈의 것을 자기들의 명절로 바꾸어서 쇠었다.
　마을의 빈농들은 설명절도 경황없이 넘기었다.[21]

　위와 같이 농촌 생활의 피폐함에 비추어 볼 때, 만주 이주 농민을
다룬 작품들에서 풍요로운 추석의 이미지는 조작된 이미지일 가능성
이 높다. 풍요로운 만주지역이란 당대 영화나 대중가요, 신문 기사
등 담론에 의해 사회적으로 폭넓게 유포된 이미지이다. 당대 담론에
의해 유포된 풍요로운 추석의 이미지는 만주를 조선과 비교하여 상
대적으로 잘 사는 지역으로 인식시키는 역할을 하고 있었다. 이러한
문학적 경향은 당대 조선의 저널에 널리 유포된 담론의 일부로써, 조
선의 소작농들이 '속아서' 황막한 황지荒地인 북만의 개척지로 가도
록 유인하는 역할을 하였다.
　즉「대지의 아들」에서 추석은 쌀농사를 짓는 민족/국가의 우월성
을 나타내고, 만주의 추석 이미지는 독자들에게 만주 이주와 관련된
상상적 관계를 부여하기 위한 일종의 속임수, 혹은 '사이비 구체성'[22]
이라 할 수 있다. 만주에서의 풍요로운 추석의 이미지는 일제가 한국

---

21 이기영, 『두만강 1』, 앞의 책, 473~474면.
22 Karel Kosik, 『구체성의 변증법』, 1985, 거름, 15면. 사이비 구체성은 인간 생활의 매일의 환
　경과 일상적 분위기에 꽉 들어차 있고, 자율성과 자연성이 있는 듯한 가상(假象 조작된 이미
　지)를 주는 일종의 규칙성과 직접성, 자명성을 지닌 채 인간의 의식에 침투해 들어간다.

농민의 이주를 부추겨 보다 많은 쌀을 생산하려는 정책과 깊은 관련이 있는 일종의 식민지 문화기획, '심상지리'의 일부이다.[23]

이러한 이미지의 생산과 유포에는 국가의 이데올로기가 깊숙이 자리하고 있었다. 즉 추석의 재현을 매개로 한 쌀의 표상에는 일제의 농업정책에 부합하는 국가주의적 측면이 자리하고 있었다. 이들 작품에서 추석의 재현은 문학적 재현을 통해 국가이데올로기를 유표 및 유포하는 일종의 '이데올로기적 국가 장치'[24]로서의 역할을 하였다고 할 수 있다.

## 2) 사회자본 및 상징자본으로서의 풍속

### 두레와 사회자본 및 상징자본으로의 변환

두레는 쌀농사를 짓는 농민들의 놀이와 노동이 결합된 풍속이자 협동적 노동조직이다. 두레에 참여한다는 것은 일정한 공간을 공유하고, 공통된 노동에 참여하고, 풍물에 참여하면서 즐길 수 있다는 것을 전제로 한다. 풍물 자체의 기원은 무척 오래된 것이지만, 실제로 두레 노동과 두레 풍물이 하나의 복합체를 형성한 것은 17세기 이

---

23 윤영옥, 「일제강점기 한국 농민 이주의 문학적 형상화」, 『비평문학』 33호, 한국비평문학회, 2009, 349~350면 참조.

24 알튀세르에 의하면, '이데올로기적 국가장치(Appareils Idéologiques d'Etat)'는 물리적 폭력에 의해서가 아니라 이데올로기화에 의해서 작동하는' 장치로서, 교육, 종교, 가족, 정치, 노동조합, 정보, 문화 등을 가리킨다. 이데올로기적 국가 장치들은 주로 이데올로기에 따라 작동하지만 부수적으로는 억압을 통해 작동하지만, 극단적인 경우 이러한 억압이 매우 약화되고 은폐되며 나아가 상징화되기도 한다. Louis Althusser, 김웅권 역, 『재생산에 대하여』, 2007, 137, 156, 367면 참조.

후로 추정된다. 이 시기에 농민층의 분화가 가속화되는 가운데, 하층 농민들이 생계 유지를 위해 농업생산활동에 효율적으로 대처하기 위해서 노동공동체이자 놀이공동체인 두레를 결성한 것으로 보인다.[25] 이로 미루어 두레는 실제로 벼의 수도재배水稻栽培를 하는 하층 농민들의 문화적 취향이자 계층적 표지를 나타내는 문화자본이자, 사회관계망을 형성하는 사회자본으로서의 특성을 공유하고 있다.

이기영 농민소설에서는 풍속의 묘사를 통해 문화적 구성물이자 문화자본인 두레가 사회관계자본 및 상징자본으로 변환되는 과정을 여실히 보여주고 있다. 「고향」에서는 두레가 사회적 연결망을 형성함으로써 사회관계자본으로 전환되는 장면이 섬세하게 포착되어 있다.

> 방축위로 상리에서 흐르는 냇ㅅ물이 위대가 터지기 때문에 읍내 앞으로 내하나가 새로 생겼다. 읍내 서리쪽 언덕박이 빈민부락의 담집들은 폭풍우에 거지반 문허진중에도 밤중에 「환난」을 당한집은 몇식구씩 치여죽기 까지하였다.
> S청년회에서도 구호반을 조직해가지고 부근 각동리와 읍내로 출동하였다. 희준이는 원터에 사는 까닭으로 자기 동리를 맡어 보았다.
> 그는 마을 사람들과 상의한후 두레 먹을 돈으로 인번에 수해를 많이 입은 사람에게 분배해 주기를 제의하였다. 그

---

25 배영동, 『농경생활의 문화읽기』, 민속원, 2000, 330~331면; 김택규, 『한국농경세시의 연구』, 영남대학교출판부, 1985, 381~390면 참조.

래서 우선 집이 문허져서 거처할 수가 없는 사람에게는 집을 짓도록 조력하였다.[26]

그전같으면 앞뒤집에서 굴머도 서로 모르는척 하고 또한 그것을 아모렇지도 않게 녁였는데 그것은 그들의 처지가 서로 절박하여서 미처 남을 돌아볼 여유가 없을뿐더러 날노 각박해지는 세상 인심은 부지중 그렇게만 맨드러 놓았든 것인데— 지금은 굶는 사람이 있으면 서로 도아주랴는 훗훗한 인간의 훈김이 떠돌었다.

두되만 있어도 서로 꾸어먹고 한푼이라도 남의 사정을 보러 들었다. 그것은 누구를 무서워서 그러는게 아니라 그렇게 해야만 자기네게도 유익이 도라오기 때문이었다.

만일 이웃간에서 누가 굶는데 양식있는 집으로 먹이를 꾸러갔다가 그집에서 거절을 하는지경이면 그집과는 수화를 불통하고 안팟없이 발을 끈는다.

지금 학삼이네가 그렇게 왼동리 사람에게 돌녀내서 일꾼도 타동리에서 얻어와야 할 형편이 되었다. 마을사람들은 그것이 두렵기도 하였다—.[27]

위 내용은 노동 현장에서 노동을 효율적으로 수행하기 위한 세시

---

26 이기영, 「고향」, 태학사, 1936/1988, 246면.
27 이기영, 「고향」, 앞의 책, 270~271면.

풍속인 두레가 구성원들의 단결과 이익을 도모하는 사회관계자본으로 전이되는 과정을 보여준다. 「고향」에서 두레는 농민 공동체의 결속과 이익을 도모하고, 풍속을 순화하는 역할을 하고 있다. 농민들은 두레를 통해서 농사를 짓는 자신들의 사회적 정체성을 확인하고 자발적으로 두레에 참여하게 되는데, 이것은 두레가 본인들의 이익을 포괄적으로 확보해주기 때문이다. 이러한 과정은 두레가 "행위자가 자신이 속한 집단 즉 연결망 속에 있는 자원에 접근함으로써 얻을 수 자산"[28]이며, '사회적 연결망이나 사회구조의 구성원이 됨으로써 이익을 얻을 수 있는' "사회적 연결망 혹은 사회구조의 구성원이 됨으로써 확보할 수 있는 행위자의 능력"[29]으로 일종의 사회자본임을 함의한다.

두레는 농민들의 이해를 보장해줄 뿐만 아니라 두레를 멀리하는 사람들에 대한 제재를 행사한다. 이것은 두레 안에서의 사회적 연대와 두레에 참여하지 않은 사람들에 대한 배타성으로 나타난다. 배타에 대한 두려움은 농민들의 자발적 참여를 통해, 일정한 사회적 관계망을 형성하고, 구성원들의 동의를 얻어 일종의 권력으로 변화한 것이다. 이러한 과정은 문화자본으로 차별화되고 타자화되는 집단의

---

28 사회적 자원 내지는 사회 자본은 사회적 연결을 통해 접근 가능한 자원이다. 사회자본은 어떤 개별 행위자가 직간접적 사회유대를 통해 접근할 수 있는 다른 개별 행위자의 자원인 사회적 네트워크뿐만 아니라 부, 권력, 그리고 명성까지도 포함하는 기념이다. 사회자본은 사람의 네트워크의 유대에 배태된 자원이다. 난 린, 김동윤·오소현 역, 『사회자본』, 커뮤니케이션북스, 2008, 60면. 이러한 개념 정의에 의하면 명성이나 명예와 같은 상징재화(상징자본)도 해당된다.

29 알레잔드로 포르테스, 장미혜 역, 「사회자본 개념의 기원과 현대 사회학의 적용」, 유석춘·장미혜·정병은·배영 공편역, 『사회자본: 이론과 쟁점』, 그린, 2007, 150면 참조.

발생에 기여하는데, 그 대표적인 사례가 「땅」의 고병상이다. 그는 말하자면 동네의 다른 빈농들과는 다른 문화 취향을 가진 자로서, 다른 농민들의 입장에서 볼 때, 그는 두레라는 문화자본의 타자, 혹은 그것으로 인해 발생하는 불평등한 구조의 대표적 사례라 할 수 있다.

소설 속의 농민들과 고병상의 두레에 대한 관계는 계층의 문화취향 및 이익의 차이에 관련되어 있는 것으로, 점차 경제적 이익과 사회관계망에도 영향을 주게 된다. 사회적 관계망을 형성한 두레는 내부의 결속력과 외부의 배타성을 구비하게 된다. 두레는 참여하는 농민 뿐 아니라 참여하지 아니한 농민에게까지 영향력을 행사하게 된다. 위 작품에 나타난 바와 같이 두레를 무시할 수 없는 마을 사람들은 두레와 가까워지기를 자원하고, 두레와 멀어지면 품을 얻기가 어렵기 때문에 부유한집에서도 두레를 멀리 할 수 없게 된다.

두레가 조직된 뒤로는 동네에 일꾼들이 더욱 째이었다. 전 같으면 으레 고병상이나 주태로와 같은 큰 집 모를 먼저 내고 나서야 다른 집들이 품을 벼를 수 있었다.

고병상의 집에서 어느 날 모를 심는다면 온 동네 일꾼들이 죄다 그 집 일을 가서 그날 하루에 모를 다 내게 하였다. 그런데 올해는 장정 일꾼들이 거지반 두레로 뽑히었기 때문에 다른 집에서는 일꾼들이 바르게 되었다.

고병상은 이런 점에서도 두레를 파괴하려고 들었었는데, 그러나 두레꾼들은 하나도 그의 유혹에 끌려가지 않았다. 시대가 정말 변하였구나! 작년만 해도 그들은 쌀 몇 되박을 구걸하려고 자기집 문턱이 닳도록드나들지 않았더냐!

고병상은 그런 회상이 들수록 지난 시절이 그리우며 분통이 터질 지경이었다. 그는 두레꾼을 매수하려고 갖은 수단을 쓰다가 마침내 헛물만 켜고 말았다.

할 수 없이 그는 타동 품꾼을 간신히 구걸하다시피 사 썼다. 전 같으면 하루에 다 심을 것을 이틀 만에야 겨우 모를 끝냈다.

그것은 품밥을 곱절 더 들이고 한 일은 절반 폭밖에 안 된 셈이었다. 옴니암니 이해를 따져본다면 여간 손해가 아니다.[30]

두레는 사회관계 자본으로서 농촌 공동체 사회의 연대와 결속을 강화하는 역할을 하기 때문에, 두레로부터의 소외는 사회 공동체로부터의 소외를 의미한다. 두레는 내부적으로는 결속을 강화하면서 외부적으로는 배타적인 성격을 갖고 있기 때문에, 개인에 대한 신뢰와 경제적 이익의 문제에 닿아 있다. 「땅」의 고병상은 두레로부터 소외되면서 마을 공동체에서 소외되고, 이로써 경제적으로 손해를 보게 된다. 이러한 현상은 두레에 참여하는 사람들의 역할 관계를 발전시켜 두레를 문화 구성물인 동시에 사회적 연결망, 혹은 사회자본으로서의 특성을 갖게 한다. 부르디외에 의하면 문화적 생산물에 대한

---

30 이기영, 『땅』, 도서출판 풀빛, 1960/1992, 131~132면.

관계를 재생산하고 재활성화하며 강화하는 것은 사회적 관계이다.[31]

두레가 사회적 관계자본을 넘어 경제적 자본으로 확장되면 사회적 명망과 존경을 낳는 상징자본으로 전이되기도 한다. 사회 관계망을 형성하게 된 결과 마을 사람들의 두레에 대한 신뢰는 두레 자체에 대한 존경을 낳게 된다.

> 두레는 새 농촌의 상징으로 보이었다. 그것은 투쟁적이요 건설적이요 평화적이었기 때문에 두레꾼들은 단체적 행동으로 규율을 엄수하고 작업상에서 노동 능률을 높이었다. 두레꾼들은 농촌의 단조한 기분을 일변하여 건전한 민족적 기풍을 일으켰다. 두레꾼들은 일상적 근로 생활을 통하여서 자기 희생의 고귀한 정신을 배양할 수 있게 하였다. 두레꾼들은 농업에 애국적 열성을 기울여서 창의성을 발휘하기에 노력하였다. 두레꾼들은 농촌의 퇴폐한 오락 대신 건전한 농민 예술을 발전시켰다. 두레꾼들은 미신을 타파하고 학습을 통하여서 정치적 경각심과과학적 지식을 섭취하였다.
>
> 그리하여 농악을 놀 때에도 그들은 결코 난잡하지 않게 질서를 꼭 지켰다. 농악대가 점잖게 놀도록 잽이꾼에게 사상적 교양을 주었다. 그것은 강균이가 이 동네에 나올 때마다 밤저녁으로 두레꾼들을 모아놓고 강화회를 조직하였

---

31 Bourdieu, Pierre, 최종철 역, 『구별짓기』, 새물결, 1995, 641면.

던 때문이다.

　이와같이 두레는 나날이 자라났다. 그에 따라 마을 사람
들은 두레에 대한 인상이 좋아졌다. 그들은 차차 두레를
존경하였다. 그들은 두레를 무서워하고 두레꾼을 신뢰하
게 되었다.[32]

　위 내용은 두레 자체가 상징자본으로서 인식되는 경우이거니와,
두레를 통해 상징자본을 획득하는 인물도 등장하고 있다.「땅」의 주
요 인물 곽바위가 그러한 예에 속한다. 곽바위는 빈농가 출신으로 꼴
머슴, 소작농, 고농을 하던 홀아비 머슴이었지만, 후일 군중의 존경
과 찬양을 받고 대의원과 부락세포위원장의 후임에 오르게 된다. 곽
바위가 사회적으로 성공하고, 존경을 받게 된 이면에는 쇠써레를 발
명하고 남보다 몇 곱 세찬 일을 하고, 두레를 도입한 이력이 크게 작
용한다. 곽바위는 두레를 조직하여 논의 개간에 성공하여 모범 농민
으로 칭송받게 된다. 곽바위는 농악을 준비하도록 발론하고, 두레를
조직하여 일꾼들에게 위안을 주고, 일의 능률을 높이는데 성공하고
이를 바탕으로 모범 농민이 된다. 곽바위는 관개 공사 시 '남의 것을
내 것과 같이 아끼는 마음과 전체를 위해서는 부분을 희생하는 고귀
한 정신을 발휘'하고, '공익公益을 위하여는 아낌없이 자기 것을 내놓
는 도의심'(『땅』, 278~279)을 발휘하는데, 나아가 동네 사람들도 그
것을 길러오게 하여, 동네 사람들은 그에게 심복하고 감화를 받게 된

---

32 이기영, 앞의 책, 133면.

다. 말하자면 곽바위의 존경은 상당 부분 두레를 조직하고 두레의 가치를 사회적으로 실현하는 것과 관련되어 있다.

> 곽바위가 차에서 내리자 군중은 열렬한 박수를 보내었다. 그때 곽바위는 분에 넘치는 영광을 느끼었다. 면에서 잠시 지체한 뒤에 트럭은 읍내로 내려갔다. 그가 가는 도중에는 동구 앞을 지날 때마다 군중이 열을 지어 늘어서서 일행을 환송하였다. 곽바위는 너무나 황감하여서 마음이 불안할 지경이었다.[33]

곽바위는 두레를 통해 사회적 연결망social network을 형성할 뿐 아니라 보다 높은 사회적 지위를 획득하게 된다. 즉 곽바위에게 사회자본의 축적은 상징자본의 축적, 즉 유능하다는 평판을 얻게 하고, 지방과 국가의 명사名士라는 정치적 위치를 얻게 한다. 그것은 두레를 통해서 개인 곽바위에 대한 사적 신뢰와 국가 체제에 대한 공적 신뢰가 맞물려 있기 때문이다. 풍속인 두레는 공동 생산, 공동 분배라는 사회주의 국가의 지배적 이데올로기를 구현하고 있기 때문에, 두레에 대한 신뢰가 사회주의 국가라는 사회 제도에 대한 신뢰와 연계되면서 두레는 사회적으로 확장된다. 즉 사회주의 체제는 두레에 대한 신뢰를 촉진하고 그 효과를 뒷받침하고 있기 때문에, 두레의 효과는 사회적 조직 원리로서 확대재생산된 것이다.

---

33 이기영, 「앞의 책」, 284면.

위와 같은 이유로 이기영 농민소설에서 두레는 곽바위를 통해 농민의 문화구성물로 재현되며, 사람들을 일정한 사회적 관계망에 포섭하는 사회자본의 역할을 하게 된다. 그리고 사회자본의 사회적 지위 획득과 명성과 존경을 받게 되는 상징자본의 발생을 촉진함으로써 그것을 문화적으로 재생산 하는 역할을 하고 있다. 즉 풍속을 문화자본으로 재현하는 동시에 사회 자본과 상징 자본으로 재생산하여 풍속을 일종의 반복적이고 확장적인 자본으로 해석하고 있음을 알 수 있다.

이기영 농민소설에서 두레는 어렸을 때부터 사회환경 속에서 접한 사회풍속이 그 자체만으로도 교육적 효과를 지닌다는 점에서 일종의 문화자본이라 할 수 있다. 이기영 농민소설에서 두레는 직접 농사를 짓는 농민들이 공유한 일정한 문화자본으로서 그것을 실행하는 개인과 집단의 이익 효과를 발생시킨다. 이익효과는 두레가 사회자본으로 변환되어 집단에게 체화體化되는 중요한 매개 역할을 하고 있다. 그 이익 효과가 사회주의 체제에서 사회적 보상효과를 얻게 되면서 두레는 사회적 축적과 상속의 효과를 얻게 된다. 「땅」에서 두레는 곽바위 '개인 재화'이면서, 사회주의 국가의 '집단재화'이다.[34]

두레의 인식과 그것에의 참여와 실천이 사회적 지위를 상승시킴으로써, 두레의 제안과 조직이 사회적 권위나 능력의 문제로 인식되어 사회적 존경 및 지위라는 상징자본으로 변환되기도 한다. 공동체의 영속성과 가치있는 자원을 소유한 개별 행위자에 관한 지위 부여

---

34 난 린, 앞의 책, 35면 참조.

사이의 호혜적인 관계는 공동체 구성원들에게 중요한 영향을 주기 때문에, "집단이나 공동체는 더욱 가치있는 자원을 소유한 개별 행위자에게 상대적으로 보다 높은 지위를 부여함으로써 집단의 이해를 증진시킨다. 개인에게 보상이 되고, 사회에게는 구조적 강제에 해당하는 이러한 관계가 성립하는 이유는 집단이 개별 행위자에게 그러한 지위 혹은 '권능empower'을 부여함으로써, 그것이 자원의 가치에 대한 집단의 사회적 동의, 즉 공동체 의식을 재강화시켜 주기 때문이다."[35]

두레는 소규모의 농민 공동체에서 국가 단위로 그 효과를 상승시키며, 농민공동체와 국가는 서로 순환적인 관계를 형성하고 있다. 두레를 통해 여러 자본들은 상호컨텍스트를 형성하게 된다. '행위자의 사회적 위치를 재생산'[36]하고, 사회제도는 두레를 통해 사회 구조를 재생산하는 상호호혜적 입장이 된다. 두레는 발생 초기에는 농민 곽바위와 이웃 농민들의 자발성에 의존하고 있지만, 그것이 체제의 보상을 받게 된다면, 그것은 농민들의 생산방식을 구조화 하는 힘을 갖게 된다. 이러한 과정에서 풍속으로서의 두레는 이데올로기적 국가장치로서 기능하며, 국가의 권력 행사를 통하여 그 가치가 보장된다고 할 수 있다.

---

35 난 린, 위의 책, 43면 참조.
36 Pierre Broudieu, 「자본의 형태」, 유석춘·장미혜·정병은·배영 공편역, 앞의 책, 85면 참조.

## 3) 풍속 재현과 상징 질서의 재생산

이기영은 농민소설에서 풍속의 재현을 통해 서사의 내용을 이미지화 하고, 그 이미지를 주제와 연결시켜, 현실 세계를 객관적으로 반영하고 이를 사회적 실천의 차원으로 전환시키는 절합적 기능을 수행하고 있다. 이기영농민 소설에서 재현된 쌀과 관련된 추석이나 두레 등 농경사회와 관련된 풍속은 전반적으로 해당 사회가 지향하는 이데올로기와 구조적 상동성을 지니고 있다. 추석의 묘사는 만주지역 이주농민들의 풍요롭고 화합하는 모습을, 두레의 묘사는 신명성과 자발성에 바탕을 둔 협동 농업을 포착함으로써, 당대 국가가 지향하는 이상적이면서도 현실적인 사회의 모습을 구현하고 있다. 즉 그것은 인물과 국가의 상상적 관계를 나타내며, 인물은 국가의 이데올로기로부터 호명받은 주체가 된다.

「대지의 아들」에서는 추석은 쌀농사의 우월성과 풍요로움을 상징하는 세시풍속으로, 추석의 강조는 만주지역에서 쌀농사를 짓도록 조선 농민을 유혹하는 국가의 정책과 관련되어 있었다. 작품 속에 등장하는 추석에 관한 묘사는 그럴듯하면서도 실제 현실과 거리가 있는 조작된 이미지로서, 일본 제국의 식민지 농업정책과 연관되어 있었다.[37]

문화적 재화로서 두레는 그 제안과 참여 과정에서 직접 농사를 짓는 농민의 계층적 이해에 의존하고 있다. 두레에 참여하는 소작 농민들 사이의 상호 호혜적 관계를 이루어 경제적 이해와 계층적 정체

---

37 강상중, 『오리엔탈리즘을 넘어서』, 이산, 1997, 78~171면 참조.

성을 구현하는 단계에서 두레는 문화적 재화로 기능하고, 두레에 참여하지 않는 농민을 배척하고 사회적 영향력을 행사하는 단계에서는 사회자본으로 변환된다. 그리고 그 결과 두레의 제안자이자 실천자인 인물이 보다 높은 사회적 지위를 획득하고 사회적 신망과 존경을 얻게 되면서 두레는 상징자본으로 변환된다. 이러한 변환 과정은 작품에 재현된 풍속이 문화적 자본으로서 사회자본이나 상징자본으로 증식·확대되어 가는 과정과 작품 속 인물들이 국가의 이데올로기를 구현하는 국가로부터 호명받은 주체로 탈바꿈되는 과정을 보여준다. 이는 상징자본으로의 변환과정에서 두레의 제안자이며 실천자인 곽바위가 사회지도자로서의 지위를 획득하는 것과도 관련되어 있는데, 그것은 풍속인 두레가 인물 및 국가장치와 연동되어 행해지고 있다는 것을 의미한다. 문화자본인 두레가 상징 자본과 결합함으로써, 풍속과 사회체계는 상호 컨텍스트화 되고 상호 영향관계를 형성하게 된다.

이기영 농민소설에 재현된 풍속은 일종의 국가(지배계급) 이데올로기와 연동되어 있으며, 재현 자체로 그 이데올로기를 작동하고, 유포하고, 확대 재생산하는 역할을 하고 있다. 그것들은 당대 국가에 의해 유포되는 만주 농민, 북한 농민의 이상적인 상像이기도 하다. 사회 지배 체제로서의 국가와 재현된 이미지 사이에 존재하는 이러한 친연성은 문학 생산의 장에서 풍속의 문학적 이미지와 사회체제(국가)가 지향하는 이데올로기를 연결하고 있다는 것을 의미한다. 즉 풍속의 재현이 지배계급의 이데올로기를 재생산하여, 이를 상징적으로 부과하는 데 기여하고 있음을 말해준다.

이러한 과정들은 물론 독자의 동의와 공모를 전제로 한 것이지만, 그럼에도 불구하고 문화적 생산수단을 거의 소유하지 못한 사람들에게 일방적으로 부과된다는 점에서, 피에르 부르디외의 표현을 빌면 지배계급의 피지배계급에 대한 '상징폭력'[38]이다. 상징폭력은 지배계급의 문화와 가치가 그 사회의 '객관적인' 문화와 가치로 정당화되는 과정을 거친 현학적인 행위에서 일어나며, 그 결과로 그들은 지배계급을 지지하거나 유지시키는 문화나 가치로 전혀 보이지도 주목받지도 않게 된다는 것이다. 다른 말로 하자면 현학적 행위를 통하여 지배계급의 문화와 가치는 전체 사회의 문화와 가치로 '오인miscognition'된다. 그러한 오인은 집단적 현혹을 거쳐 이데올로기적 국가장치가 된다.

## 4. 문화재생산으로서의 풍속의 재현

이기영 작품들에서 풍속은 삶의 중요한 토대이자 구현체로서 작용하고 있으며, 민중들의 실제 삶의 모습이자, 사회변화의 원동력으로서 모습을 드러내고 있다. 이기영 농민소설에서 풍속은 전반적으로 개인의 의식에서 생산 제도에 걸쳐 있는 개념이다. 농민소설 창작의 후기로 갈수록 '재현적' 측면보다는 '정치적' 측면이 강화되고 있다. 이러한 전개 과정에서 이기영은 토대 구조와 상부 구조의 관계

---

38 Pierre Broudieu, 정일준 역, 『상징폭력과 문화재생산』, 새물결, 1995.

설정에서 얼마간의 변화를 보이고 있다. 비교적 초기 소설인 「서화」에서는 경제 구조의 변화가 풍속의 변질을 가져온다고 보았다. 그의 초기 농민소설에서 풍속의 재현은 당대 인물 개인과 집단의 의식, 사회의 변화상을 반영하는 서사적 기능을 수행하고 있다. 반면, 후기로 갈수록, 상부구조가 하부구조의 변화를 이끌고 있으며, 인물의 의식은 환경과 풍속을 변화시키는 가장 중요한 요소로 등장한다. 「땅」에서 인물의 의식은 당대의 제도와 교호하면서, 풍속의 변화를 견인하고 있다.

이기영의 농민소설에서 풍속의 재현은 현실세계의 반영이라기보다는 변화하는 현실의 반영이며, 현실의 변화를 위한 재현이라고 할 수 있다. 즉 재현된 풍속에는 사회의 과거와 현재와 미래가 들어있는데, 소설 속의 풍속의 재현이 그 사회의 미래와 관련되어 있을 경우, 그러한 재현은 일련의 실천적이고 정치적인 행위로 연결되며, 사회 지배 구조를 재생산하는 이데올로기적 국가 장치가 된다. 즉, 풍속의 이미지를 포획하여 국가의 지배계층을 위한 새로운 정치적 목적을 재생산하기 위해 전유된 것이다.

이기영 농민소설에서 드러나는 풍속의 재현은 인간의 의식이 어떻게 사회를 변화시켰는가에 초점이 맞추어져 있다. 이 위 작품들은 후기로 갈수록 물질사회, 즉 사회 경제가 인간의 의식에 어떻게 영향을 끼치고 지배해왔는가를 다루었다기보다는 인간의 의식이 사회 경제와 주변환경을 어떻게 변화시키고 영향을 주었는가를 다루고 있다. 이기영 소설에서 풍속의 재현은 상징적인 자산을 가진 집단, 즉 문화 생산의 주도권을 가지고 집단이 문화의 조직과 재생산을 통해서 사회의 흐름을 주도한다는 인식을 보여주고 있다. 즉 이기영 문학 작품 속에 나타나는 풍속의 재현이 '문화적 상식의 범주들을 보다 능동적이고 조직적인 이데올로기로 연결'[39]시켜주는 토대로 작용하고 있다는 점에서, 작품들을 관통하는 관점이 물질적 토대보다는 문화적이고 정신적인 토대 위에 자리하고 있음을 드러낸다.

이기영작품에서 특정 문화적 구성물은 사회에 대한 인물들의 독특한 사고와 취향, 혁명적 기질로 연결된다. 그리고 이것은 같은 성향을 가진 인물들의 연결망을 형성하고, 그 결과 그들이 원하는 새로운 관계, 새로운 사회를 구축하게 된다. 이러한 일련의 과정은 〈문화자본→사회관계자본→상징자본〉으로의 변환 및 확장으로 이어지고 있다. 이기영의 농민소설들인 「서화」, 「고향」, 「대지의 아들」, 「두만강」, 「땅」은 위와 같은 추이를 나타내는 작품들이다.

이기영 농민소설에 나타난 풍속의 재현과정에서 농민의 '의식의 능동성'은 문화구성물을 문화자본으로 변환시키는 씨앗이다. 그것은 인물들의 취향을 차별화하여 스스로 우월적 지위를 획득하고, 유사한 취향의 사람들이 연대하여 사회연결망을 형성함으로써 사회자본을 획득하게 된다. 그리고 그것들은 사회체제의 확립과 더불어 일종의 상징자본으로서의 지위를 획득하게 된다. 이러한 변환 과정과 국가의 연관은 문화자본인 풍속이 사회자본이나 상징자본이기도 한 사회주의 의식을 재생산하는 과정과 결부된다.

문화적 구성물이 사회자본과 상징자본으로 전이되는 과정은 이

---

39 임영호 편역, 『스튜어트 홀의 문화이론』, 한나래, 1996, 227면.

기영 농민소설 곳곳에서 발견된다. 「서화」, 「고향」, 「대지의 아들」, 「두만강」, 「땅」에서 돌쇠, 인동이, 황건오, 씨동이와 곽바우는 바로 그러한 전이 과정과 연계되어 있다. 씨동이의 사회주의 의식이 사회관계자본과 상징자본으로 막 진입하는 단계를 나타낸다면, 곽바위는 그것이 사회주의 국가체제 안에서 강력한 상징자본으로 발휘하는 것을 나타낸다. 「땅」에서 봉건사회에서는 사회적으로 천대받던 곽바위가 건전한 사회의식과 솔선수범하는 윤리의식, 그리고 개간에서 보여준 실천력을 통해서 사회적으로 존경받고 일정한 사회적 지위에 오른 과정이 그것을 잘 보여준다. 특히 씨동이와 곽바위가 사회지도자와 조우하는 장면은 씨동이와 곽바위의 상징성을 국가의 상징성으로 연동되는 장치라 볼 수 있다. 결과적으로 이기영의 농민소설들은 문화적 구성물인 풍속을 사회자본과 상징자본으로 확장하면서, 단순한 문화적 구성물이 아닌 사회적이고 정치적인 실천 안으로 포섭해 버린다. 즉 풍속의 재현은 특정 사회 속에서 전통적인 문화적 구성물의 진행 과정을 통해 사회주의 의식의 내면화와 확대재생산 과정을 보여준다. 풍속을 통해 문화의 '재현–구성–재생산'의 과정을 보여주고 있다. 이기영 농민소설에서 풍속은 재현의 대상이자, 정치적 실천의 매개적 존재라 할 수 있다.

# 참고문헌

## 1. 기본자료

이기영, 「서화」, 창비, 2006.

_____, 「대지의 아들」, 권영민·이주형·정호웅 편, 『한국근대장편소설대계』, 태학사, 1988.

_____, 『고향』 상·하, 권영민·이주형·정호웅 편, 『한국근대장편소설대계』, 태학사, 1988.

_____, 『두만강1~5』, 풀빛, 1989.

_____, 『땅』 상·하, 도서출판 풀빛, 1992.

## 2. 연구논저

강상중, 『오리엔탈리즘을 넘어서』, 이산, 1997.

권명아, 「풍속 통제와 일상에 대한 국가관리」, 『민족문학사연구』 제33호, 민족문학사학회, 2007.

김남천, 「일신상의 진리와 모랄(5)」, 『조선일보』, 1938. 4. 22.

김동식, 「풍속·문화·문학사」, 『민족문학사연구』 제19호, 민족문학사학회, 2001.

김미지, 「한국 근대문학에 나타난 '묘사'의 방법론 고찰: 1930년대 비평과 소설을 중심으로」, 『한국현대문학연구』 제28집, 한국현대문학회, 2009.

김택규, 『한국농경세시의 연구』, 영남대학교출판부, 1985.

배영동, 『농경생황의 문화읽기』, 민속원, 2000.

유석춘·장미혜·정병은·배영 공편역, 『사회자본: 이론과 쟁점』, 그린, 2007.

윤대석, 「1940년대 '만주'와 한국문학자」, 『한국학보』 제118집, 일지사, 2005.

윤영옥, 「이기영 농민소설에 나타난 쌀의 표상과 국가」, 『현대문학이론연구』 제41집, 현대문학이론학회, 2010.

_____, 「일제강점기 한국농민 이주의 문학적 형상화」, 『비평문학』 제33호, 한국비평

문학회, 2009.

일상성·일상생활연구회 편, 『일상생활의 사회학』, 한울아카데미, 1994.

임영호 편역, 『스튜어트 홀의 문화이론』, 한나래, 1996.

장성수, 「1930년대 풍속소설론과 그 작품考」, 『인문논총』 제14집, 전북대학교 인문
　　　학연구소, 1984.

정종현, 「근대문학에 나타난 '만주' 표상」, 『한국문학연구』 제28집, 동국대학교 한국
　　　문학연구소, 2005.

주강현, 『두레―농민의 역사』, 들녘, 2006.

Althusser, Louis, 김웅권 역, 『재생산에 대하여』, 동문선, 2007.

Bourdieu, Pierre, 정일준 역, 『상징폭력과 문화재생산』, 새물결, 1995.

＿＿＿＿＿＿＿＿, 최종철 역, 『구별짓기』, 새물결, 1995.

＿＿＿＿＿＿＿＿, The Field of Cultural Production, Columbia University
　　　Press, 1993.

Kosik, Karel, 『구체성의 변증법』, 1985, 거름.

Nan Lin, 김동윤·오소현, 『사회자본』, 커뮤니케이션북스, 2008.

Williams, Raymond, 설준규·송승철 역, 『문화사회학』, 까치, 1984.

# 백석 시의 민속적 상상력과 시간의식 연구

## - 의례와 세시풍속을 중심으로 -

차선일_ 단국대학교 동양학연구원 연구교수

# 1. 서론

백석의 시는 '민속문화folk culture의 박물지'와도 같다. 설화적 유산과 무속적 신앙, 토속적인 방언과 향토적인 음식 등 민속적인 사물과 풍경은 늘 백석 시의 전경에 부각되어 있다. 이러한 민속적 삶과 세계의 묘사는 단지 배경적인 기능에 한정되거나 이색적인 소재를 취급하는 개성적인 취향에 국한되지 않는다. 백석 시에서 민속성은 시적 의미의 근간이 되는 중심적인 사상이자 시적 형상화의 방법론적 핵심을 이룬다.

무엇보다 민속문화는 전통적인 공동체적 삶의 원형을 내포하고 형성하는 바탕이라는 점에서 백석 시의 주제론을 구성하고 있다. 주지하다시피 백석의 시는 대부분 친족공동체의 유대감이 보존되어 있는 유년 시절의 삶을 회상하거나 먼 이국에서 고향의 전통적인 풍속과 온기를 그리워하는 심정을 노래한다. 이때 되돌아갈 수 없는 '유년 시절'과 잃어버린 '고향'의 세계를 직조하는 씨줄과 날줄은 민속문화의 유산이 보존된 공동체적 생활세계에 대한 기억과 그에 대한 미감적 반추다. 백석의 시는 '민속적인 것'에 응축되어 있는 자연친화적인 공동체적 삶의 풍속과 그 내면세계를 발굴하고 그 속에 담긴 유대적인 온정과 화목의 기억을 음미한다. 따라서 백석을 두고 "민속 그 자체를 시의 대상으로 삼은 시인"[1]이라거나, 민속성이 백석 "시학

---

1  김현·김윤식, 『한국문학사』, 민음사, 1973, 218면.

의 출발점"이자 "그 결론"[2]이라는 평가는 결코 과장이 아니다.

백석 시의 민속성은 이미 동시대 비평적 시선에도 이채로운 개성으로 조명되었고,[3] 이후에도 줄곧 중요한 미학적 특질로 언급되었다.[4] 그러나 대개 인상비평의 수준에 머무르는 단평이 대부분이었다. 단편적인 논의에서 벗어나 본격적인 연구가 이루어진 것은 1988년 해금 조치 이후부터다. 1990년대는 백석 전집이 간행되고 전기적 사실이 고증되는 등의 실증적인 연구와 함께 주로 리얼리즘의 관점에서 접근하는 연구들이 제출되었다. 2000년대에 들어서는 백석 시의 근대적 성격을 해명하는 논의들이 주를 이루는 한편, 다양한 주제와 방법으로 접근하는 연구들이 생산되었다.

그러나 연구의 다양성이 폭넓게 확보되고 있으면서도 백석 시의 근간을 이루는 민속성을 단독으로 주제화한 연구는 드문 편이다.[5] 백

2 백철, 『조선신문학사조사: 현대편』, 백양당, 1949, 291~292면.

3 김기림, 「〈사슴〉을 안고」, 『조선일보』, 1936. 1. 29.
  박용철, 「백석 시집 '사슴'평」, 1936. 4, 327~330면.
  임화, 「문학상의 지방주의 문제」, 『조광』, 1936. 10, 174~176면.
  오장환, 「백석론」, 『풍림』 통권 5호, 1937. 4, 16~19면.
  김기림과 박용철은 백석의 토속적인 방언의 사용과 향토주의적 성격을 긍정적으로 평가한 반면에, 임화와 오장환은 부정적으로 평가하였다.

4 백철, 앞의 책.
  유종호, 「한국의 페시미즘」, 『현대문학』, 1961년 9월호.
  김윤식·김현, 앞의 책, 217~220면.
  김종철, 「30년대의 시인들」, 『문학과지성』, 1975년 봄호.

5 김재용, 「근대인의 고향상실과 유토피아의 염원」, 김재용 엮음, 『백석 전집』, 실천문학사, 1997:2003:2011.
  최정숙, 「한국 현대시의 민속 수용 양상 연구: 백석 서정주를 중심으로」, 경희대학교 박사학위논문, 2003.
  하윤희, 「백석 시의 민속 모티프 연구」, 동국대학교 석사학위논문, 2003.
  김숙이, 「백석 시에 나타난 문화소의 특성」, 『동북아문화연구』 26집, 동북아시아문화학회, 2011.

석 시에 나타난 민속성은 대개 주제면에서 유사한 일련의 범주들에 대한 논의와 함께 거론되는 실정이다. 예컨대 민속성은 그 하위범주인 무속신앙,[6] 놀이,[7] 의례 및 세시풍속,[8] 음식[9] 등을 다루는 각론으로 세분화되어 논의되고, 다른 한편으론 '전통', '향토', '고향', '조선적인 것', '민족' 등 상위범주의 비평적 테마들과 연결되기도 한다. 그러나 민속성을 다른 범주로 환원하지 않고 백석 시만의 독자적인 미적 범주로 살펴보는 논의는 충분히 이루어지지 않고 있다.

기존 논의에서 명확한 개념적 외연을 확보하지 못한 민속성의 애매한 지위는 보다 심층적인 고찰을 가로막는 장애요인으로 작용한다. 예컨대 백석 시의 민속성을 단독주제로 다룬 연구들은 민속적 상상력이 민족공동체적 삶의 원형적 공간을 복원하는 데 그 지향점이

조연향, 「김소월 백석 시의 전통성 연구: 민속 수용 양상을 중심으로」, 경희대학교 박사학위논문, 2013.

6  한이각, 「백석 시에 나타난 민속과 무속의 세계」, 『태릉어문연구』 5/6집, 서울여대 국어국문학과, 1995.
   이숭원, 「백석 시와 샤머니즘」, 『인문논총』 15집, 서울여대 인문과학연구소, 2005.
   전형철, 「백석 시에 나타난 〈무속성〉 연구」, 『우리어문연구』 32집, 우리어문학회, 2008.
   오태환, 「혼과의 소통, 또는 무속적 요소의 문학적 층위: 김소월·이상·백석 시를 중심으로」, 『국제어문』 42집, 국제어문학회, 2008.
   박종덕, 「백석 시에 나타난 음식과 무속의 호명 의미 고찰」, 『어문연구』 61집, 어문연구학회, 2009.
   김은석, 「백석 시의 '무속성'과 식민지 무속론: 백석 시의 '무속적 상상력' 재고」, 『국어문학』 48집, 2010.

7  박승희, 「백석 시에 나타난 축제의 재현과 그 의미」, 『한국사상과 문화』 36집, 한국사상문화학회, 2007.

8  백지혜, 「백석 시에 나타난 '마을' 형상화의 의미」, 『한국근대문학연구』 4권 1집, 한국근대문학회, 2003.

9  소래섭, 「백석 시에 나타난 음식의 의미 연구」, 서울대학교 박사학위논문, 2008.
   고형진, 「백석의 음식기행, 우리문화와 역사의 탐미」, 『서정시학』, 2012년 봄호.

있다고 서술한다.[10] 민속문화가 기층민중의 생활방식 속에서 전승되어온 유무형의 문화재, 즉 사상, 관습, 풍물, 습속, 기술, 신앙 등 전통문화의 집적체라는 점에서 민속적 삶의 체험에 대한 형상화를 민족성과 전통성의 원형적 본질을 재현하는 작업으로 이해하는 해석은 일면 타당하다고 할 수 있다. 그러나 이러한 해석은 민속성과 그것이 재현하는 본질인 원형적 대상의 관계를 선험적으로 전제하는 본질주의적 관점을 내포하고 있다. 다시 말해 민속의 전승적 주체로서 '민족'을 암묵적으로 전제하고 있는 것이다. 때문에 이들 연구들은 백석의 민속성이 위치한 사회역사적 맥락을 참조하지 않고, 민속적 소재나 모티프를 민족성이라는 담론적 의미망으로 환원하여 해석하는 도식적인 설명에 그치고 만다. 민속성에 대한 탐구는, 보다 넓은 맥락에서 보자면, '조선적인 것' 또는 '전통적인 것'의 추구라는 당대적 경향성에 포함되는 현상으로, 백석의 민속적 상상력이 내포하는 구체적 의미는 오히려 이러한 동시대적 맥락에서 선명하게 드러날 수 있다.

이 글은 백석 시에 나타난 민속성 또는 민속적 상상력이 지닌 미학적 의미, 즉 그것이 시에서 작용하는 미적인 기능과 역할을 해명하는 데 일차적인 목적이 있다. 이를 위해 이 연구는 백석 시에 나타난 특정한 민속적 모티프, 특히 세시풍속 및 의례가 제재로 등장하는 작품들을 논의 대상으로 삼는다. 이미지나 관념, 언어 등 특정한 미적 범주가 텍스트에서 작동하는 방식과 의미는 텍스트의 내적 문맥에서

---

10 김재홍, 「민족적 삶의 원형성과 운명애의 진실미」, 고형진 편, 『백석』, 새미, 1996, 179면.

뿐만 아니라 컨텍스트의 맥락에서도 결정된다. 따라서 이 글은 백석 시의 민속성을 전통, 고향, 향토성, 조선적인 것 등의 비평적 테마를 둘러싼 1930년대 후반 문화담론의 지형에서 검토하고, 그 역사적 성격을 추출하고자 한다. 구체적으로 이러한 작업은 1930년대 후반에 나타난 '과거로의 회귀' 또는 '조선적인 것의 복원'이라는 시대적 지향성과 백석 시의 민속적 상상력이 지닌 시간의식(지향성)이 차별화되는 지점을 비교 탐색하는 논의가 된다.

## 2. '향토', 제국과 조선의 교차로

1930년대 식민지 문화 담론의 주목할 만한 현상 중 하나는 '조선적인 것'의 탐구로 대표되는 전통과 고전에 대한 관심의 증대다. 이 시기의 학술 및 비평 담론에는 '고향', '향토', '조선', '토속' 등의 언표들이 집중적으로 등장하였고, 더불어 창작 영역에서도 '전통', '고향', '자연', '향토' 등의 세계를 향한 목가적이고 낭만적인 그리움을 노래하는 작품들이 경향성을 띠며 유사한 흐름을 형성했다.[11] 요컨대 '조선적인 것'에 대한 추구는 1930년대 이후 시대의 에피스테메라고

---

11 더불어 민요·춘향전·전통소설을 내보냈던 JODK 한국어방송, 〈춘향전〉의 영화화, 최승희의 고전무용, 민속음악의 현대화, 향토풍경을 묘사한 서양화 등 다른 문화방면에서도 조선적인 것의 표상이 추구되었다. 趙寬子, 「中日戰爭期の'朝鮮學'と'古典復興'」, 『思想』 7月, 岩波書店, 2003, 65면. 또한 토속적인 정조로 고향에 대한 그리움을 노래한 신민요와 가요의 대중적인 유행들도 언급되어야 한다. 고봉준, 「'동양'의 발견과 국민문학」, 『한국문학비평과 이론』 35집, 한국문학이론과 비평학회, 2007, 189~191면.

할 수 있다.

사실 '조선적인 것'에 대한 관심은 식민지 시대 전체에 걸쳐 다양한 형태로 나타났다. 근대계몽기의 신채호가 보여준 조선고대사 서술을 비롯해서, 1920년대에는 '국학파'와 '조선어학회'의 역사와 언어 연구, 문학에서의 시조부흥운동 및 민요시 운동 등이 전통적 유산을 정신적으로 계승하고자 한 노력으로 이어졌다. 30년대에는 식민통치의 일환으로 전개된 조선 연구와 경성제대 출신의 민속학자들이 주도한 조선학 연구, 저널리즘에 의해 부상한 고전부흥운동, 『문장』의 상고주의와 고전주의 등이 이전 시기의 흐름을 이어나갔다. 그러나 기존 논의들에서 지적되었듯이, 20년대의 '조선적인 것'에 대한 관심과 30년대의 그것은 큰 차이가 있다. 20년까지의 '조선적인 것'에 대한 추구가 특정 유파나 학파에 국한되었으며 민족주의 의식에 뿌리를 두고 있었다면[12] 30년대 '조선적인 것'의 부상은 근대의 위기와 극복이라는 사상적 맥락에서 제기된 근대성의 문제라는 양상을 띠었다.

그런데 30년대의 '조선적인 것의 표상'은 좀더 복잡한 담론적 맥락 속에서 형성되었다는 점을 주지할 필요가 있다. 이 시기 '조선적인 것'의 탐구는 학술 연구에서 먼저 시작되었는데, 경성제대의 일본인 학자들과 조선인 학자들에 의해 이루어진 '조선학' 연구가 그것이다. 일본 학자들이 주도한 '조선학'은 일본 제국 내의 지방학으로

---

12 오태영, 「'향토'의 창안과 조선문학의 탈지방성」, 『한국근대문학 연구』, 7권 2호, 한국근대문학회, 2006, 230면.

서의 위상을 지니는 것으로, 무엇보다 식민통치의 일환으로 수행되었다. 반면 백남운, 신남철, 박치우, 김태준 등 조선인 학자들의 '조선학' 연구는 일본 조선학의 영향 하에 놓여 있으면서도 식민지 학문으로서의 조선학에서 벗어나려는 노력을 보여주었다. 이들의 노력은 곧 민족주의 진영의 문화운동[13]과 결합하게 되고 저널리즘적 운동에 힘입어 대중적으로 파급되었다.

만주사변(1931)과 신간회 해체(1931), 뒤이어 카프 조직의 해산(1935) 등 일본 군국주의 대두에 따른 식민지 상황의 변화 속에서 '조선적인 것'의 탐구는 이념의 해체를 문화적인 차원에서 극복하려는 시도였다. 즉 민족적 자아의 발견과 문화적 정체성의 확립을 통해 이념적 공백을 메우고 민족주의적 저항의 주체적 입지를 확보하려는 문화 전반의 흐름이었다. 자기정체성의 재확립이라는 과제는 이념적 좌표를 상실한 지식인들의 절실한 문제로 다가왔고, 그것은 자기내면에 대한 반성적 탐색의 형태로 표출된 것이다.

그런데 식민지 조선문화의 정체성을 새롭게 정립하려는 '민족적인 것'의 추구는 근대적 합리성의 영향으로부터 자유롭지 못했다. 즉 '조선학 연구', '조선주의' 내지 '전통주의'의 문화적 운동 등은 서구적 학문의 체계에 의해서 발견되고 표상되었다. 다시 말해 '조선적인 것'은 보편의 위치에서 바라본 하나의 특수로 인식된 것이다. '보편–

---

13 조선어학회의 한글맞춤법 통일안, 진단학회가 주도한 한국어로 이루어진 한국역사와 한국문화 연구, 『동아일보』와 『조선일보』를 중심으로 전개되었던 조선의 전통과 문화를 발굴하고 전파하는 기획 등이 이에 해당된다. 고봉준, 「일제 후반기의 담론 지형과 『문장』」, 『국어국문학』 152집, 국어국문학회, 2009, 414면. 이러한 문화운동은 30년대 중반까지 조선학 연구와는 별개로 전개되었다.

특수'의 대립적 인식틀에서 '조선적인 것'은 서구적 합리성을 대체하거나 보완하는 가치들의 집합적 표상으로서 논의된다. 이 점은 고전부흥운동 등 '조선주의' 문화운동에 부정적이고 비판적인 시선들을 던졌던 논자들이 세계문학에 참여하지 못하고[14] 과학적 정신에 근거하지 못한[15] '조선적인 것'의 추구는 한낱 시대착오적인 복고주의[16]와 감상적인 회고주의[17]에 불과하다고 지적한 점에서도 확인할 수 있다.

보다 미묘한 문제는 식민지 조선에서 서구적 합리성(보편)은, '조선학 연구'의 제도적 기반이었던 경성제국대학의 존재가 말해주듯이, 일제 식민지배의 도구적 합리성(특수)의 매개를 통해 수용된다는 점이다. 따라서 '서구=보편/조선=특수'의 도식에 위장된 보편으로서의 '일본=특수'의 관계항이 개입된다. 이것은 '조선적인 것'의 추구가 과연 제국의 시선으로부터 자유로울 수 있는가 라는 문제를 제기한다.

이러한 문제는 1937년 중일전쟁 발발과 함께 일제 파시즘 체제가 본격적으로 작동하기 시작하면서 조선의 담론 지형에 균열을 일으키며 표면화된다. 1930년대 초반부터 부상했던 근대의 위기와 불안의 담론은 중일전쟁을 계기로 '근대의 종언', 나아가 '근대의 초극'에 관한 담론으로 변모한다. '근대의 초극'은 1942년 일본 『文學界』 동인 심포지엄을 통해 담론의 수면 위로 떠오르지만, 그 완성된 형태는 이

---

14 김기림, 「장래할 조선문학」, 『조선일보』, 1934. 11. 14~15.

15 임화, 「역사적 반성에의 요망」, 『조선중앙일보』, 1935. 7. 4~16.

16 최재서, 「고전부흥의 문제」, 『동아일보』 1935. 1. 30.

17 임화, 앞의 글.

미 1935년에 제출되어 있었다.[18] 근대의 초극론은 타자로서의 서양 제국주의의 위협에 맞서기 위해서 동아제국이 일심단결해서 하나의 협력체를 형성해야 한다는 주장이었다. 이것은 내선일체, 동아신질서, 대동아공영권 같은 제국의 이데올로기와 정책으로 구체화되었는데, 주지하다시피 이러한 이데올로기의 논리는 표면적으론 서양과의 대결이라는 명분 아래 조선 등 아시아국가와 일본 제국의 동질성과 일체성을 내세우지만, 사실상 아시아 국가의 문화적 독자성을 말살하고 일본화시키기 위한 '차별적인 동화'라는 이중성을 은폐하고 있었다.

1930년대 후반에 '조선적인 것'의 담론이 '향토성'이라는 로컬리티의 문제를 중심으로 새삼 선회하기 시작한 것은 일본 제국주의의 이데올로기와 정책과 직결되어 있었다. 요컨대 '향토', '민속' 등 '조선적인 것'이 일제 식민지 동화정책의 통제와 감시의 대상으로 포착되면서 담론의 수면 위로 부상하고 각광을 받게 된 것이다. 예컨대 조선의 무속신앙이 고유신앙으로 관심을 받게 된 것은 1930년대 후반 황민화 정책의 일환으로 시행된 신사정책에 의해 일본 신도신앙이 침투하게 된 것이 계기였다. 그것은 한국의 무속신앙이 일본의 원시신도의 잔존이라는 조선총독부 민속학자들의 인식과 연결된다.[19] 이러한 주장은 일선동조론을 뒷받침하는 학문적 이론으로, 일본 신

---

18 정종현, 『동양론과 식민지 조선문학』, 창비, 2011, 41~49면.
19 조선총독부의 식민지 지배 정책에 진간접적으로 복무한 어용 민속학으로서 식민주의 민속학의 형성과 전개 과정, 특히 이마무라 도모와 아키바 다카시의 민속학에 대한 설명은 남근우, 『'조선민속학'과 식민주의』, 동국대학교 출판부, 2008, 105~195면 참조.

도와 조선 무속의 동질성은 일제의 조선통치를 역사적 문화적 차원에서 정당화하는 담론으로 기능했다.[20]

'조선적인 것'에 대한 추구에서 '향토성' 또는 '민속성'의 테마가 불거지게 된 이유에 내선일체의 논리가 개입했다고 하더라도 '향토' 담론을 모두 식민 지배의 산물이라고 단정할 수는 없다. 실제로 조선의 지식인들과 문학인들에게 이른바 대동아문명권 내 조선문화의 위치, 동양적인 것 속에서 조선적인 것의 위상, 내선일체론 안에서 조선문학의 지방적 특수성에 대한 심각한 고민을 엿볼 수 있다.

동경에서는 벚꽃이 3월 초순에 피지만 서울에서는 4월 하순에 피는 것. 일본에서는 밀감이 재배되나 조선에서는 안 되는 것과 같은 이치가 아니겠는가. 서울의 벚꽃을 3월 초에 피울 수는 없다. 밀감을 억지로 조선에 가져올 필요가 있을까. 이것은 평범한 생활의 특수성에 지나지 않는다. 현실의 개성에 지나지 않으며, 고유한 환경에 지나지 않는다. 고유한 환경 속에서 고유한 문학이 생김은 조선에서는 재배되지 않는 밀감이 일본에서는 재배되는 것과 똑같은 이치다. 밀감 대신 조선에서는 맛있는 밤이라든가 잣이 산출되지 않겠는가.

결국 조선 문학은 우리 삶의 독특한 방식의 소산이다. 사람들은 객관적으로는 같은 세대에 살면서도 주관적으로는

20 최석영, 『일제하 무속론과 식민지 권력』, 서경문화사, 1999, 6면.

다른 환경을 체험한다.

이 체험이 이른바 '우리만의 현실'이다. 이 현실 속에서 전혀 새로운 인간이 형성되며, 이런 사람 중에서 또 새로운 사고방법이나 감정의 독특한 양식이 생기는 법. 이것이 다른 아닌 독특한 문화이다. 세계 속에서 다른 환경을 체험하듯 같은 일을 다른 방법으로 사고하며 다른 스타일로 느끼는 것이 문화이다. 문화나 예술의 자율성이 여기서 말미암는다.[21]

조선문학은 구주문학이나 동북문학, 내지는 대만문학 등이 갖는 지방적 특이성 이상의 것을 가지고 있다. 그것은 풍토적으로나 기질적으로, 결국에는 사고 형식상으로도 내지와 다를 뿐만 아니라, 장구한 독자적 문학전통을 함유하고 있고, 또한 현실에서도 내지와는 다른 문제와 요구를 가지고 있는 것이다. (중략) 언어 문제에 관해 이야기할 때, 자주 조선문학을 아일랜드문학에 비유하는 경향도 있었던 것 같으나, 그것은 위험하다. 아일랜드문학은 물론 영어를 사용하고 있지만, 정신은 처음부터 반영적이며, 영국으로부터의 이탈에 그 목표가 있었던 것이다.[22]

---

21 임화, 「현대 조선문학의 환경」, 『文藝』 1940. 7; 김윤식, 『일제 말기 한국 작가의 일본어 글쓰기론』, 서울대학교출판부, 2003, 314~315면.

22 최재서, 「朝鮮文學의 現段階」, 『국민문학』, 1942. 8, 12면; 오태영, 앞의 글, 232면에서 재인용.

임화는 조선의 고유한 풍토와 환경이 고유한 문화를 만들어내는 것은 자연스러운 이치라고 주장하며, "삶의 독특한 방식"이 조선 문학의 특수한 자율성을 형성한다고 말한다. 자연물에 대한 비유에서 짐작할 수 있듯이, 임화는 문화적 특수성이 내선일체 등 인위적인 이데올로기에 의한 영향으로 훼손되거나 변형되는 것이 아니라는 시각을 전제하고 있다. 한편 최재서는 조선문학이 풍토적·기질적 특성과 함께 사고형식상으로도 내지문학과 다르며, 구주문학이나 동북문학, 대만문학과도 다르다는 논리를 펴며 조선문학의 지방적 특수성을 이끌어낸다. 최재서가 개별국가들의 비교를 통해서 조선문학의 지방성을 논의하는 것에서 이미 대동아공영권의 질서를 상정하고 있다는 것을 어렵지 않게 읽을 수 있다. 이러한 논의들은 비록 일본이 만들어낸 제국적 질서를 벗어나는 것은 아니지만, 조선문화의 특수성에 대한 확립으로부터 문화적 정체성을 획득하려는 시도라는 점에서 의미가 있다.

이처럼 '향토' 담론은 일제 식민지배의 이데올로기로서의 지방색과 특수성으로서의 조선적인 것이 교차되는 지점에서 발화되었다. '향토'는 제국의 시선과 조선의 향토에서 문화적 정체성을 찾으려는 조선 지식인들의 무의식이 서로 뒤엉키는 교착의 지점이자 혼종적인 담론의 공간이었다. 백석 시가 그리고 있는 전통적인 민속적 삶의 세계 역시 바로 이 '향토'의 공간과 교착되고 있었다.

# 3. '문장'의 심미주의와 백석의 민속적 상상력

1939년 2월에 창간된 『문장』은 1930년대 초반부터 다양한 담론으로 전개된 '조선적인 것'에 대한 탐구들의 결과가 집적된 것이었다. 『문장』은 김태준, 조윤제, 고유섭, 양주동, 이병기, 정인승 등 크게 보아 경성제대 그룹과 자생적 조선어학 연구자 그룹, 민속학자 손진태, 송석하 등의 한국인 학자들이 생산한 연구물 그리고 이를 통해 정전으로 텍스트화된 조선의 고전들을 게재함으로써 '조선적인 것'의 표상체계를 문학의 차원에서 형성해나간 매체였다.[23]

앞서 살펴보았듯이, '조선적인 것'의 표상을 둘러싼 담론의 지형은 1937년 중일전쟁 이후 사상통제를 강화하는 파시즘적 체제가 작동하면서 변화가 일어난다. 그것은 서구적 근대성이 보편의 자리에서 물러나고, 서양과 대결하는 동양의 일체성과 동질성을 강조하는 대동아공영권의 질서 내에서 '조선적인 것'의 위상과 의미를 모색하는 것으로 귀결된다. 『문장』은 이러한 현실적 조건의 변화와 위기 속에서 등장하여 '조선적인 것'에 대한 담론을 새로운 방향으로 이끌었다.

익히 알려져 있듯이, 그것은 『문장』의 고전주의 또는 전통주의로 요약된다. 보다 정확히 말하자면, 『문장』은 동양론 안에서 조선적인 것의 주체적 심미성을 구성하려고 시도[24]함으로써, 학술 체계의 표상 차원이 아닌 심미적인 차원에서 '조선적인 것'을 찾으려고 했다. 이

---

23 조현일, 「『문장』파 이후의 문학에 나타난 '조선적인 것'」, 민족문학사연구소 기초학문연구단, 『조선적인 것의 형성과 근대문화담론』, 소명출판, 2007, 96면.
24 정종현, 앞의 책, 164~174면.

것은 '일본=동양=보편'을 강요하는 내선일체와 대동아공영권의 일제 파시즘적 체제 내에서 식민 지배의 시선과 민족적 주체의 시선이 교차하는 장소로서 '지방성=조선적인 것'의 이중적 담론에 균열을 일으키고 그것을 전복하려는 미학적 전략이었다.

여기서 『문장』이 지향한 전통주의가 흔한 복고주의적 취향과는 구별되는 것임을 먼저 지적할 필요가 있다. 『문장』에 참여한 문인들은 공통적으로 향토적인 소재나 토속적인 풍물 등 가시적인 제재에 대한 취향을 복고주의로 규정하고, 그것으로부터 일정한 거리를 두는 태도를 견지했다. 그들은 일종의 상고취미나 학술적인 태도로 '조선적인 것', '전통적인 것'을 단순히 보존하기보다는 현재적 관점에서 계승하고 예술적인 형태로 체험해야 한다는 논지를 펼쳤다. 『문장』파 문인들에게 '조선적인 것'은 무엇보다 정신의 문제였다. 이병기는 시조가 연구의 대상이 아니라 현재에도 불리어지는 노래라고 주장했다. 그는 격조를 시조 미학의 핵심으로 간주했는데, 그 격조의 세계는 언어로 포착할 수 없는 리듬의 운용에서 발생하는 미적 세계였다. 표상할 수 없는 미적 대상을 언어보다 우위에 두는 입장은 정신적인 것이 언어의 구성에 앞선다고 주장하며 동양적인 산수시의 미학에 심취한 정지용에게서도 반복된다. 골동품 따위 전근대적인 사물에 대한 상고적 취향으로 유명한 이태준은 근대적인 것들의 실용성과 전근대적인 것들의 비실용성을 대비하며, 후자의 것들이 지닌 정취나 향기를 높이 평가한다. 여기서 골동품의 향취나 분위기는

어떤 의미로 포착할 수 없는 비표상적인 정신의 영역에 해당한다.[25]

『문장』의 문인들에게 나타난 공통적인 지향성은 '조선적인 것'이 언어적 실체로 파악되지 않고 비가시적인 정신성의 영역에 머문다는 태도이다. 이러한 심미적 태도는 내선일체와 대동아공영의 논리로 '조선적인 것'의 로컬리티를 규정하려는 식민 지배의 이데올로기에 맞서 '조선적인 것'을 미적 범주로 전화시켜 그 정체성을 수호하려는 노력이었다는 점에서 의미를 갖는다.

그런데 『문장』의 심미적 전통주의가 발견한 '조선적인 것' 역시 일종의 이데올로기라는 점을 이해하는 것이 중요하다. 시조의 격조, 특유의 정취를 품은 골동품, 동양적 산수화의 경지 등 『문장』파 문인들이 찾아낸 '전통적인 것'은 실제 '조선적인 것'과 일치하지 않는다. '향토'가 식민지적 근대의 발명품이듯이, 『문장』의 '전통'은 발명된 전통이었다. 이병기, 이태준, 정지용 등이 발견한 '조선적인 것'의 '전통'은 유교적인 선비의 세계에 문화적 기반을 둔 지사적 교양의 산물이었다.

백석 시의 민속성은 선비적 교양의 안목으로 발견한 『문장』의 심미적 전통주의와 비교했을 때 그 역사적 의미와 성격이 선명하게 부각된다. 한편 『문장』의 전통주의의 영향을 받았으면서도[26] 그만의 독자적인 토속성의 세계를 창출한 김동리의 존재도 상기할 필요가 있

---

25 『문장』의 문학적 세계관에 대해서는 김윤식, 「『문장』지의 세계관」, 『한국근대문학사상비판』, 일지사, 1984 참조.

26 김남천은 김동리의 문학이 이태준의 세계와 구별될 수 없을 만큼 깊은 영향 하에 있다고 보았다. 김남천, 「신세대론 신인의 작품」, 『동아일보』, 1939. 12. 19.

다. 김동리 역시 백석과 유사하게 민속성 또는 무속성을 소설의 주요
배경으로 삼았다는 점에서 비교의 대상이 된다.


　명절날 나는 엄매 아배 따라 우리집 개는 나를 따라 진할
머니 진할아버지가 있는 큰집으로 가면


　얼굴에 별자국이 솜솜 난 말수와 같이 눈도 껌벅거리는
하로에 베 한 필을 짠다는 벌 하나 건너 집에 복숭아나무
가 많은 신리 고무 고무의 딸 이녀 작은이녀
　열여섯에 사십이 넘은 홀아비의 후처가 된 포족족하니
성이 잘 나는 살빛이 매감탕 같은 입술과 젖꼭지는 더 까
만 예수쟁이 마을 가까이 사는 토산 고무 고무의 딸 승녀
아들 승동이
　육십리라고 해서 파랗게 뵈이는 산을 넘어 있다는 해변
에서 과부가 된 코끝이 빨간 언제나 흰옷이 정하든 말끝에
설게 눈물을 짤 때가 많은 큰골 고무 고무의 딸 홍녀 아들
홍동이 작은홍동이
　배나무접을 잘하는 주정을 하면 토방돌을 뽑는 오리치를
잘 놓는 먼 섬에 반디젓 담그려 가기를 좋아하는 삼춘 삼
춘엄매 사춘누이 사춘동생들


　이 그득히들 할머니 할아버지가 있는 안간에들 모여서
방안에서는 새롯의 내음새가 나고

또 인절미 송구떡 콩가루차떡의 내음새도 나고 끼때의 두부와 콩나물과 볶은 잔디와 고사리와 도야지비계는 모두 선득선득하니 찬 것들이다

저녁술을 놓은 아이들은 외양간섶 밭마당에 달린 배나무 동산에서 쥐잡이를 하고 숨굴막질을 하고 꼬리잡이를 하고 가마 타고 시집가는 놀음 말 타고 장가가는 놀음을 하고 이렇게 밤이 어둡도록 북적하니 논다

밤이 깊어가는 집안엔 엄매는 엄매들끼리 아르간에서들 웃고 이야기하고 아이들은 아이들끼리 웃간 한 방을 잡고 조아질하고 쌈방이 굴리고 바리깨돌림하고 호박떼기하고 제비손이구손이하고 이렇게 화디의 사기방등에 심지를 멫 번이나 돋구고 홍게닭이 멫 번이나 울어서 졸음이 오면 아릇목싸움 자리싸움을 하며 히드득거리다 잠이 든다 그래서는 문창에 텅납새의 그림자가 치는 아츰 시누이 동세들이 욱적하니 홍성거리는 부엌으론 샛문틈으로 장지문틈으로 무이징게국을 끓이는 맛있는 내음새가 올라오도록 잔다[27]

– 「여우난골족」 전문

백석의 대표작 중 하나인 「여우난골족」을 보자. 이 시에는 세시 풍속, 놀이 등 민속적 세계의 묘사, 친족공동체의 풍요로운 삶, 방언

---

27 이하 백석 시는 고형진이 엮은 『정본 백석 시집』(문학동네, 2007)에서 인용한다.

의 의식적 사용, 음식들의 나열 등 백석 시의 일반적인 특징들이 잘 드러나 있다. 도입부에 해당하는 1연을 제외한 2, 3, 4연은 명절날 온 가족이 모여 있는 모습들을 장면화하고 있다. 2연은 명절에 모인 친척들을 묘사하고 있고, 3연은 명절에 맛볼 수 있는 음식들이 열거되고, 4연에서는 명절을 맞은 아이들의 놀이와 명절 전야의 풍경을 소묘하고 있다.

무엇보다 백석 시가 그리는 전통적인 삶의 세계는 미각과 후각과 촉각 등 감각의 힘으로 보존되는 세계다. 3연에 나열된 음식들은 시각과 청각을 제외한 감각작용을 통해 인식된다. 이러한 감각들은 언어적 분절 이전의 것으로 서로 분리될 수 없이 공감각적으로 경험되고 있다. 백석 시가 언어적 분절 이전의 세계를 지향한다는 점은 2연에서 사촌동생들의 이름이 애칭으로만 불리고, 고모와 삼촌들은 이름 없이 구체적인 일화를 통해 기억되고 있다는 사실에서도 간접적으로 확인할 수 있다. 이처럼 백석 시에서 미각과 후각 등의 감각은 기억을 상기하고 보존하는 매개로 작용하며, 전통적인 민속적 삶의 공간도 바로 감각의 구체성을 통해 보존된다. 이러한 점은 언어적으로 표상할 수 없는 정신성의 영역에서 '조선적인 것'을 찾았던 『문장』의 전통지향성과 선명한 대조를 이룬다. 『문장』의 심미적 전통주의가 고상한 추상의 세계에 머물러 있다면, 백석 시의 민속적 전통주의는 생활세계의 감각적 영역에 밀착해 있다.

민속적 세계는 공동체적 삶의 공간을 바탕으로 한다. 전통적인 명절 풍속을 담고 있는 「여우난골족」에서 보듯, 명절은 공동체의 모든 구성원이 참여하는 의례적 시간이다. 서로 떨어져 살던 친척들,

이승과 저승으로 나뉘어 있던 조상과 후손 모두 명절이라는 제의적 공간에서 하나가 되며, 총체성을 회복한다. 제의는 시간을 끊임없이 갱신해 우주가 탄생하던 최초의 창조 행위를 반복함으로써 우주를 재창조하는 행위이다.[28] 백석 시는 민속적 삶에 내재되어 있는 제의적 장면을 형상화하여 회복과 재생의 힘을 드러낸다. 이와 비교할 때 『문장』이 지향하는 '전통'의 세계가 심미적 주체의 시선에 대상화되는 정물의 세계였다는 점, 그러한 정물들의 가치가 근대적 실용성의 대립관계에 의해 규정된다는 점은 역시 백석 시의 민속적 전통주의와 확연하게 구별되는 것이다. 제의적 시간성에 드러나듯이, 백석 시의 전통은 근대와 대립되는 지점이 아니라 '근대와는 다른' 곳에 놓여 있다고 할 수 있다.

> 갈부던 같은 약수터의 산거리엔 나무그릇과 다래나무지팽이가 많다
>
> 산 너머 십오리서 나무뒝치 차고 싸리신 신고 산비에 촉촉이 젖어서 약물을 받으러 오는 두멧아이들도 있다
>
> 아랫마을에서는 애기무당이 작두를 타며 굿을 하는 때가 많다
>
> ─「삼방三防」 전문

---

28 미르치아 엘리아데, 심재중 옮김, 『영원회귀의 신화』, 이학사, 2003, 88면.

섣달에 냅일날이 들어서 냅일날 밤에 눈이 오면 이 밤엔 쌔하얀 할미귀신의 눈귀신도 냅일눈을 받노라 못 난다는 말을 든든히 녀기며 엄매와 나는 앙궁 우에 떡돌 우에 곱새담 우에 함지에 버치며 대냥푼을 놓고 치성이나 드리듯이 정한 마음으로 냅일눈 약눈을 받는다.

이 눈세기물을 냅일물이라고 제주병에 진상항아리에 채워두고는 해를 묵여가며 고뿔이 와도 배앓이를 해도 갑지기를 앓어도 먹을 물이다.

- 「고야古夜」 부분

백석 시들 중 설화적 요소와 무속적 요소가 포함된 작품을 읽어보자. 앞서 말했듯, 『문장』과 일정한 거리를 유지하면서 백석과 유사한 민속적 전통주의의 세계로 나아간 인물로 소설가 김동리를 언급할 수 있다. 익히 알려져 있듯이 「황토기」와 「무녀도」로 대표되는 김동리의 소설은 설화와 무속의 세계로 요약된다. 이 세계가 지향하는 것은 「무녀도」에 묘사된 '무당의 춤'으로 상징되는 바 자연의 리듬과 사람의 호흡이 융화된 신화적 무시간성이다.[29] 이러한 김동리의 설화적 세계는 근대적인 시간성을 거부하는 반근대적인 상상력에 의해 구축된 것이라고 할 수 있다.[30]

반면 인용된 백석 시에서 설화적 요소와 무속적 요소는 치유와

29 김주현, 「리듬의 형이상학-김동리와 유기체론」, 최승호 편, 『21세기 문학의 유기론적 대안』, 새미, 2000, 221~240면.
30 조현일, 앞의 글, 103면.

재생의 기능에 집중되어 있다. 압축과 생략의 묘미가 잘 드러난 「삼방」은 '삼방'이라는 지역의 깊은 산속에 있는(좁은 갈라진 산길을 묘사하는 "갈부던", 깊은 산에서만 볼 수 있는 "다래나무") 유명한 약수터에 몸이 아픈 사람들('심부름하는 아이들')이나 노인들("지팽이")이 병을 고치기 위해 약수를 떠가는 일상화된 풍속을 묘사하고 있다. 3연에 등장하는 "애기무당"의 잦은 굿판도 유독 병든 사람들이 몰려드는 '삼방' 지역의 특성을 환기시킨다. 이 시에서 '무당'의 존재는 '약수'와 함께 치유와 회복의 모티프로 기능한다.

백석 시에 나타나는 설화적 요소 역시 치유적 기능으로 작용한다는 점은 「고야」에서 확인된다. 시의 마지막 연은 동짓달 셋째 술일을 말하는 '내빌날'에 관한 풍속을 제시하고 있다. '내빌날'에 받은 눈의 녹은 물("눈세기물")은 질병을 치료하는 신성한 물로, "할미귀신"도 이 날에는 그 물을 받기 위해 쉰다는 설화를 들려주고 있다. 「고야」의 다른 연들은 어린 시절에 화자가 겪었던 밤에 대한 공포의 기억을 설화들과 함께 서술하고 있는데, 마지막 연의 "눈세기물"과 "할미귀신"에 관한 이야기는 앞서 서술된 밤에 관한 무서운 기억을 쫓아내고 치유하는 의미를 지닌다. 이처럼 백석 시에서 설화적·무속적 상상력은 치유와 재생, 회복의 의미를 띠며, 이러한 점은 반근대적 상상력으로 신화적 영원성을 지향하는 김동리의 무속적 세계와는 상이하다고 할 수 있다. 그러나 백석과 김동리의 민속적 무속적 세계는 『문장』의 심미적 전통주의와 일정한 거리를 둔다는 점에서는 공통점을 지닌다. 이러한 점은 일제 파시즘적 체제의 질서 내에서 제국의 시선에 노출되지 않은 '조선적인 것'의 추구의 다른 경로를 보여주는 것이라고 할 수 있다.


## 4. 무의지적 기억과 '맑은 마음', 유토피아에의
   지향성

고결한 정신적인 높이를 지향하는 『문장』의 심미적 전통주의와
비교해서 백석 시의 민속적 전통주의가 생활세계에 감각적으로 밀착
되어 있다고 말할 때, 여기서 '감각'은 대상을 있는 그대로 재현할 수
있는 방법을 뜻하지 않는다. 감각을 통해 묘사의 구체성을 확보한다
고 해서 사물을 있는 그대로 보여주는 것은 아니다. 감각적 묘사의
구체성은 관념적 설명의 추상성과 대조할 때 상대적으로 우월한 기
능적 측면을 가리킬 뿐이다. 오히려 백석 시의 유별난 감각적 묘사와
기법이 민속적 세계를 어떤 손상 없이 핍진하게 복원하고 있다고 주
장하는 것은 식민 지배를 위한 지식을 공급했던 '민속학 연구'의 이
데올로기적 입장을 반복하는 것이라고 할 수 있다. 조선의 향토, 풍
속, 민간신앙 등을 연구한 '민속학 연구'의 일본 학자들은 편견과 선
입견으로 무장한 채 상식적으로 이해하기 힘든 주장들로 조선의 민
속과 그 사상을 왜곡시켰다.[31] 그러나 일본의 조선민속학자들은 자
신들의 연구가 객관적인 학문이라고 믿었다. 타자를 바라보는 시선
은 늘 주관적으로 왜곡되어 있으며 객관적인 시점에 서는 것이 불가

---

31 남근우, 앞의 책, 117~128면.

능하다는 사실을 반성적으로 인식하지 못할 때 학문은 이데올로기로 전락한다. 이는 백석 시의 감각에도 적용된다. '감각'은 특수한 미적 기능을 가진 이데올로기이며, 실제로 존재하는 사물을 그리는 것이 아니라 감각 체험에 의해 기억된 사물을 상기하는 것이다.

백석 시에서 지배적인 감각은 단연 미각이다. 이는 그의 시에 헤아리기 어려울 정도로 숱한 음식들이 등장한다는 사실에서도 알 수 있다.[32] 예컨대 「국수」라는 시에서 시적 화자는 국수를 만드는 과정을 상상하며, 국수의 맛과 내음이 불러일으키는 아득한 기억들을 떠올린다. 그 기억들 가운데는 개인적 체험을 넘어서 설화적 사건들마저 불려나온다. 이처럼 백석 시는 음식을 대상으로 미각과 후각을 동원한 감각의 기억술로 직조한 세계라고 할 수 있다.

그런데 미각을 중심으로 한 백석의 감각적 기억술은 프루스트의 소설 『잃어버린 시간을 찾아서』에서 주인공 마르셀이 홍차에 적신 마들렌 과자를 맛보고, 어린 시절을 회상하는 '무의지적 기억'[33]의 방식을 떠올리게 한다. '무의지적 기억'은 일종의 모더니즘적 자동기술법으로, 주체의 의지나 의도가 개입하지 않은 채 사물의 이미지가 주체의 의식에 작용해 기억을 불러일으키는 것을 말한다.

오대나 나린다는 크나큰 집 다 찌그러진 들고방 어득시
근한 구석에서 쌀독과 말쿠지와 숫돌과 신뚝과 그리고 녯

---

32 백석 시에 등장하는 음식의 가짓수는 대략 100여 종이 넘는 것으로 추산된다. 소래섭, 『백석의 맛』, 프로네시스, 2009, 28면.

33 발터 벤야민, 「프루스트의 이미지」, 『서사·기억·비평의 자리』, 길, 2012, 236면.

적과 또 열두 데석님과 친하니 살으면서

  한 해에 몇 번 매연 지난 먼 조상드르이 최방등 제사에
는 컴컴한 고방 구석을 나와서 대멀머리에 외양맹건을 지
르터맨 늙은 제관의 손에 정갈히 몸을 씻고 교우 우에 모
신 신주 앞에 환한 촛불 미테 피나무 소담한 제상 위에 떡
보탕 식혜 산적 나물지짐 반봉 과일 들을 공손하니 받들고
먼 후곤들의 공경스러운 절과 잔을 굽어보고 또 애끊는 통
곡과 축을 귀에 하고 그리고 합문 뒤에는 흠향 오는 구신
들과 호호히 접하는 것

  구신과 사람과 넋과 목숨과 있는 것과 없는 것과 한 줌
흙과 한 점 살과 먼 녯조상과 먼 훗자손의 거룩한 아득한
슬픔을 담는 것

                           – 「목구」 부분

「목구」의 제재는 제사다. 이 시는 제사의 도구인 "목구"를 의인화
하여, 사물의 관점에서 제사라는 의례의 과정을 그리고 있다. 여기서
"목구"를 통한 사물의 의인화는 의식적인 기법으로, 사물의 관점에
서 기술하는 제사의 기억은 '무의지적 기억'이라고 말할 수 없다. 감
각을 대신해 '무의지적 기억'을 불러일으키는 것은 사물이 아니라 의
례(행위)다. "들고방"에 있던 "목구"가 밖으로 나와 깨끗이 씻긴 다음
제사상에 놓여지고 절을 받고 귀신들과 소통하는 과정, 즉 "목구"의

이동 경로 및 쓰임새는 곧 의례의 행위이자 과정을 가리키는 것이다. 「목구」는 바로 이 의례 자체를 주제화하고 있다.

이 시가 보여주는 것은 '제사'라는 의례 속에서 구신/사람, 넋/목숨, 있는 것/없는 것, 한줌 흙/한점 살, 먼 녯 조상/먼 훗자손, 현실/비현실, 현재/과거, 삶/죽음 등의 대립적 관계가 그 경계를 허물고 함께 존재하는 모습이다. '무의지적 기억'이 제공하는 것은 바로 과거의 시간과 현재의 시간, 나아가 미래의 시간마저 동시적으로 공존하는 시간의 양상이다. 음식을 맛보는 순간 상기된 기억은, 의식적 자아가 의도적으로 과거를 불러오는 운동이 아니라 과거가 현재에 침입하여 하나의 연속적이고 동시적인 순간으로 경험하는 것이라고 할 수 있다.

　　　　언제든 가리라
　　　　마지막엔 돌아가리라
　　　　목하꽃이 곻은 내 고향으로 −

　　　　아이들이 하눌타리 따는 길머리론
　　　　鶴林寺 가는 달구지가 조을며 지나가고

　　　　등잔 심지를 도두며 도두며
　　　　딸에게 편지쓰는 어머니도 있었다.

　　　　둥글레산에 올라 무릇을 캐고

활나물 장구채 범부채를 뜯든 소녀들은

말끝마다 「꽈」소리를 찾고

개암쌀을 까며 소년들은

금방망이 놓고간 독개비 얘길 질겼다.


목사가 없는 교회당

회당직이 전도사가 강도상을치며 설교하든초

그 마일이 문득 그리워

아라비아서온 반마처럼 향수에잠기는날이있다


언제든 가리 나종엔 고향가 살다죽으리

모밀꽃이 하이얗게 피는촌

조밥과 수수엿이 맛있는 고을

나무ㅅ짐에 함박꽃을 꺾어오던 총각들

서울 구경이 소원이더니

차를 타보지못한채 마을을 직히것네


꿈이면 보는 낯익은 동리

욱어진 덤불에서

찔레순을 꺾다나면 꿈이였다

– 노천명, 「망향」 전문34

---

34 『국민문학』, 1940. 6.

1940년에 발표된 노천명의 「망향」은 일제 말기 집중적으로 생산
된 '고향시' 유형을 대표하는 작품이다. '고향'의 이미지로 상정되는
향토적 세계를 서정적 언어로 노래하는 '고향시'는 1930년대 후반
이후 유포된 고향상실의 정서를 노래하는 일련의 시들을 가리킨다.
백석의 시편들 또한 이러한 '고향시' 계열에 속한다는 것은 주지의
사실이다.

　그런데 노천명의 시와 백석의 시를 비교하면 확연한 차이가 드러
난다. 「망향」에서 '고향'은 시적 화자의 일방적인 그리움의 어조로
호명되고 있다. 시적 화자가 끊임없이 고향으로 되돌아가리라 노래
한다는 점에서, 분명하게 과거지향적인 의식을 드러낸다고 할 수 있
다. 더불어 토속적인 정취와 소재를 차용하고 있지만, 시어와 소재
를 다루는 방식은 지극히 근대적이라는 점을 알 수 있다. 백석 시에
나타나는 슬픔과 비교했을 때 노천명의 그것은 도시적인 감수성으로
채색되었다는 느낌을 지울 수 없다.[35]

　「망향」이 과거지향성을 선명히 드러내는 까닭은 시적 화자의 '의
식'이 옛 고향을 그리워하는 감정을 '의도적으로' 드러내고 있기 때
문이다. 의식이 개입하는 상태에서는 과거의 고향은 늘 대상의 층위
에 머물 수밖에 없다. 반면에 '무의지적 기억'의 방식에서는 의식이
대상을 지향하거나 호명하는 것이 아니라 그 대상이 놓이는 장소로
기능하게 되며, 그로 인해 타자와 자아, 과거와 현재의 동시적 공존
이 가능하게 된다.

---

35 고봉준, 「고향의 발견」, 『어문논집』 43집, 중앙어문학회, 2010, 322면.

오늘은 정월 보름이다

대보름 명절인데

나는 멀리 고향을 나서 남의 나라 쓸쓸한 객고에 있는 신세로다

녯날 두보나 이백 같은 이 나라의 시인도

먼 타관에 나서 이날을 맞은 일이 있었을 것이다

오늘 고향의 내 집에 있는다면

새 옷을 입고 새 신도 신고 떡과 고기도 억병 먹고

일가친척들과 서로 모여 즐거이 웃음으로 지날 것이연만

나는 오늘 때문은 입든 옷에 마른물고기 한 토막으로

혼자 외로이 앉아 이것저것 쓸쓸한 생각을 하는 것이다

녯날 그 두보나 이백 같은 이 나라의 시인도

이날 이렇게 마른물고기 한 토막으로 외로이 쓸쓸한 생각을 한 적도 있었을 것이다

나는 이제 어늬 먼 외진 거리에 한고향 사람의 조고마한 가업집이 있는 것을 생각하고

이 집에 가서 그 맛스러운 떡국이라도 한 그릇 사먹으리라 한다

우리네 조상들이 먼먼 녯날로부터 대대로 이날에 으례히 그러하며 오듯이

먼 타관에 난 그 두보나 이백 같은 이 나라의 시인도

이날은 그 어늬 한고향 사람의 주막이나 반관을 찾아가서

그 조상들이 대대로 하든 본대로 원소라는 떡을 입에 대며

스스로 마음을 느꾸어 위안하지 않았을 것인가?

그러면서 이 마음이 맑은 녯 시인들은

먼 훗날 그들의 먼 훗자손들도

그들의 본을 따서 이날에는 원소를 먹을 것을

외로이 타관에 나서도 이 원소를 먹을 것을 생각하며

그들이 아득하니 슬펐을 듯이

나도 떡국을 놓고 아득하니 슬플 것이로다

아, 이 정월 대보름 명절인데

거리에는 오독독이 탕탕 터지고 호궁 소리 뻴뺄 높아서

내 쓸쓸한 마음엔 자꼬 이 나라의 녯 시인들이 그들의 쓸
쓸한 마음들이 생각난다

내 쓸쓸한 마음은 아마 두보나 이백 같은 사람들의 마음
인지도 모를 것이다

아모려나 이것은 녯투의 쓸쓸한 마음이다

– 「두보나 이백 같이」 전문

백석의 시에서 '무의지적 기억'에 의한 상기의 순간에 만나는 것
이 '민속적인 세계'라는 점을 새삼 강조할 필요가 있다. 특히 세시풍
속(명절)을 모티프로 한 민속적 삶의 형상화는 '무의지적 기억'에 의
한 과거와 현재의 동시적 공존이 지향하는 것의 의미를 해명하는 단
서를 제공한다.

세시풍속은 농경문화에 기반을 둔 일종의 계절의례다.[36] 일정한 주기를 갖고 되풀이되는 세시풍속은 일년을 절기로 나누어 계절의 고비마다 쇠퇴하고 약화된 우주의 생명력을 촉진하고 인간의 생존력에도 활기를 불어넣는 제의적 의례라고 할 수 있다. 즉 세시풍속에서 반복되는 순환적인 시간관은 곧 재생의 시간적 의지라고 할 수 있다.[37]

인용한 「두보나 이백 같이」은 이른바 '북방시편'으로 분류되는 작품이지만, 백석의 전형적인 특징이 고스란히 드러나 있다. 시의 도입부에는 세시풍속의 시간이 명기되어 있다. 시적 화자는 고향을 떠나와 먼 이국땅에서 지내는 신세인데, 정월 대보름날에 고향에서 늘 먹던 음식과 가족들을 떠올린다는 것이 주된 내용이다. 이 시가 이채로운 것은 타국과 고향을 이어주는 매개로 "두보"와 "이백"이 설정된 점이다. 아마도 시인 자신으로 추정되는 '현재의 시인'인 시적 화자는 고대의 옛 시인이 지닌 '맑은 마음'을 본받고자 한다. 그 '맑은 마음'이란 어떤 것인가? 고대의 옛 시인들도 명절이 되면 조상이 하던 것처럼 "원소"를 먹으며 위안을 얻는다. 맑은 마음은 이 공동체적 연대감의 다른 표현일 것이다. 그런데 고대의 옛 시인들은 그들의 조상에 대한 기억을 떠올릴 뿐만 아니라 그들의 먼 후손들도 명절에 "원소"를 먹으며 객지생활의 외로움을 달랠 것을 상상한다. 이것이 바로 '맑은 마음'의 정체라고 할 수 있다. 그것은 과거와 현재와 미래의 공존, 과거와 현재로 구성된 공동체만이 아니라 미래의 공동체도 포괄

---

36 최운식 외, 『한국 민속학 개론』, 민속원, 2002, 55~57면.
37 미르치아 엘리아데, 정진홍 옮김, 『우주와 역사』, 현대사상사, 1999, 123면.

하는 공동체적 유대감의 향수다. 고대의 옛 시인들이 지닌 '맑은 마음'은, 달리 말하자면, '무의지적 기억'의 한 경지를 보여주는 것으로 이해해도 무방할 것이다. 이 최상의 '무의지적 기억'의 방식에 의해 미래의 공동체마저 '과거와 현재'의 공동체와 합일된다는 점에서 이 공동체적 유대감은 역사적 경험적 실존을 갖는 것이라기보다는 어떤 초월적인 유토피아로 이해해야 한다.[38]

명절날로 상징되는 세시풍속의 제의적 시간 속에서 시적 화자는 공동체적 합일과 유대감의 회복을 통해 내적 충일감을 경험함으로써 현재의 외로움의 처지를 위로하고 극복할 재생의 힘을 얻게 된다. 이처럼 백석의 시에서 공동체적 합일의 순간을 회복하는 것은 미각과 의례의 무의지적 기억, 세시풍속의 제의적 시간을 매개로 해서 가능하며, 그런 점에서 민속적 시간과 의례는 백석 시의 사상적 근간이자 시적 형상화의 미적 원리라고 할 수 있다.


# 5. 결론


백석은 민족의 공동체적 삶을 복원하기 위해 민속문화의 유산을 시적 제재로 적극 활용한 시인이다. 백석의 시는 '민속적인 것'에 응축되어 있는 공동체적 삶의 풍속을 발굴하고 그 속에 담긴 유대적인

---

38 김재용은 백석이 지향하는 공동체적 합일의 세계가 우주적 합일의 세계에 대한 낭만적 동경으로도 연결된다고 주장한다. 김재용, 앞의 글, 594~596면.

온정과 화목의 기억을 보존하고 음미하고자 한다. 백석 시에서 민속문화는 단순히 소재에 머무는 것이 아니라 특수한 미적 기능을 수행하는 시적 형상화의 방법론에 해당한다. 이 글은 백석 시에 나타난 민속성 또는 민속적 상상력이 지닌 미학적 의미, 즉 그것이 시에서 작용하는 미적인 기능과 역할을 1930년대 후반 문화담론의 맥락에서 검토하였다.

백석 시의 민속성은 1930년대 후반에 나타난 '과거로의 회귀' 또는 '조선적인 것의 복원'이라는 시대적 지향성과의 연관성을 고려할 때 그 특수성을 이해할 수 있다. 이 글은 백석 시의 민속적 상상력이 지닌 시간의식(지향성)이 당대 '조선적인 것'을 추구하는 여러 담론들의 지향성과 구별되는 지점을 포착하고자 하였다. 예컨대 시조의 격조, 특유의 정취를 품은 골동품, 동양적 산수화의 경지 등 『문장』의 심미적 전통주의는 정신적 추상의 영역에 머물러 있는 반면, 백석 시의 민속적 전통주의는 세시풍속과 의례 등 민속적 삶의 세계를 미각과 후각 등 감각을 통해 복원하는 구체적인 생활세계에 밀착해 있다.

한편 김동리의 소설에 나타난 무속적인 전통이 역사 바깥의 무시간성의 지평에 존재하는 것으로 실체화됨으로써 반근대성을 표방하는 반면 백석에게 무속적 요소는 현재의 삶을 치유할 수 있는 것으로 나타남으로써 근대와 절연한 과거의 것으로 머물지 않는다. 또한 백석 시는 미각과 의례를 매개로 한 무의지적 기억, 명절날로 상징되는 세시풍속의 제의적 시간 속에서 공동체적 합일과 유대감을 회복하게 되는데, 이러한 공동체적 유대감은 역사적 경험적 실존을 갖는 것이라기보다는 어떤 초월적인 유토피아로 이해된다. 이것은 동시대의 시들이 고향을 전근대적인 공간에만 존재하는 것으로 대상화하는 과거지향성과 차별화되는 특징이다. 백석 시의 민속적 상상력은 민족적 삶을 복원하는 과거지향적 성격을 갖기보다는 초월적 유토피아를 꿈꾸는 미래지향적인 성격을 지닌다고 할 수 있다.

## 참고문헌

**1. 기본자료**

고형진 엮음,『정본 백석 시집』, 문학동네, 2007.

김기림,「〈사슴〉을 안고」,『조선일보』, 1936. 1. 29.

_____,「장래할 조선문학」,『조선일보』, 1934. 11. 14~15.

김남천,「신세대론 신인의 작품」,『동아일보』, 1939. 12. 19.

노천명,「망향」,『국민문학』, 1940. 6.

박용철,「백석 시집 '사슴'평」, 1936. 4.

오장환,「백석론」,『풍림』 통권 5호, 1937. 4.

임  화,「문학상의 지방주의 문제」,『조광』, 1936. 10.

_____,「역사적 반성에의 요망」,『조선중앙일보』, 1935. 7. 4~16.


**2. 연구논저**

고봉준,「'동양'의 발견과 국민문학」,『한국문학비평과 이론』 35집, 한국문학이론과
　　　비평학회, 2007.

_____,「고향의 발견」,『어문논집』 43집, 중앙어문학회, 2010.

_____,「일제 후반기의 담론 지형과『문장』」,『국어국문학』 152집, 국어국문학회,
　　　2009.

고형진,「백석의 음식기행, 우리문화와 역사의 탐미」,『서정시학』, 2012년 봄호.

김숙이,「백석 시에 나타난 문화소의 특성」,『동북아문화연구』 26집, 동북아시아문화
　　　학회, 2011.

김윤식,「『문장』지의 세계관」,『한국근대문학사상비판』, 일지사, 1984.

_____,『일제 말기 한국 작가의 일본어 글쓰기론』, 서울대학교출판부, 2003.

김은석,「백석 시의 '무속성'과 식민지 무속론: 백석 시의 '무속적 상상력' 재고」,『국
　　　어문학』 48집, 2010.

김재용, 「근대인의 고향상실과 유토피아의 염원」, 김재용 엮음, 『백석 전집』, 실천문학사, 1997:2003:2011.

김재홍, 「민족적 삶의 원형성과 운명애의 진실미」, 고형진 편, 『백석』, 새미, 1996.

김종철, 「30년대의 시인들」, 『문학과지성』, 1975년 봄호.

김주현, 「리듬의 형이상학−김동리와 유기체론」, 최승호 편, 『21세기 문학의 유기론적 대안』, 새미, 2000.

김현·김윤식, 『한국문학사』, 민음사, 1973.

남근우, 『'조선민속학'과 식민주의』, 동국대학교출판부, 2008.

박승희, 「백석 시에 나타난 축제의 재현과 그 의미」, 『한국사상과 문화』 36집, 한국사상문화학회, 2007.

박종덕, 「백석 시에 나타난 음식과 무속의 호명 의미 고찰」, 『어문연구』 61집, 어문연구학회, 2009.

백지혜, 「백석 시에 나타난 '마을' 형상화의 의미」, 『한국근대문학연구』 4권 1집, 한국근대문학회, 2003.

백   철, 『조선신문학사조사: 현대편』, 백양당, 1949.

소래섭, 「백석 시에 나타난 음식의 의미 연구」, 서울대학교 박사학위논문, 2008.

_____, 『백석의 맛』, 프로네시스, 2009.

오태영, 「'향토'의 창안과 조선문학의 탈지방성」, 『한국근대문학 연구』, 7권 2호, 한국근대문학회, 2006.

오태환, 「혼과의 소통, 또는 무속적 요소의 문학적 층위: 김소월·이상·백석 시를 중심으로」, 『국제어문』 42집, 국제어문학회, 2008.

유종호, 「한국의 페시미즘」, 『현대문학』, 1961년 9월호.

이숭원, 「백석 시와 샤머니즘」, 『인문논총』 15집, 서울여대 인문과학연구소, 2005.

전형철, 「백석 시에 나타난 〈무속성〉 연구」, 『우리어문연구』 32집, 우리어문학회, 2008.

정종현, 『동양론과 식민지 조선문학』, 창비, 2011.

조연향, 「김소월 백석 시의 전통성 연구: 민속 수용 양상을 중심으로」, 경희대학교 박사학위논문, 2013.

조현일, 「『문장』파 이후의 문학에 나타난 '조선적인 것'」, 민족문학사연구소 기초학문연구단, 『조선적인 것의 형성과 근대문화담론』, 소명출판, 2007.

최석영, 『일제하 무속론과 식민지 권력』, 서경문화사, 1999.

최운식 외, 『한국 민속학 개론』, 민속원, 2002.

최재서, 「고전부흥의 문제」, 『동아일보』 1935. 1. 30.

최정숙, 「한국 현대시의 민속 수용 양상 연구: 백석 서정주를 중심으로」, 경희대학교 박사학위논문, 2003.

하윤희, 「백석 시의 민속 모티프 연구」, 동국대학교 석사학위논문, 2003.

한이각, 「백석 시에 나타난 민속과 무속의 세계」, 『태릉어문연구』 5/6집, 서울여대 국어국문학과, 1995.

미르치아 엘리아데, 심재중 옮김, 『영원회귀의 신화』, 이학사, 2003.

_____, 정진홍 옮김, 『우주와 역사』, 현대사상사, 1999.

발터 벤야민, 「프루스트의 이미지」, 『서사·기억·비평의 자리』, 길, 2012.

# 백석 시에 나타난 '마을' 형상화의 의미

백지혜_ 포스텍 인문사회학부 대우조교수

● 이 글은 백지혜, 「백석 시에 나타난 '마을' 형상화의 의미」(『한국근대문학연구』 제4권 제1호, 한국근대문학회, 2003)를 재수록한 것이다.

# 1. 서론

1930년대 후반기는 많은 시집의 발간, 다수의 동인지, 문예지와 신문 문예란의 확충으로 문화적 분위기가 일층 고조[1]된 시기다. 이러한 1930년대 후반기에 발간된 백석白石(1912~1995)의 『사슴』(1936.1)은 그 '향토성'이라는 주제를 둘러싸고 양극단의 평가를 동시에 얻게 된다. 박용철은 백석의 향토성을 '일련의 향토주의와는 구별되는 모더니티'[2]라 하였고, 김기림은 백석 시에 쓰인 방언에 착목하여 '향토 취미 정도의 미온한 작위가 아니고, 향토의 생활이 제 스사로의 강렬에 의하여 필연의 표현의 의상을 입었다'[3]라며 고평을 내린다. 백석시에서 보여지는 향토성은 이렇듯 그의 시작詩作 주제에만 한정되는 특징은 아니다. 백석 시에서 "잃었든 고향을 차저낸듯한늣김",[4] "눌박한 민속담을 듣고 (재현한) 소박한 시골 풍경화"[5] 같다는 비유에서 알 수 있는 것처럼, 30년대 경성의 급속한 근대화 과정을 직접 체험하고 있던 당대 문인들에게 백석 시는 이미 토속성과 민속성이 투영된 공간을 구축하고 있다는 판단이 전제되어 있다. 이와 같은 긍정적 평가와는 달려 오장환은 백석 시를 '사투리와 옛니야기, 연중 행사의 묵은 기억등을 그저 볏섬 쌓듯이 구겨 넣'[6]은 것과 같다는 혹평을 가

1  김용직, 『한국현대시연구』, 일지사, 1976, 288~294면.
2  김기림, 「『사슴』을 안고」, 『조선일보』 1936.1.29.
3  박용철, 「백석시집 『사슴』평」, 『조광』 1936.4, 329면.
4  이효석, 「嶺西의 記憶」, 『조광』, 1936.11, 95면.
5  백  철, 『신문학사조사』 현대편, 백양당, 1949, 292면.
6  오장환, 「백석론」, 『풍림』 통권 5호, 1937.4.

했다. 그러나 백석이 근대 문물의 세례를 받은 시인으로서 그의 시가 근대 문명에 대한 자각 없이는 불가능했다[7]라는 관점을 고려할 경우 오장환의 부정적 평가는 오히려 백석의 시세계를 파악하는데 중요한 입지점을 마련해 준다. 1930년대 도시의 근대화를 여타의 시인들과 '동시에' 체험하고 있었던 백석이 그의 시에서 지속적으로 이끌어내고 있는 사투리와 옛이야기, 연중행사(절기) 등은 시인 스스로가 이를 의도적으로 형상화했던 혹은 그렇지 않건 간에 주목할 부분이기 때문이다. 따라서 백석의 시를 리얼리즘[8]이나 모더니즘[9]과 같은 이념을 선행시켜 그의 시를 재단하기보다는, 백석의 『사슴』 시편과 이후의 기행시편에서 지속적으로 형상화된 세계의 의미를 미시적으로 접근하는 것이 보다 유의미한 작업이 될 것으로 기대한다.

아와 같은 미시적 연구로서는 백석의 '고향'에 관한 연구가 가장 활발히 진행되었다. 이 연구의 선편을 쥐고 있는 김종철[10]은 백석의 시가 여타의 1930년대 시와 같이 보편적인 고향상실감에 젖어 있다고 본다. 그는 고향 상실감의 근원을 향수·그리움·망향감으로 규정하였다. 그러나 이러한 결론은 식민 통치라는 시대적 특수성에 너무 얽매인 나머지 백석 시에 나타난 고향의 풍부한 의미망을 놓치고 있

---

7  김미경, 「백석 시 연구—시적 욕망의 변이 과정을 중심으로」, 서울대 석사, 1993, 57면.

8  이동순, 「민족시인 백석의 주체적 시정신」, 『백석시전집』, 창작과비평사, 1987.
   윤지관, 「순수시의 정치적 무의식」, 『외국문학』 17호 1988년 겨울.
   김명인, 「매몰된 문학의 제자리 찾기」, 『창작과 비평』 1988년 봄호.

9  이숭원, 「30년대 후반기 시의 한 고찰—백석의 경우」, 『국어국문학』 90호, 1983.
   김용직, 「토속성과 모더니티—백석론」, 『한국 현대시 해석 비판』, 시와 시학사, 1993.

10 김종철, 「30년대의 시인들」, 『시와 역사적 상상력』, 문학과 지성사, 1978, 11면.

는 것으로 보인다.

한계전[11]은 백석 시에 나타난 고향이 자기 충족적인 의미와 가치를 지닌다는 주장을 하였다. 그의 의견에 따르면 백석의 고향은 화해로운 분위기를 발견하는 가운데 고향의 모든 전설과 풍광과 풍속이 함께 조화를 이루고 있다는 것,그리고 시인은 회상의 형식을 빌어 현실에 결여된 풍요로운 삶을 꿈꾸고 있다는 것이다. 이와 같은 관점은 백석 시에 나타난 '고향'을 '회상하는 자아'를 통해 백석 시에 나타난 고독과 방랑의 의미까지 도출해낸 성과를 제시하였다. 그러나 유년의 고향을 그린 전기의 시편들과 후기의 기행시편들 사이의 자연스러운 연결점을 찾지 못하였다는 한계가 지적될 수 있다.

결국 백석 시를 종합적으로 조망하기 위해서는 전기와 후기 시편의 단절을 매개하는 것이 무엇이냐 하는 점이 밝혀져야 할 것이다. 김윤식[12]의 연구가 그러한데, 그는 백석 시가 갖는 특질로 풍물의 치밀한 묘사와 그러한 풍물의 특수성에 의한 보편성의 발견을 든다. 곧 백석 시는 경상도의 「통영」과 일본의 「柿崎의 바다」를 같은 수준으로 읊었던 토속성과 이국성의 등가의식을 갖추고 있었고, 그로 말미암아 풍물에게 말을 거는 '이야기체'의 형식이 그의 시에서 가능했다는 것이다. 김윤식의 이러한 논의는 백석의 시가 평북 정주지역의 문

---

11 한계전, 「윤동주 시에 있어서의 '고향'의 의미」, 『세계의 문학』 46, 1987년 겨울, 76~80면.
　　　　, 「1930년대 시에 나타난 '고향'이미지에 관한 연구−백석, 오장환, 이용악을 중신으로」, 『한국문화』 16호, 서울대 한국문화 연구소, 1995, 84~88면.
12 김윤식, 「백석론−허무의 늪 건너기」, 『우리 소설을 위한 변명』, 고려원, 1990, 112~116면.

학적 풍토의 소산[13]이라는 기존의 연구를 넘어서, 백석 시가 갖는 보편성의 본질을 파악하려는데 중점을 두고 있다.

　우리는 여기에서 백석이 그가 일본 동경의 청산학원에서 수학했고, 『조선일보』와 『조광』지에서 근무[14]했던 기자의 시선이 시인의 감각과 더불어 내재되어 있었으며, 통영과 진천으로의 여행이 그에게는 중요[15]하게 작용했다는 전기적 사실을 주목해야 한다. 이와 같은 백석의 전기적 사실은 『사슴』 및 그의 초기 단편에서 보이는 고향의 공동체적 풍요로움이 '회고'되는 것이 아니라 '발견'되고 있으며, 백석 시에서 일관되게 다루어져 온 '고향'이란 보다 구체적으로 '마을'[16]을 중심으로 벌어지는 이야기 속에 놓여 있다는 것, 그리고 백석의 시가 삶의 현장을 엿보면서 비껴나가고 있다[17]는 지적과 연관을 맺고 있다. 즉, 그는 '기자' 혹은 '여행자'의 시선으로 고향 '마을'을 그리고 있었던 셈인데, 이는 백석의 초기 『사슴』시편과 이후의 기행시편에서 지속적으로 구축된 '마을'의 의미가 보다 문제적임을 시사한다.

　이 글에서는 이와 같은 연구들을 기반으로 하여, 백석의 전—후기

---

13 박혜숙, 「평북 정주 지역의 문학 풍토와 시인 연구」, 『국어국문학』 120호, 1997, 302면.

14 백석의 연보는 다음의 책들을 참조하였다. 송준, 『남신의주 유동 박씨봉방—세계 최고의 시인 백석 일대기』, 지나, 1994; 정효구 편, 『백석』, 문학세계사 1996.

15 이명찬의 견해에 따르면 1934년부터 1936년 4월까지의 세 차례의 통영 방문이 백석의 시에 보다 중요한 영향을 끼치고 있음을 시사하고 있다. 따라서 백석의 통영행은 '여행' 혹은 '유랑'이냐의 시비의 문제를 떠나서 시인의 '의지적 유랑'이 시작되는 보다 근본적인 지점이다. 이 글의 논의도 이러한 시각에 힘입은 바 크다. 이명찬, 「1930년대 후반 한국시의 고향의식 연구」, 서울대학원 박사학위 논문, 1999, 60면.

16 신범순, 「백석의 공동체적 신화와 유랑의 의미」, 『한국현대시사의 매듭과 혼』, 민지사, 1992, 180~187면.

17 김윤식, 앞의 책, 106면.

시에서 일관되게 형성된 고향의 의미가 '마을'을 중심으로 보다 구체화되고 있으며, 또한 백석의 시세계를 이루는 하나의 중심축임을 밝히고자 한다. 그리고 이것은 정지용, 이상, 김기림과 함께 30년대 경성의 근대화를 직접 체험한 백석이 다른 30년대 시인과의 내밀한 대별점을 확보하기 위한 수단으로 '절기'와 '풍속'이 드러나는 '마을'공간을 시적 공간으로 끌어들이고 있다는 가설 위에서 전개한다. 이와 같은 문제의식을 기반으로 이 글의 2장에서는 백석 시가 갖는 절기節氣와 제축祭祝의 의미를 살펴보고, 3장에서는 이를 바탕으로 유랑을 통해 발견한 백석의 마을이 갖는 지향점의 의의를 논의해 볼 것이다. 따라서 4장은 백석의 시에 나타난 '마을'의 의미가 시인의 시세계와 보다 긴밀한 연관을 지니고 있음을 밝히고 있다.

## 2. 제의와 풍속의 두 가지 의미

백석 시에서 관심의 초점이 된 것은 끊임없이 되풀이되어 내려오는 순환적 절기의 풍속[18]들이다. 이러한 순환적 절기는 그의 시에서 전통적 세계의 추상적 이념이 아니라, 인간의 현재의 생활에 과거의 사건들을 재생시킴으로써 인간 경험을 확충시키는 가능[19]을 하고 있다. 가령 백석은 「여우난곬族」에서 명절날에 즐기는 놀이명의 나열

---

18 신범순, 「현대시에서 전통적 정신의 존재형식과 그 의미: 김소월과 백석을 중심으로」, 『국어교육』 96호, 한국어교육학회, 1998, 446면.

19 Cox Harvey Gallaphet, 『바보제-제축과 환상의 시학』, 현대사상, 1973, 18면.

을 통해 과거를 재생시킨다.

> 명절날나는 엄매아배따라 우리집개는 나를따라/진할머
> 니 진할아버지가있는 큰집으로가면//(…중략…)//저녁술을
> 놓은아디들은 외양간섶 밭마당에달린/배나무동산에서/쥐
> 잡이들하고 숨굴막질을하고 꼬리잡이를/하고 가마타고 시
> 집가는노름 말타고장가가는/노름을하고 이렇게 밤이어둡
> 도록 북적하니/논다/밤이깊어가는집안엔 엄매는엄매들끼
> 리 아르간/에서들웃고 이야기하고 아이들은 아이들끼/리
> 웇간한방을잡고 조아질하고 쌈방이굴리/고 바리깨돌림하
> 고 호박떼기하고 제비손이/구손이하고 이렇게희디의사기
> 방등에 심지를/몇번이나독구고 홍게닭이몇번이나울어서
> 조/름이오면 아릇목싸움 자리싸움을하며 히드/득거리다
> 잠이든다 그래서는 문창에 텅납/새의그림자가치는아츰 시
> 누이동세들이 욱적/하니 흥성거리는 부엌으론 샛문틈으로
> 장/지문틈으로 무이징게국을끄리는 맛있는 내음/새가 올
> 라오도록잔다
>
> ―「여우난곬族」 부분(『사슴』[20] 중)

명절의 분위기를 생생히 느끼게 해주는 요인이 바로 꼬리잡이·가
마타고시집가는노름·말타고장가가는노름과 조아질(공기놀이)·쌈방

---

20 앞으로 시집 『사슴』은 『한국현대시사자료집성』(태학사, 1997)에서 인용하기로 한다.

(주사위놀이)·밥두껍을 돌리는 바리깨돌림·호박떼기와 같은 놀이의 나열에 있다는 것은 주목할 일이다. 백석 시에서 나열되는 이러한 놀이들은 단지 과거를 회상하고, 시적 자아의 향수와 그리움을 나타내기 위한 것이 아니다. 명절의 아침부터 밤이 깊어 가는 동안 '엄매들끼리 웃고 이야기하는' 모습 뒤로 '아릇목싸움 자리싸움을 하며 히드득거리다' 잠이 드는 아이들의 모습은, 마을의 모습을 구체적으로 떠올릴 수 있도록 하고 있으며, 여기서의 어린아이들의 유희는 오히려 제의나 축제 형식에서 발전했다[21]고 보는 것이 타당할 것이다. 이러한 놀이의 응축성이 상기시키는 동일한 감각은 「고야」에서도 드러난다. 「고야」에는 음식물의 이름들이 나열되고 있다.

> 내일같이명절날인밤은 부엌에 쩨듯하니 불이/밝고 솥뚜껑이놀으며 구수한내음새 곰국이/무르끓고 방안에서는 일가집할머니가와서/마을의소문을펴며 조개송편에 달송편에 죈/두기송편에 떡을빚는곁에서 설탕든콩가루소가/장맛있다고생각한다/나는얼마나 반죽을주물으며 흰가루손이되여/떡을빚고싶은지모른다
>
> – 「고야」 부분(『사슴』 중)

곰국과 송편, 설탕든 콩가루소는 '나'에게 명절의 세계로 이끈다. 이러한 음식물의 열거는 명절에 대한 기억을 재생시키는 요인으로

---

21 이상일, 『굿과 놀이』, 문음사, 1981, 164면.

작용하며 이는 점차적으로, "제사ㅅ날이면 귀먹어리할아버지가에서 왕밤을/밝고 싸리꼬치에 두부산적을께"며(「고방」, 『사슴』 중), "가까이 잔치가 있어서/곱디고흔건반밥을 말리우는마을은/얼마나 즐거운 마을인가"(「고성가도—남행시초3」, 『조선일보』 1936.3.7.)라는 구절에서 알수 있듯이 희극적이고 즐거운 축제적 모습으로 확산된다. 여기서 앞서의 인용시의 주인공들이 유년기 화자임을 주목할 필요가 있다. 그간 백석 시에서 유년기 화자의 의미는 과거로의 퇴행이나 회귀를 위한 장치로 성명되어 왔다. 그러나 유아幼兒의 개념을 단지 문맥 그대로의 '어린이'로만 받아들일 필요는 없다. 유년기 화자는 다른 층위의 표현으로 해석될 수 있는데, 이것은 백석이 의도하는 명절의 의미가 단지 즐겁고 놀이적인 축제의 개념에만 입각해 있지 않고, 제의와 축제라는 두 가지 의미를 모두 가지고 있기 때문이다.

축제의 일반적인 성격은 여러 가지 측면에서 논의될 수 있겠으나, 그 중 '놀이'와 성스러움이라는 측면에 입각하여 축제를 집단적인 실체의 표현 양식[22]으로 파악할 수 있다. 백석 시의 축제에서는 희극적인 면모를 통한 놀이의 절정이 곧 축제의 절정으로 파악되지는 않고 있다.[23] 이는 곧 백석의 시가 갖는 독특한 층위와 연관되는데 그의 시에서는 늘 희극적 성격 이면에 비극적인 성격이 존재하고 있다는 점과 통한다. 백석 시에서 드러나 있는 유년기 화자가 제시하는 희극적이고 놀이적인 모습은 일종의 상징적인 환각일 수 있음을 상

---

22 Caillois Roger, 『놀이와 인간』, 문예출판사, 1994.(Duvignaud Jean, 『축제와 문명』, 한길사, 1998, 82면에서 재인용)

23 Duvignaud Jean, 위의 책, 83면.

기시켜 본다면, 그의 시에서 드러나는 유년기 화자의 모습은 연극적
인 축제에서 사용되는 가면의 모습[24]과 같다. 유년기 화자가 지니는
희극성은 애기 무당의 모습으로 변주되기도 하는데, 이것은 그의 시
가 '마을'이라는 공간에서 벌어지는 사람들의 희극적이고도 비극적
인 삶을 동시에 견지하고 있다는 것과, 그리고 백석의 시선이 이 두
가지 측면을 포착하고 있음을 암시한다.


　　갈부턴같은 藥水터의山거리/旅人宿이 다레나무지팽이
　　와같이 많다//시내ㅅ물이 버러지소리를하며 흐르고/대낮
　　이라도 山옆에서는/승냥이가 개울물 흐르듯 울다//소와말
　　은 도로 山으로 돌아갔다/염소만이 아직 된비가 오면 山
　　개울에놓인다리를건너 人家근처로 뛰/여온다//벼랑탁의
　　어두운 그늘에 아츰이면/부헝이가 무거웁게 날러온다/낮
　　이되면 더무거웁게 날러가버린다//산넘어王十里서 나무
　　뒹치차고 싸리신신고 山비에촉촉이 젖어서 藥/물을 받으
　　러오는 山아이도있다//아비가 앓른가부다/다래먹고 앓른
　　가부다//아래ㅅ마을에서는 애기무당이 작두를타며 굿을
　　하는때가 많다

　　　　　　　　　　　　　　－「山地」 전문(『조광』 1권 1호, 1935.11)

---

24 축제에서 사람들은 가면을 통해서 의사소통을 하게 된다. 즉, 가면의 형태가 어떠하든 그것은
　지배하고자 하는 힘을 나타내면, 사람들 역시 그 가면이 신의 인성을 연기하고 있을 뿐이라는
　것을 알고 있다. 가면은 존재하고 있는 인물을 통해서 존재하지 않는 인물을 나타내고, 이러
　한 비존재성은 존재하고 있는 인물들의 놀이를 통해서 표현된다. Duvignaud Jean, 위의 책,
　100~102면.

「山地」의 1연부터 4연까지는 백석의 시중 가장 이질적인 계열로 분류되어 온 「靑柿」(『사슴』), 「山비」(『사슴』), 「비」(『사슴』)와 같이 이미지[25] 계열의 수법으로 쓰여졌다. 그러나 백석 시는 이러한 세련된 이미지의 묘사와 동시에 사람들 사이의 비극적 현실을 생생하게 제시하고 있다. 산 넘어 십오리를 뛰어오는 아이가 있다. 아이는 산비에 젖었으나, 그럼에도 뛰어야 한다. "아비가 앓른가"라는 화자의 추측을 뒷받침하는 것은, 그 뛰어오는 아이가 손에 쥔 것이 바로 아비를 치료할 "약물"이었기 때문이다. 이러한 광경을 배경으로 "아래ㅅ마을에서는 애기무당이 작두를타며 굿을하는때가 많다"는 구절이 제시되고 있는데, 이 구절은 「山地」에서뿐만이 아니라 「三防」에서 다시 반복되고 있다. 동일한 시 구절이 다른 시에서도 계속 반복되고 있다는 것은, (애기) 무당이 작두를 타는 의미가 "비난수를 하는 젊은새악시들"(「오금덩이라는곧」)의 바램들처럼 무엇인가 이루어지기를 바라는 주술적 의미를 담고 있다는 것을 의미한다. 즉 이들 시에서는 축제가 갖는 두 가지 성격[26] 중 하나인 제의성이 두드러진 것인데, 이렇게 의도적이고 계산된 제의는 초월적인 힘을 불러내 일정한 제식을 거행하는 엄격한 절차와도 같다. 백석 시에서는 이렇듯 제사의 본질과 닮아 있는 시편들이 있다. "건년마을 사람이 물에 빠져 죽

---

25 김승구는 이러한 계열의 시들이 백석이 당대에 유행하던 이미지즘 기법을 수용하여, 외부 풍경을 즉물적 시각으로 묘사해 놓았다고 보았다. 김승구, 「백석 시의 낭만성 연구」, 서울대 석사학위논문, 1997, 25면.

26 이상일은 굿을 제의성과 축제성으로 이분화한다. 그는 그동안 굿 관념의 경건성과 진지성만 거론된 채, 무의식적으로 굿의 유희성, 경쾌성, 재미와 즐거움이 금기가 되어 왔다고 지적한다. 「굿의 양면성−제의와 축제」, 『축제의 정신』, 성균관대학교출판부, 1998, 243면.

은 소문"이 있는 날 "마을에서 삼굿"(「여우난곬」, 『사슴』)을 행하는 것은 바로 이와 같이 쓸쓸한 자의 넋을 달래주는 집단적 행위다. "병이 들면 풀밭으로가서 풀을뜯는 소는 人間보다靈"하다는 이야기를 해주는 "칠십넘은 장로"(「절간의소이야기」, 『사슴』) 역시 신령을 불러내는 무당과 같은 신과 인간 사이의 매개항이 되고 있다. 그러나 여기서 주의할 점은 앞서도 지적하였듯이, 백석의 시 세계에서 드러나는 제축의 의미가 희극성과 비극성의 어느 한 곳에만 안주하고 있지 않다는 것이다. 그렇다면 그의 시 세계에서 지속적으로 전개되는 이러한 제축의 세계가 어떤 모습으로 변이되는가를 고찰해보자. 백석 시에서 나타나는 놀이와 흥겨움의 세계가 동시에 조망하는 비극적 작업은 바다를 소재로 한 일련의 시에서 보다 선명히 드러나고 있다.

> 저녁밥때 비가들어서/바다엔배와사람이 흥성하다/참대
> 창에 바다보다푸른고기가께우며 섬돌에곱/조개가붙는집
> 의 복도에서는 배창에 고기떨/어지는소리가들렸다//이슥
> 하니 무릭에 누굿이젖은 왕구새자리에서/저녁상을받은 가
> 슴앓는사람은 참치회를먹지/못하고 눈물겨웠다
>                                                    −「柿岐의바다」 전문(『사슴』 중)

위의 시 배경인 바닷가는 비가 내리고 있는 저녁에 배와 사람들이 흥성한 것으로 묘사된다. 저녁상을 받은 사람이 눈물겨워 하는 것은 그 흥성함 속에 스스로 놓여있는 것을 알기에 가능한 우울이다. 즉 백석은 가장 흥성한 배경을 먼저 제시하고, 그 뒤에 황폐한 일상

을 제시함으로써 더욱 풍부한 이야기를 건지고 있는 것이다. 백석 시를 지배하는 희극과 비극의 동일한 양가감정은 그의 기행시편인 『남행시초』에서도 역시 찾아볼 수 있다. 백석은 1936년에 조선일보에 『남행시초』를 4회에 걸쳐 연재한 적이 있다. 『남행시초』 역시 「柿岐의 바다」에서처럼 흥성함 속의 우울이 일정하게 내재되어 있다.

> 졸레졸레 도야지새끼들이간다/귀밑이 재릿재릿하니 볏이 담복 따사로운거리다//재ㅅ덤이에 까치올으고 아이올으고 아지랑이올으로//해바라기 하기조흘 벼ㅅ곡간마당에/벼ㅅ집가티 누우란 사람들이 둘러서서/어늬눈오신날 눈을츠고 생긴듯한 말타툼소리도 누우라니//소는 기르매 시고 조은다//아 모도들 따사로히 가난하니
>
> –「삼천포–남행시초 4」 전문(『조선일보』 1936.3.8.)

"귀밑이 재릿재릿하니 볏이 담복 따사로운거리"와 "해바라기 하기조흘 벼ㅅ곡간마당에"의 밝은 이미지와 포개어지는 것은, "모도들 따사로히 가난하니"라는 구절이다. 따뜻하고 "해바라기 하기조흘" 항구에서 화자는 그것의 따사로운 분위기만이 아닌, "벼ㅅ집가티 누우란" "말다툼 소리가"가 들리는 가난한 풍경을 동시에 길어올리고 있다. 따라서 이 시를 식민지 시대의 가난이 남아있는 항구의 모습을 잘 그려냈다[27]고 해석하는 것은 다소 피상적일 수밖에 없는데, 그의

---

27 송준, 앞의 책, 236면.

수필[28]을 통해 확인할 수 있는 바와 같이 시인 백석의 모습에는 밝고 따뜻함을 기조로 하는 희극적인 즐거움과 함께 "까닭모를 敗負의 그 읍울"이 그 이면에 늘 스며있기 때문이다.

시집 『사슴』에서는 제축에서 파생된 '놀이'나 '음식물'이 그의 시 세계의 중요한 소재로 등장하고 있다. 백석 시에서의 '음식물'은 그의 시적 사유를 촉발하는 중요 요인인데, 이러한 관점은 다음과 같은 기행시편에도 적용될 수 있다.

「求場路—서행시초 1」(『조선일보』 1939.11.8.)에서 보이는 음식물에 대한 따뜻한 애상은 시적 화자가 춥고, 가난하고 배고픈 현실에 처해 있는 것과 대조된다. "산모퉁고지 하나 도는 동안에 옷은 또 함북 젖었"고 "한 이십리 걸어도 거리는 뵈이지 않은" 때에 시적 화자는 "따끈한 삼십오도 소주"와 "시래기국에 소피를 넣고 두부를 두고 끊인 술국"을 그리워하는 것이다. 『사슴』 시편에서 드러나는 음식물들이 명절을 상기하는 이야기의 중심 속에 있었다면, 기행시편에서는 우선 시적 화자의 배고픈 현재의 상황과 따뜻한 음식물의 아이러니한 대조가 부각되어 있다. 음식물에 대한 상상력은 이후의 기행시편에서도 연속된다.

「월림장—서행시초 4」(『조선일보』 1939.11)에서는 "옛날이 사는 장거리"의 한 가운데에 "꿀보다도 달다는 강낭엿", "기장차떡", "기장

---

28 立春이드는날 나는 空日無休의오뛰쓰에지각을 하는길에서 겨울이 가는 것을 섭섭이녁이지못했으나 봄이오는 것을 즐거히 녁이지는 안헛다. 봄의그懸欄한 浪漫과美아패 내 육신과 精神이 얼마나 약하고 가난할것인가. 立春이와서 봄이오면 나는 어쩐지 까닭모를 敗負의 그읍울을 느끼어야 할 것을 생각하며 나는차라리立春이업는 歲月속에잇고싶다. 「입춘」, 『조선일보』 1939.2.14.

쌀로 쑨호박죽"이 있다. 시적 화자가 지금의 장터를 보면서 옛날 장거리를 떠올리는 것은 예전부터 지금까지 있어왔던 음식물 때문인 것이다. 흥성함과 번화함으로 가득찬 장거리는 곧 음식물의 풍성함으로부터 연상되는 것이며, 이러한 연상방식은 여기서 그치지 않는다. 「북신—서행시초」(「조선일보」 1939.11.8.)는 음식물의 '내음새'가 유도하는 상상의 세계다. '모밀' 내음새가 나는 '거리'에서 화자는 부처를 위하는 정갈한 노친네를 떠올리기도 하나, 이와 동시에 '가슴에 뜨근한 것'을 느끼게 해주는 '소수림왕'과 '광개토대왕'이 동시에 존재한다. 「월림장」에서는 현재 눈앞에 놓인 음식물이 현재와 과거를 잇는 매개항이 되고 있다. 「북신」에서 내음새가 촉발하는 사유도 이와 비슷한 방향을 띠고 있는데, 이것은 기행시편에서 '음식물'이 갖는 중요한 역할을 알려준다. 제축에서 쓰이는 음식물들이 조상과 우리, 과거와 현재를 연결시킬 수 있다면[29] 백석 시의 '음식물'도 이와 같은 역할을 하고 있는 것이다. 이렇게 제축에서 파생된 음식물의 개념은 『사슴』 시편과 기행시편의 공통된 매개항이다.

실제 백석의 시에서는 '생각한다'[30]라는 단어가 많이 등장하고 있다. 음식물은 시적 자아의 이러한 사유행위를 촉발하는 매개물이다. 이러한 사유의 확산은 단지 따뜻하고 즐거운 면으로만 향하는 것은 아니다. 즉, 백석은 음식물을 통해 사람들을 엮고 있으며 기행시편에

---

29 제축에서 쓰이는 음식물들은 과거의 문화영웅, 건국시조 등과 같은 과거의 인물들과 현재의 우리를 연결시킨다. 이상일, 앞의 책, 67면.

30 윤지영은 백석 시에서 45회 정도 등장하는 '생각한다'란 어휘에 착안하여, 백석 시에서 보이는 소재들을 기호의 해독과정으로 설명하고 있다. 윤지영, 「백석 시에 드러나는 시적 주체의 사유 연구」, 서울대 석사학위논문, 2001, 8면.

서 보여지는 이 '음식물'을 통해 사람들의 가난한 풍경이 끌어 올려지고 있는 것이다. 다음의 인용시는 백석 시가 갖는 따뜻한 전면 뒤에 녹아있는 가난한 면을 잘 드러내준다.

돌각담에 머루송이 깜하니 익고/자갈밭에 아즈까리알이 쏟아지는/잠풍하니 별발은 곬작이다/나는 이곬작에서 한 겨울을날려고 집을한채 구하였다/집이 몇집되지않는 곬안은/모두 터앞에 김장감이 퍼지고/뜰악에 잡곡낙가리가 쌓여서/어니세월에 뷔일듯한집은 뵈이지않았다/나는 작고 곬안으로 깊이 들어갔다//곬이다한 산대밑에 작으마한 돌능와집이 한채있어서/이집 남길동닭안주인은 겨울이면 집어내고/산을동아 거리로날여간다는말을하는데/해발은 마당에는 꿀벌이 스무나문통있었다//낮기울은날을 해ㅅ볕 장글장글한 퇴ㅅ마루에 걸어앉어서/지난여름 도락구를타고 長進땅에가서 꿀을치고/돌아왔다는 이 벌들을 바라보며 나는/날이 어서 추워저서 쑥꾹화꽃도 시들고/이 바즈런한백성들도 다 제집으로 들은뒤에/이곬안으로 올것을 생각한다

－「山谷－함주시초5」 전문(『조광』 1937.10)

산속에 있는 시적 화자는 지금 한겨울을 나기 위해 집을 한 채 구하고 있다. 세월을 보내고 싶은 집은 보이지 않고, 화자가 안주하고 싶은 '곬'안은 김장감과 잡곡 낟가리와 같은 음식들이 쌓인 '웁울'한

공간이다. 이러한 좁은 공간 속에서 화자는 오히려 자꾸 '곬'안으로 깊이 들어가고 싶어한다. 이 '곬'이 주는 폐쇄적인 이미지는 산곡에서 드러나는 '머루송이의 볕바른 곳'과 '햇볕 장글장글한 툇마루' 등과 같은 陽地의 공간과는 사뭇 대조적이다. 즉 음식을 보관하는 '곬'이 '읍울'하고 폐쇄적인 이면과 겹쳐진다는 점은 백석의 후기시로 갈수록 두드러지는 측면이다. "국수집의 메밀가루포대가 그득하니 쌓인 옷간"에서, 목침들에 새까마니 낀 때를 보며 "사람들의 얼굴과 生業과 마음들을"(「산숙-산중음1」, 『조광』, 1938.3.) 생각해보며, "포근한 봄철날 따디기의 푹석한 밤"과 "거리에는 사람두 많이나서 흥성흥성"하여 "싸단니고" 싶은 밤에 내가 생각하는 것은 "하이얀 지리우에서 마른팔뚝"을 가진 아버지와 "살틀하든 동무가 나를 벌인일"과 "〈아서라 세상아〉라도 들을 유성기도 없는 것"(「내가 생각하는 것은」, 『여성』 3권 4호, 1938.4)등이라 시적 화자는 늘 흥성함 속에 내재된 이면의 본질은 꿰뚫고 있기에, 이러한 사유의 힘은 하나의 단일한 시선에 의해 이루어지는 것이 아니다. 즉 흥성함과 우울이 동시에 진행되고 있고, 따뜻함과 가난한 풍경이 사유 속에 나란히 놓여 있는 것이다.

이렇듯 백석의 시속에 숨겨진 습속과 제축이 갖는 놀이와 비극적 성격의 면모는 이후의 시편에서도 역동적으로 합일되어 진행되고 있었다. 요컨대 제축에서 파생된 이러한 두 가지 기본적 골격이 그의 시에서 흥성함 속의 우울로, 혹은 따뜻한 전경 뒤의 가난함의 인식 [31]

---

31 이명찬은 백석의 시, 소설, 수필의 작품활동에서 끊임없이 옛 것, 낡은 것, 가난한 것, 시골스러운 것, 힘없고 약한 것 쪽으로의 지향을 보이는 것을 두고 '의도하지 않고는 있을 수 없는 일'이라고 규정짓는다. 이명찬, 앞의 논문, 74면.

으로 변주되어 나타나는 것이다.


## 3. 발견으로서의 절기와 풍속

1938년 3월 『여성』지에는 백석의 흥미로운 설문지가 실려 있다. 서울에 온 첫인상에 대해 묻는 기자의 질문에 백석은 "건건 쩝쩔한 내음새나고 저녁때까지 서글픈 거리"였다고 말한다. 현대성의 본성을 꼽아 '도시성'이라고 해도 좋을 만큼, 도시는 새로운 문물의 도입이 가장 먼저 이루어지는 곳이었으며 이런 도시화는 당대 지식인에게는 '문명화'의 척도[32]였다.

1930년대 서구적인 문물의 유행 속에서 정지용, 김기림, 이상, 오장환 등의 시인들 또한 근대적인 도시문명이 주는 감각과 인상, 우울한 정조 등을 그들 문학의 독특한 배경으로 구성하였다. 비록 그들이 도시 문명에 대한 저항과 반감이 있다 해도 도시 속에서 깊이 배어든 미묘한 상상력과 이미지, 퇴폐적인 정조 등은 그들의 문학을 구성하는 데 빼놓을 수 없는 본질적인 것[33]이었다. 그러나 당시 경성의 모습에 대한 백석의 반응은 새로운 문물을 소유하지 못하는 이들의 좌절감[34]이라고 파악할 수 없다. 수필 「마포」(『조광』 1935.11)에서도

---

32 김진송, 『서울에 딴스홀을 허하라―현대성의 형성』, 현실문화연구, 1998, 244~245면.

33 신범순, 「반근대주의적 魂의 詩學에 대한 고찰―서정주를 중심으로」, 『한국시학연구』 제4호, 한국시학회, 2001, 192~193면.

34 김진송, 앞의 책, 75면.

알 수 있듯 당시 한강 나루변의 변화되어 가는 모습에 대해 백석은 "이 江에 정을 못들이겠다"고 선언하고 있는 것이다. 백석 역시 "맥고모자를쓰고 삐루를마시고 거리를 거닐"[35]던 모더니스트였으나, 그의 예민한 시선은 결국 1930년대의 여타 시인들과는 다른 방식으로 자신만의 시 세계를 구축하고 있었다.

> 이번겨울은 小大寒추위를모두 天安三居里 마른능수버들아래 마젓다. 일이잇서 忠淸道鎭川으로 가던날에 모두 小大寒이 들엇던것이다. **나는 공교로이 타관길에서 이런 이름잇는날의추위를 떨어가며 절기라는것의 神妙한것을 두고두고 생각하였다.** (…중략…) 나는 실상 해보다 달이조코 아침보다저녁이 조흔것가티 陽曆보다는 陰曆이 조흔테 생각하면 오고간는 절기며 들고나는 입물이 우리生活과 얼마나 神秘롭게 얼키엇는가. **절기가 뜰적마다 나는 故鄕의 한울과땅과 사람과눈과비와 바람과꼿들을 생각하는데 自然이 시골이 아름답듯이 歲月도 시골이 아름답고 사람의生活도 絶對로 시골이아름다울것갓다.**[36](강조: 인용자)

위의 인용문은 백석이 타관에서 대소한의 추위를 겪으며 쓴 글이

---

35 수필 「동해」(『동아일보』 1938년 6월 7일)는 백석의 모던한 취향을 알려주는 단서가 된다. 그리고 김자야의 글을 통해서도 당시 백석은 이미 '함흥 최고의 멋쟁이'라는 평판을 듣고 있었음을 알 수 있다. 김자야 구술, 이동순 정리, 「백석, 내 가슴 속에 지워지지 않는 이름」, 『창작과비평』 1998년 봄호, 338면.

36 수필 「입춘」, 『조선일보』 1939. 2. 14.

다. 이 글에서 우리는 그가 '타관'에서 '절기'의 신묘함을 두고두고 생각한 점, '절기'와 관련되어 우리의 생활이 얽혀 있다고 보고 있으며, '절기' 때마다 '고향'의 하늘과 땅을 그리고 사람과 자연을 '생각'하고 있음을 주목해 볼 수 있다. 즉, '타관'에서 '절기'를 그리고 있을 때, 그리고 그 속에 우리의 생활이 얽혀있음을 '발견'할 때, 시인은 고향의 '마을'을 보다 적극적으로 인식한다. 이와 같은 관점은 백석 시에서 그려지는 '마을'이 보수적, 퇴영적 공간으로 멈추는 것이 아닌, 시인의 시선으로 확고하게 재인식된 의도된 공간으로 연결되고 있음을 의미한다.

　앞서 언급하였듯이 백석의 『사슴』에서 형성된 '마을'의 의미는 '제의'나 '축제'의 관점에서 논의될 수 있었다면, 이후의 시들에서 그려지는 '마을'은 '절기'나 '세시풍속'을 적극적인 모티프로 삼음으로써 그의 시 영역을 확장해 나간다. 여기서 주목할 점은 이러한 '절기'나 '세시풍속'이 통영과 함흥, 그리고 만주 등지와 같은 이국과 이향을 여행하면서 얻어진 시적 산물이라는 것이다. 백석은 이미 초기 시에서도 이국과 이향에 대한 관심을 조심스럽게 내비친다. "달빛"을 보면서도 "異鄕"(「석榴」, 『사슴』 1936.1.20.)을 떠올린다던가, 다른 나라의 국도 위에서 "촌중의 새악시"(「伊豆國小街道」, 『詩와 小說』, 1936.3)가 겹쳐지는 장면 등은 모두 '이국'이나 '이향'을 배경으로 쓴 시들이다. 그러나 이 시들에 나타난 "이향"이 백석의 1930년대 일본의 이즈반도 체험과 겹쳐져 있다거나, 「석榴」의 달빛이 함경남도 지방 달빛이라고 쉽사리 추정하기 어렵다. 「안동」(『조선일보』 1939.9.13.)에서 보여지는 "異邦거리" 역시 1939년 무렵 백석이 만주의 新京을 다녀왔거나, 혹은 북만주의 산간오지 여행을 통해 얻어진 시각이었다는 것이 명확하게 드러나지 않는다. 즉, "안개가튼 비가 나리는 속에", "콩기름 쪼리는 내음새 속에", "되앙대 켜는 되앙금소리속에"에서 알 수 있듯 안개가 내리는 것을 보면서, 내음새와 소리 속에서 異邦을 발견하고 있다는 것은, 백석 시가 지향하는 공간의 의미가 보다 보편지향적인 공간임을 암시한다. 즉, 지리적 공간을 배경으로 해서 쓰여진 시들이기에 백석 시에서 드러나는 이향편력이 어떤 특정한 장소를 염두에 두고 쓰여진 것이라고 범박하게 말할 수는 없다. 오히려 전기와 후기 시편에서 공통적으로 찾아 볼 수 있는 시인의 '유랑'과 '여행'은, 낯선 이국異國과 타향을 두루두루 편력함으로써 자기의 고유한 것에 익숙37해지기 위한 방편이었다. 그 결과 백석은 여행에서 얻어진 시선을 통해서 더욱 뚜렷하게 다가온 자기의 고유한 것, 즉 자기 마을에서 펼쳐지는 절기와 풍속을 중심으로 시의 영역을 확장시켜 나간 것이다.

「杜甫나李白같이」(『인문평론』, 1941.4), 「칠월백중」(『문장』, 1948.10), 「오리」(『조광』 2권 2호, 1936.2) 등은 각각 정월 대보름, 백중날, 청명과 같은 절기를 소재로 삼고 있다.

---

37 Heidegger의 관점에 따르자면, 시인은 자기의 고유한 것에 익숙해지기 위하여 '이국'의 생소한 것을 사랑한다. 낯선 이국을 편력하는 것은 자기를 냉철하게 파악하는 계기가 되는 것이다. 이 말속에는 시인의 운명이 본질적으로 '저 너머'를 回想할 수밖에 없다는 개념이 내포되어 있다. 백석 시에서 제의, 명절, 습속과 연결되어 '생각하다'라는 동사가 강조(윤지영, 앞의 논문 참조)되는 것도 바로 이러한 점에 근거한다. Heidegger Martin, 『시와 철학─횔더린과 릴케의 시세계』, 박영사, 1980, 114~115면.

오늘은 正月보름이다/대보름 명절인데/넷날 杜甫나 李
白같은 이나라의 詩人도/먼 타관에 나서 이 날을 맞은일
이 있었을 것이다/(…중략…)/나는 오늘 때문은 입듯옷에
마른물고기 한토막으로/ 혼자 외로혀 앉어 이것저것 쓸쓸
한 생각을하는 것이다/(…중략…)/먼훗날 그들의 먼 훗자
손 들도/그들의 본을 따서 이날에는 元宵를 먹을 것을/외
로히 타관에 나서도 이 원소를 먹을 것을 생각하며/그들
이 아득하니 슬펐을 듯이/나도 떡국을 노코 아득하니 슬
플것이로다/아, 이 정월대보름 명절인데/거리에는 오독독
이 탕탕 터지고 胡弓소리 뻘뻘높아서/내쓸쓸한 마음엔 작
고 이 나라의 넷詩人들이 그들의 쓸쓸한 마음들이 생각난
다/ 내 쓸쓸한 마음은 아마 杜甫나 李白같은 사람들의 마
음인지도 모를 것이다/아모려나 이것은 넷투의 쓸쓸한 마
음이다.

　　　－「杜甫나 李白같이」 부분(『인문평론』 3권 3호, 1941.4)


　타관에 홀로 있는 나에게 '마른물토막'과 절기 음식인 '원소'와
'떡국'이 대비되는 것은 바로 정월 대보름이라는 절기가 있기 때문에
가능하다. 축제에서 쓰이는 제물 공여 음식인 '고기', '술', '떡'은 신
과 인간, 그리고 인간과 인간의 소통을 도모[38]하기에, 이러한 소통의
장이 막히면 나는 '혼자 외로히 앉어 이것저것 쓸쓸한 생각'을 한다.

---

38 이상일, 앞의 책, 78면.

그러나 이러한 가난한 현실에서도 시인은 축제의 장소를 발견[39]한다. 「국수」(『문장』 1941.4)는 눈오는 겨울날 '가난한 엄매'가 만드는 '국수'와 온통 "구수한 즐거움"에 휩싸이는 마을의 모습을 그리고 있다. 이렇게 시적 화자가 떠올리는 '즐거움'은 그의 시선이 '마을'을 "텁텁한 꿈"을 털어버리는 장소로, 그리고 아득하니 먼 옛사람들과도 소통을 할 수 있는 대화의 공간으로 도모하기에 가능하다.

　백석에게 '마을'은 풍속과 인정이 살아있는 대화의 장소로 구체화된다. 그리고 이러한 마을의 풍속은 '나드리'를 떠난 자의 눈에서는 더욱 애틋하고 따뜻하게만 느껴진다.

> 　높은산도 높은 꼭다기에 있는듯한/아니면 깊은 문도 깊은 밑바닥에 있는듯한 당신네 나라의/하늘은 얼마나 맑고 높을것인가/바람은 얼마나 따사하고 향기로울 것인가/그리고 이 하늘아래 바람결속에 퍼진/그 풍속은 인정은 그리고 그말은 얼마나 좋고 아름다울 것인가/
>
> 　　　　　　　　　　　　　　　　−「허준」 부분(『문장』 1940.7)

"눈물의 또 볏살의 나라"에서 "쓸쓸한 나들이"를 다니러 온 '허준'을 보며 시적 화자는 그가 '마을'에서 펼쳐지는 풍속과 인정을 살펴보는 신성한 주체라고 생각한다. 이와 같이 백석의 시에서 '유랑'을 통해 '마을'이라는 공간을 새롭게 볼 수 있는 힘은 「허준」의 '나드리'

---

39 Heidegger Martin, 앞의 책, 209~211면.

라는 단어에서도 동일하게 유추할 수 있다.

백석 시에서 끊임없이 시적 주체의 헤매임에 의해 발견된 새로운 공간은 늘 새로운 이야기를 담고 있다. 그러나 이 이야기가 갖는 힘은 추상화되지 않고 비극적 회상을 간직하거나 희극적 유희와 신성성을 갖는다. 그것은 '풍속'과 '절기'의 개념이 그 가운데 있음으로 해서 견고해진다.


## 4. 절기와 풍속에 근거한 '마을'의 형상화

마을을 새로운 '시선'으로 바라보기 시작한 백석의 명민함은 마을 주변의 단순한 소재들을 흡입하여 새롭게 재생하는데 있었다. 마을을 종교적 측면에서 본다면 그 자체가 하나의 성소[40]가 된다. 이러한 '종교적 성소로서의 성격'은 제의와 관련될 때 더욱 두드러진다. 초기 시편부터 지속적으로 '마을'이라는 공간을 다루어 온 백석은 이제 일상생활의 그릇과 제기까지 종교적 의미를 부여하면서 그의 시가 갖는 독특한 풍물적 세계를 일구어낸다.

눈이 오는데/토방에서는 질화로웋에 곱돌탕관에 약이끓는다./삼에 숙변에 목단에 백복령에 산약에 택사와 몸을 보한다는 六味湯이다./약탕관에서는 김이올으며 달큼한

---

40 이필영, 『마을신앙의 사회사』, 웅진출판, 1994, 36면.

구수한 향기로운 내음새가나고/약이끓는 소리는 삐삐 즐

거웁기도하다//그리고 다딸인약을 하이얀 약사발에 밭어

놓은 것은/아득하니 깜하여 萬年녯적이 들은듯한데/나는

두 손으로 곻이 약그릇을 들고 이약을 내인 녯사람들을 생

각하노라면/내마음은 끝없시 고요하고 또 맑어진다.

－「藥湯」 전문(『詩와 小說』, 1946. 3)


　시적 화자는 '하이얀' 약사발에 담긴 탕약을 보며 아득하니 먼 옛

날을 들은 것 같다고 느끼며 그 약을 내린 옛사람을 생각한다. 이 모

습은 신성하고 거룩한 분위기를 만들고 있다. 약사발에 담긴 탕약

의 의미는 이미 '藥'의 효용에만 한정되어 있지 않기 때문이다. 탕약

은 더러운 오물을 모두 다 내버리고, 내 마음 역시 끝없이 고요하고

또 맑아지게 만드는 매개물이다. 마음속의 오물을 정화시켜주며, 죽

음과 재생의 속성이 투영되어 있는 탕약은 어느새 화자에게 정화수[41]

의 이미지로 다가온다. '약사발'에서 유추되는 이러한 재생의 이미지

는 일련의 다른 시에서도 반복된다. 일상의 질그릇을 꿰뚫는 관찰은

祭器가 갖는 순환성[42]으로 전환되고 있으며, 「목구」(『문장』 2권 2호,

1940. 2)에서도 이와 같은 제기의 순환성이 현현된다. "내손자의손재

---

41 정화수는 '당샘'이라고도 한다. 종교적으로 승화된 '당샘'은 오물을 걷어치우고 일체 외부와의
　세계를 차단시킨다. 그리고 낡은 것을 보내고 새로 솟아나 고인 물은 강한 재생과 정화의 능
　력을 지니고 있다. 이필영, 앞의 책, 126면.

42 기본적으로 제기는 항상 새로운 구입한 것만 쓴다. 그러나 제기를 새로 사들이는 번거로움을
　덜기 위해, 제기는 부정이 없는 정결한 곳에 보관한다. 곧 당산으로 모시는 소나무 부위 아래
　나 돌무더기속 등 사람의 손이 닿지 않은 곳에 간수하는 물건이다. 제사를 잘 모시고, 조상에
　대한 호흡은 이러한 제기의 순환성에서도 살아 있다. 이필영, 앞의 책, 158면.

와 손자와 나와 할아버지와 할아버지의 할아버지와 할아버지의 할아
버지의 할아버지와……"라는 구절이 그러하다. '제기'가 갖는 순환성
의 이미지들은 먼 '녯조상'과 먼 '훗자손' 사이를 연결시켜 준다. "홈
향오는 구신들과 호호히 접"할 수 있는 것은, "어질고 정많은 호랑이
같은 곰같은 소같은 피의비같은 밤같은 달같은 슬픔"이 제기에 담겨
'五代'를 넘어서고 있기 때문이다. 제기의 의인화를 통해 「목구」가
의도하는 것은 '제사'가 갖는 경건함을 넘어 면면히 이어지는 신성함
의 근원이 무엇인지 되묻고자 하는 것이다. 그 신성함의 근원은 결국
'제기'의 연속성과 순환성의 이면에 숨겨진 가족제도의 긴호흡에 있
었다. 즉 "먼 녯조상과 먼 훗자손의 거룩한 아득한 슬픔"이 의도하는
바는 그 '슬픔'을 넘어선 신성함의 주체를 상정하게 하는 것이다. 구
신과 사람의 넋, '한줌흙'과 '한점살'이라는 표현은 현재의 나와 과거
의 조상을 이어주는 공통분모다. 이 연결고리는 재생과 순환의 이미
지 속에 살아 있으며, 그것은 '제기'에 담겨있는 성스럽고 거룩한 술
픔에 녹아 있음을 백석은 강조하고 있는 것이다.

　백석의 시선은 늘 마을의 일상과 함께 숨쉬고 있었는데, 그것은
「마을은 맨천 구신이 돼서」(『신세대』 3권 3호, 1948. 5)에서 구체적으
로 논의될 수 있다. 이 시에서는 수많은 "구신"(귀신)들이 나타난다.
"마을은 맨천 구신이 돼서", "마을은 온데 간데 구신이 돼" 있기 때
문에 마을이란 공간은 그만큼 어느 한 곳도 그냥 지나칠 수 없는 생
명이 살아 숨쉬는 공간이다. 즉 토방과 부엌, 고방, 굴통, 대문, 방안
등의 버려진 일상의 공간들은 '구신'을 형상화함으로써 이러한 일상
의 공간들이 숨을 쉴 수 있는 시적 소재로 다시 되살아나고 있는 것

이다. 이때의 '구신'은 미신적이고 피상적인 의미에 한정되는 것이 아닌, 죽어있는 공간에까지 영혼을 부여하는 신적 주체의 의미와도 상통하게 된다. 마을은 마을 전체의 안녕과 질서를 주관하는 산신과 일상생활의 잡다한 일들과 관련을 맺는 거리신으로 구성[43]된다. 「마을은 맨천 구신이 돼서」에서 나타나는 신은 잡다한 거리신[44]들만 나타날 뿐 마을을 지켜주는 실제적인 주신은 나타나지 않는다. 백석은 끊임없이 이 '마을'의 주체와 그 신성함의 근원에 대해서 묻는다. 그의 이러한 물음은 결국 백석 시학의 절창에서 드러나는데, 「南新義州柳洞朴時逢方」(『學風』 창간호, 1948. 9)의 '그 드물다는 굳고 정한 갈매나무'가 바로 그 대답인 것이다.

> 어느 사이에 나는 아내도 없고, 또,/아내와 같이 살던 집
> 도 없어지고,/그리고 살뜰한 부모며 동생들과도 멀리 떨
> 어져서,/그 어느 바람 세인 쓸쓸한 거리 끝에 헤매이었
> 다./바로 날도 저물어서,/바람은 더욱 세게 불고, 추위는
> 점점 더해 오는데,/나는 어느 木手네 집 헌 삿을 깐, /한
> 방에 들어서 쥔을 붙이었다./이리하여 나는 이 습내 나는
> 춥고, 누긋한 방에서,/낮이나 밤이나 나는 나 혼자도 너무
> 많은 것 같이 생각하며,/딜옹배기에 북덕불이라도 담겨
> 오면,/이것을 안고 손을 쬐며 재우에 뜻 없이 글자를 쓰기

---

43 이필영, 앞의 책, 36면.
44 토방의 다운구신, 부드막의 조앙님, 시렁에 데석님, 굴통 굴대장군, 곱새녕 아래 털능구신, 대
　 문간의 수문장, 연자간의 연자망구신, 달걀구신 등이 이 시에 등장하는 구신들이다.

도 하며,/또 문 밖에 나가지도 않고 자리에 누워서,/머리에 손깍지 벼개를 하고 굴기도 하면서,/나는 내 슬픔이며 어리석음이며를 소 처럼 연하여 쌔김질하는 것이었다./내 가슴이 꽉 메어 올 적이며,/내 눈에 뜨거운 것이 핑 괴일 적이며,/또 내 스스로 화끈 낯이 붉도록 부끄러울 적이며,/나는 내 슬픔과 어리석음에 눌리어 죽을 수밖에 없는 것을 느끼는 것이었다./그러나 잠시 뒤에 나는 고개를 들어,/허연 문창을 바라보든가 또 눈을 떠서 높은 턴정을 쳐다보는 것인데,/이 때 나는 내 뜻이며 힘으로, 나를 이끌어 가는 것이 힘든 일인 것을 생각하고,/이것들보다 더 크고, 높은 것이 있어서, 나를 마음대로 굴려 가는 것을 생각하는 것인데,/이렇게 하여 여러 날이 지나는 동안에,/내 어지러운 마음에는 슬픔이며, 한탄이며, 가라앉을 것은 차츰 앙금이 되어 가라앉고,/외로운 생각이 드는 때쯤 해서는,/더러 나줏손에 쌀랑쌀랑 싸락눈이 와서 문창을 치기도 하는 때도 있는데,/나는 이런 저녁에는 화로를 더욱 다가 끼며, 무릎을 꿇어 보며,/어니 먼 산 뒷옆에 바우 섶에 따로 외로이 서서,/어두워 오는데 하이야니 눈을 맞을, 그 마른 잎새에는,/쌀랑쌀랑 소리도 나며 눈을 맞을,/**그 드물다는 굳고 정한 갈매나무라는 나무를 생각하는 것이었다.**

　　　　　　　　　　−「南新義州柳洞朴時逢方」 전문(강조: 인용자)

이 시에서 어느 사이에 부모와 아내와 동생들과도 멀어진 '나'는 슬프고 한탄할 수밖에 없는 현실에 놓여있다. 이런 화자의 모습과 적절하게 연관되는 공간은 「산곡」에서 '곬'과 같은 '습내 나는 춥고, 누추한 방'이다. '허연 문창'과 '높은 턴정'이 갖는 높이에 비례하여, 어느덧 나에게 주변의 것은 "내뜻이여 힘으로 나를 이끌어가기엔 힘든" 일이라고 생각한다. 화자는 '곬'과 같은 좁고 습한 방안에서 누워서 '천장'과 '문장'을 현재의 가난함과 포개어 놓는다. 집에 대한 음울하고, 소극적 시선은 이 시에서 두드러지는 수법이라 할 것이다. 그러나 이러한 사유는 한시적일 뿐, 결국 그가 바라보는 시선은 한 곳으로 정향되고 있음을 곧 알 수 있다. 시적 화자가 현실에서 아무리 무릎을 꿇고, 바위 옆에 외로이 서 있어도 그가 응시하는 공간은 춥고 음습한 방이 아니다. 그는 "이것들보다 더 크고 높은 것이 있어서, 나를 마음대로 굴려 가는 것을 생각"하며, 높은 이상과 운명으로 마을 어귀의 "드물다는 굳고 정한 갈매나무"를 떠올린다. 나무는 다른 어떤 존재보다도 오래 산다. 이 거대한 존재 앞에서 화자는 자신의 발생의 기원에 대해 묻고 있다. 갈매나무를 응시하면서 재생의 관념들, 영원성, 불멸성[45]과 같은 삶의 또 다른 의미를 해독하고자 하는 화자의 모습이 엿보인다. 화자는 '나무'를 바라보며 현실의 '곬' 안으로 침잠하지 않고 자신의 기원과 그 너머에 존재하는 생의 근본적인 힘에 대해 묻는다. 이러한 사유들은 결국 '마을'이라는 공간에서 이루어지고 있으며, '갈매나무'를 통한 우주목이 백석 시의 중심에서 재현되고 있음을 알 수 있다. 이 시에서 지향하는 갈매나무는 마을에

---

45 Brosse Jacques, 주향은 옮김, 『나무의 신화』, 이학사, 1998, 33~38면.

서 '신성성'의 근원으로 자리잡고 있으며, 또한 마음의 주신을 상징
화[46]하고 있는 것이다. 따라서 '갈매나무'로 '마을'의 신성함의 근원
에 대해 끊임없는 되묻는 「南新義州柳洞朴時逢方」의 마지막 구절은
백석 시학에서 그만큼 의미심장하다.


## 5. 결론

이 글에서는 백석의 시에서 '마을'의 의미가 어떤 식으로 표현되
고 있으며, 이러한 공간의식이 전반기의 『사슴』시편과 후반기 기행
시편들을 매개하고 있다는 가설에서부터 출발하였다. 아울러 정지
용, 이상, 김기림, 오장환 등의 시인들과 1930년대 경성의 근대화를
동시에 목도한 한 시인의 시 세계가 다른 시인들과 차별된 입지점이
무엇인가를 알아보고자 하였다. 그의 시에 나타난 '마을'을 단지 고
향 재현이라는 측면에서 논할 경우, 1930년대의 다른 여타 시인들의
시와는 구별되는 백석 시의 특수성은 더욱 흐려질 수밖에 없으며, 그
의 시가 갖는 의미는 단지 '향토성', '민속성'의 범주에서 크게 벗어
나지 못한다. 그러나 시인 백석이 당대의 뛰어난 저널리스트였다는
전기적 고찰과 더불어 도시체험에 대한 일종의 거부적 반응을 고려

---

46 마을에서 유일하게 살아있는 생명을 지닌 신앙 대상물은 마을 입구나 한복판에 있는 당수나무
다. 이것은 곧 마을의 主神 내지 상당신으로 여겨지며, 마을을 우주의 시간과 공간으로 주기
적으로 환원시키는 중심 역할을 하고 있다. 이와 같은 관점에서 본다면 백석 시에 나타난 '갈
매나무' 역시 마을의 중심에서 생명을 상징하는 우주목으로 표상되고 있는 것이다. 이필영,
앞의 책, 270~285면.

해 볼 때, 그의 시시계에서 의식적으로 수법화한 '마을'이라는 공간은 더욱 문제적일 수밖에 없다.

도시의 근대적 문물을 직접 경험한 자의 시선은 '고향' 마을에서 재현하는 시선은 희극적인 모습뿐만 아니라 비극성 역시 동시에 포착한다. 이러한 점은 그가 유랑을 한 이후에 썼던 기행시편들에서 비로소 오롯이 형상화된다. 그러나 이것은 곧 범박하게 보수적 고향, 퇴영적 고향, 회상적 고향으로서 나타나지 않는다. 결국, 백석의 시세계에서 '마을'이 지니는 의미는 근대 경성의 대타지점도 아니고, 원형적 심상을 그린 것도 아닌, 시인의 끊임없는 의도의 산물로서, 새로운 반근대적인 지점에서 고향을 그리고 있다는 것이다. 그가 절기·명절·축제·습속을 통해 벌어지는 마을의 사건들을 시의 중심적 테마로 사용함으로써 1930년대의 다른 시인들과 구별되는 독자적인 위치를 확보할 수 있었다는 의미이기도 하다.

## 참고문헌

### 1. 기본자료

백  석, 『사슴』, 선광인쇄주식회사, 1936.

『조선일보』, 『동아일보』, 『시와 소설』, 『조광』, 『여성』, 『인문평론』, 『문장』, 『신세대』, 『학풍』

### 2. 연구논저

김미경, 「백석 시 연구-시적 욕망의 변이 과정을 중심으로」, 서울대 석사학위논문, 1993.

김승구, 「백석 시의 낭만성 연구」, 25면, 서울대 석사학위논문, 1997.

김용직, 『한국현대시연구』, 일지사, 1976.

＿＿＿, 「토속성과 모더니티」, 『한국 현대시 해석 비판』, 시와 시학사, 1993.

김윤식, 「백석론-허무의 늪 건너기」, 『우리 소설을 위한 변명』, 고려원, 1990.

김종철, 「30년대의 시인들」, 『시와 역사적 상상력』, 문학과 지성사, 1978.

김진송, 『서울에 딴스홀을 허하라-현대성의 형성』, 현실문화연구, 1998.

박혜숙, 「평북 정주 지역의 문학 풍토와 시인 연구」, 『국어국문학』 190호, 1997.

백  철, 『신문학사조사』 현대편, 백양당, 1949.

송  준, 『남신의주 유동 박시봉방-세계 최고의 시인 백석 일대기』, 지나, 1994.

신범순, 「백석의 공동체적 신화와 유랑의 의미」, 『한국현대시사의 매듭과 혼』, 민지사, 1992.

＿＿＿, 「현대시에서 전통적 정신의 존재형식과 그 의미: 김소월과 백석을 중심으로」, 『국어교육』 96호, 1998. 12.

＿＿＿, 「반근대주의적 혼의 시학에 대한 고찰-서정주를 중심으로」, 『한국시학연구』 제4호, 한국시학회, 2001.

윤지영, 「백석 시에 드러나는 시적 주체의 사유 과정 연구」, 서울대 석사학위논문,

2001.

이명찬, 「1930년대 후반 한국시의 고향의식 연구」, 서울대 박사학위논문, 1999.

이상일, 「굿의 양면성-제의와 축제」, 『축제의 정신』, 성균관대학교 출판부, 1998.

이필영, 『마을신앙의 사회사』, 웅진출판, 1994.

정효구 편, 『백석』, 문학세계사, 1996.

한계전, 「윤동주 시에 있어서 '고향'의 의미」, 『세계의 문학』, 46호, 1987년 겨울호.

_____, 「1930년대 시에 나타난 '고향'이미지에 관한 연구-백석, 오장환, 이용악을
　　　중심으로」, 『한국문학』 16호, 서울대 한국문화 연구소, 1995.

Brosse Jacques, 주향은 옮김, 『나무의 신화』, 이학사, 1998.

Cox Harvey Gallapher, 김천배 옮김, 『바보제-제축과 환상의 신학』, 현대사상,
　　　1973.

Calliois Roger, 이상률 옮김, 『놀이와 인간』, 문예출판사, 1994.

Duvignaud Jean, 유정아 옮김, 『축제와 문명』, 한길사, 1998.

Heide gger Martin, 소광희 옮김, 『시와 철학-휄더린과 릴케의 시세계』, 박영사,
　　　1980.

# 혼과의 소통, 또는 무속적 요소의 문학적 층위

## - 김소월·이상·백석 시의 무속적 상상력 -

오태환_ 시인

● 이 글은 오태환, 「혼과의 소통, 또는 무속적 요소의 문학적 층위」(『국제어문』 제 42집, 국제어문학회, 2008)를 재수록한 것이다.

# 1. 현대시에 투영된 무속의 국면

　무속의 여러 요소들은 우리 현대시의 공간 안에서 다양한 무늬로 투영된다. 그러나, 무속적 사유와 풍속이 오랜 기간 우리 겨레의 의식과 생활에 드리운 그늘[1]에 비하면, 현대시 안에 드러난 무속적 기미는 그리 명백하거나 광범위하다고 보기 어렵다.

　그 이유는 우선 현대시 성립 무렵의 사회사적 현실에서 찾을 수 있다. 1920년대를 전후로 한 이 시기는 일본 유학생들로 구성된 소위 신지식인층이 본격적으로 등장한다. 이들이 주도한 문화운동[2]의 양상은 '반봉건 근대화'로 요약된다. 그들의 관심은 소위 봉건적 인습의 파기와 서구 근대문물의 적극적 수용에 있었다. 비록 그들의 문학이 사회적 계몽을 부르짖지는 않았을지라도, 문화운동의 세례를 민감하게 받아들인 그들의 창작 코드가 전통적 사유의 답습보다는 서구적 가치의 수용에 맞추어졌을 가능성은 훨씬 크다.[3] 미신에 불과

---

1　"환웅과 단검은 제천의식을 거행한 무당이며, 신시(神市)는 제천의식을 거행하는 굿당이다"(김용덕, 『한국의 풍속사』, 밀알, 1994. 92면)라는 견해에 따르면, 무속은 우리 민족의 역사와 더불어 시작된다. 또 우리 민족은 삼한시대부터 귀신을 섬기고 제사했다는 기록(三韓常以五月祭鬼神, 『삼국지(三國志)』, 三韓俗重鬼神 常以五月耕種畢 群聚歌舞 以祭神, 『진서(晉書)』)과 『위지(魏志)』, 『삼국사기(三國史記)』 등에 신라에서 무당이 귀신을 섬기고 제사했다는 기록(고대민족문화연구소 편, 『한국민속대관3』(고대민족문화연구소출판부, 1995), 402면 참조)이 있는 것으로 보아, 무속은 그 이후에도 우리 민족의 정신과 생활에 작용해 온 것을 알 수 있다.

2　이 운동을 추동한 논리는 두 가지로 나뉜다. 하나는 서구자본주의를 모델로 한 문화적 진보를 이루기 위한 '실력양성론'이고, 다른 하나는 새로운 세계사에 편입하기 위한 조선의 개조론이다. 박찬승, 『한국근대정치사상사 연구』, 역사비평사, 1992, 179면.

3　당시대의 문학인들에게, 개인과 예술의 궁극적 가치를 의미하는 소위 '전적 생명'을 온전히 드러내기 위해서 제도와 인습의 파괴가 먼저 이루어져야 했다. 염상섭은 이러한 인식을 "(도덕의) 말뚝과 채쭉에 신음하는 자의 묵은 우수는 스러지고, 지금의 사랑과 본래의 영화를 꿈꾸

하며, 타기해야 할 전형적 유산으로 치부되었던 사회적 분위기 속에서 무속을 그들의 창작 전략의 한 수단으로 이용할 소지는 매우 협소해질 수밖에 없다.

다른 이유는 무속 자체가 가지는 속성에서 비롯한다. 우주관이나, 사생관, 그리고 신지핌이나 혼교, 주술, 공수, 금기 따위의 무속적 요소에 드리운 초자연적 색채는 실증주의와 유클리드 기하학, 그리고 기계론적 세계관으로 표상되는 서구의 근대적 인식 체계 안에서 호소력을 발휘하기 어렵다. 무속이 단순한 소재적 기능에서 활용될 수 있을망정, 현대시의 사상적 배경이나 주제적 국면에까지 삼투하기 어려운 이유다. 설혹 그러한 예가 있다 할지라도 그것은, 서구의 근대적 인식체계 안에서 미신이나 불합리한 신비주의로 매도되기 십상이었을 것이다.[4]

이러한 환경 속에서 무속은 나름의 생명력을 잃지 않고, 현대시의 맥박과 더불어 흐름을 살리고 있다. 그것은 무속, 또는 무속적 사유가, 의식했든 그렇지 않든 간에 우리 겨레의 풍속과 생활과 정서를 오랜 기간 간섭하고 지배해 왔다는 사실에 비추면 당연하다. 현대시에 나타난 무속성은 대략 두 가지 방향에서 아웃라인을 그릴 수 있다.

---

는 자의 단 미소가, 구변에 흘러갑니다"(염상섭 「폐허에 서서」, 『폐허』1호, 1~2면)라 밝힌다. 김행숙, 「1920년대 동인지 문학의 근대성 연구」, 고려대 박사학위논문, 2004, 41~42면.

4 그 단면적인 예로 최광열의 비평을 들 수 있다. 그는 서정주의 시를 "고작 설화나 미신으로 천년, 오백년 후의 무슨 부활 재생을 믿는 망상적 태도의 초자연적 현상을 미학의 근거로 삼는 것은 마신의 재간"으로 비판한다. 최광열, 「한국 현대시 비판」, 정봉래 편, 『시인 미당 서정주』, 좋은 글, 1993, 436면.

① 시인이 지닌 무속적 세계관과 인생관의 조명 아래 쓰
여지는 경우

ㄱ. 무속적 요소가 시의 주제적 국면에 육박함

ㄴ. 무속적 요소가 시의 소재적 기능에 한정됨

② 시인이 무속적 세계관과 인생관을 지니는 않지만 무
속을 도구로 사용하는 경우

ㄱ. 무속적 요소가 시의 주제적 국면에 육박함

ㄴ. 무속적 요소가 시의 소재적 기능에 한정됨

①은 시인의 의식과 상관없이 자신이 현실적이고 구체적으로 지
니고 있는 무속적 사유가 창작의 배경이 된다. 이들의 시에는 무속성
이 사상事象을 바라보고 해석하는 방법론적 성격을 띠곤 한다. 그리
고 그것은 그들의 시에 비교적 지속적으로 반영된다. 이때 무속성은
시의 메시지에 간섭하기도 하고, 무속과 관계없는 메시지를 전달하
기 위한 도구로 기능하기도 한다. ②는 시인이 무속적 사고를 현실적
이고 구체적으로 지니지 않는다. 무속적 습속의 영향을 의식·무의식
적으로 받은 시인이 작품을 생산하는 과정에서 무속적 사유를 일시
적으로 꾸어 쓰는 경우다. 이들의 시에서 무속성은 대체로 사상을 바
라보고 해석하는 방법론적인 데까지는 미치지 않는다. 이 경우 이들
의 시에서 그것은 제한적이고 단편적으로 드러난다. ①에서와 마찬
가지로 무속성은 메시지에 반영되기도 하고, 메시지를 전달하기 위
한 일시적인 수단으로서의 의미를 가지기도 한다.

우리 시사에서 ①에 해당하는 대표적 시인으로 김소월과 서정주를 꼽을 수 있다. 서정주의 시편에는 무속성이 다채롭고 광범위하게 나타난다.[5] 이에 비하면 김소월의 시에 나타난 무속성은 대체로 정한이라는 단색적 정서를 혼교라는 무속적 전경 아래에서 조명하는 형식을 지니는 것으로 보인다. ②에는 무속성을 시 속에 드러낸 대부분의 시인들이 해당한다. 무속적 사유 체계로 적극적으로 끌어들여 세계를 이해하지는 않지만, 무속에 대해 정서적·생리적 거부감은 가지지 않는다. 따라서 필요할 때는 의식을 했든 그렇지 않든 무속을 환기하는 정황이나 무속적 도구를 이용할 소지가 있다.

여기에서는 김소월과 이상, 그리고 백석의 시를 중심으로 현대시 안에서 무속이 어떤 윤곽으로 투영되어 나타나는가를 살핀다. 그들의 시편은 현대시사의 흐름 위에서 일정한 원심력과 구심력을 가진, 현대시의 좌표적 성격을 띤다고 보기 때문이다. 김소월은 보편적 화자의 언어를 통해 겨레다운 정한을 민요적 율격에 실으며 전통적 언어공간을 구현한다.[6] 이상은 초현실주의, 또는 다다라는 서구적 교양을 기저로 탈전통적이고 이색적인 언어공간을 빚어낸다. 이상 시는 사적인 상상력과 언어로 의식의 깊이를 심층적으로 탐험한다는 점에서 소월 시와 대척적 지점에 놓인다. 백석은 토속공간의 원형성을 토

---

5 서정주 시와 무속성, 또는 무속적 요소와 관련한 연구는 아래 참조.
　오태환, 「서정주 시의 무속적 상상력 연구」, 고려대 박사학위논문, 2006.
　＿＿＿, 『미당 시의 산경표 안에서 길을 찾다』, 황금알, 2007.
　이영광, 「서정주 시의 형성원리와 시의식의 구조」, 고려대 박사학위논문, 2006.

6 오탁번은 이 같은 소월 시의 성격을 "무명(無名)을 향한 개체의 끝없는 확산과정은, 바로 민중이 무의식중에 원하고 있는 형태와 율조에 맞닿아지는 과정과 동일궤적이라고 할 수 있다"고 했다. 오탁번, 『현대시사의 대위적 구조』, 고려대민족문화연구소, 1988, 105면.

착어를 이용하여 재구再構한다. 그러나 표현수법은 전통적 방법론에 기댄다기보다는, 서구 모더니즘적 방법론에 의존한다.[7] 백석 시의 내용은 재래의 질서와 소재로 짜여진다는 점에서 소월의 그것에 근접하고, 시적 기법은 근대적 방법론을 채택하고 있다는 점에서 이상의 그것과 유사하다.

물론 김소월과 이상, 백석의 시편에서 무속적 요소를 탐색하려는 작업은 그들의 시가 무속성을 띤다는 전제를 기초로 출발하는 것은 아니다. 정도의 차이는 있겠지만, 어느 시인의 시도 아울러서 무속적이라고 단언하는 것은 가능하지도 않을 뿐더러 그러한 연구태도는 무의미하기 때문이다. 특히 이상 시에 반영된 무속적 상상력은 매우 제한적이며 우연적으로 드러난다. 이 연구의 목적은 특정 시인의 시가 무속성을 띤다는 사실을 확인하려는 데 있는 것이 아니라, 현대시의 공간 안에 잠복해 있는 무속적 인자들을 조명함으로써 한국 현대시의 문화사적 전경을 이루는 사상적·종교적 층위의 한 부분을 밝히려는 지점에 있다.


## 2. 김소월-사령과의 교감을 통한 한의 문학적 체현

서정주는 김소월을 "유명幽明의 양면에 걸쳐 살"면서, "유명의 길

---

7 고형진은 백석에 대해 "언어, 감각, 문장, 형식, 양식, 태도 등 시의 모든 미적 자질에 걸쳐 재래의 것을 벗어내고 새로운 것을 추구해나갔다. (중략) 그는 1930년대 그 어떤 시인보다 과감한 모더니스트"라 평한다. 고형진, 『정본 백석 시집』, 문학동네, 2007, 309면.

림길에서 양편을 다 바라보"[8]고 있는 시인으로 이해하며, 그의 시편을 무속적 시야에서 바라볼 단서를 마련한다. 이승과 저승을 아울러 의식한다는 것은 무적巫的인 시각으로 세계를 이해한다는 것과 동류항을 이룬다. 그의 시들을 무속적 도구로 해명하려는 노력은 그를 '새로운 근대적 예술적 샤먼'으로 보는 시각[9]을 유인하기도 한다. 또 소월 시가 품는 무속적 인자에 주목하고, 그의 시가 "민족의 아니마적 정조와 민족의 공통적인 정신사적 시원인 무속에서 싹튼 공통인자"를 지니는 것으로 보는 의견[10]도 눈에 띈다.

김소월 시에서 두드러지는 무속적 요소는 사령의 인식, 또는 사령과의 교감이라는 무속적 사생관으로부터 발원한다. 사령과의 소통은 무속적 사유의 근간이 되는 테마며, 사령굿은 무속적 제례의 중심축을 형성한다.[11]

　　그누가 나를헤내는 부르는소리

　　붉우수럼한언덕, 여긔저긔

　　돌무덕이도 옴즉이며, 달빗헤,

---

8 서정주, 『한국의 현대시』, 일지사, 1982, 117~118면.

9 신범순, 『시안』 세미나(2002. 10. 12~13) 「한국현대시와 샤머니즘」의 주제발표 「샤머니즘의 근대적 계승과 시학적 양상—김소월을 중심으로」, 『시안』 2002년 겨울, 47면. 그는 소월의 시에서 샤머니즘적 혼교의 여러 양상들을 발견하며, 생과 사의 경계선에 다리를 놓고 그것을 왕래하는 행위는 전형적인 샤먼의 행위로 규정한다.

10 이몽희, 『한국현대시의 무속적 연구』, 집문당, 1990, 93면.

11 사령굿은 사령을 위로하고, 생시에 풀지 못한 욕구와 한을 풀어 준다. 그리고 죄업과 과오와 오예를 씻어, 망자가 깨끗한 상태로 낙지왕생할 수 있도록 기원한다. 조흥윤, 『한국 무의 세계』, 민족사, 1997, 239~240면 참조.

소리만남은 노래 서러워엉겨라.

옛조상祖上들의 기록記錄을 무더둔그곳!

나는 두루챳노라 그곳에서,

형적업는노래 흘녀퍼져,

그림자가득한언덕으로 여긔저긔,

그누가 나를헤내는 부르는소리

부르는소리, 부르는소리

내넉슬 잡아ᄭᅳ러헤내는 부르는소리.

– 김소월, 「무덤」, 전문.

 

이 시에서 화자는 한밤중 "옛조상祖上들의 기록記錄을 무더둔그곳"
을 떠돈다. 낮은 현실세계의 질서에 따라 규제되고, 밤은 영적 세계
의 규범에 의해 통제되는 시간이다. 그가 떠도는 시간인 밤은 죽은
자와의 소통이 가능한 시간대다.[12] 5행의 "옛조상祖上"은 자신의 조
상뿐 아니라, 앞서 세상을 뜬 사람들을 통칭하는 것으로 보인다. "그
곳"은 망자들의 시신이 묻힌 공동묘지를 일컫는다. 여기에서 시신을
"기록記錄"으로 인식하는 것은 그것이 살아생전의 모든 내력이 응집
된 결집체라는 생각이 작용했기 때문인 듯하다. 그러한 입장 안에는,
시신은 죽으면 무기물질이 되어 소멸하는 것이 아니라, 살아 있을 때

---

12 이러한 이유로 대부분의 굿은 밤에 이루어진다. 서울·경기 지역의 황제풀이나 성주맞이·영장
치기·집가심 따위는 반드시 밤에 치러지며, 동신제 같은 큰 행사는 말할 것도 없고, 비손 같은
간단한 제의도 밤에 이루어진다. 김태곤, 「한국무속의 원형연구」, 민속학회 편, 『무속신앙』,
교문사, 1989, 307~308면 참조.

의 의식이나 정서를 그대로 담고 있다는 믿음이 깔려 있다.[13] 이는 화자가 한밤중 공동묘지에서 들리는 소리를 죽은 자의 것으로 느낄 수 있는 근거를 마련한다.

무속적 사유체계에 따르면 죽은 자의 혼백이 이승세계에서 내는 소리를 공창空唱이라 한다. 공수가 무당의 입을 빌린 사령의 소리라면, 공창은 사령이 직접 내는 소리다.[14] 이 시에서 "나를헤내는 부르는소리", "돌무덕이도 옴즉이며, 달빗헤,/소리만남은 노래", "형적업는노래"는 모두 공창으로 이해할 수 있다. 그는 그것들을 통해 사령의 존재를 분명히 감지한다. 죽은 자의 영혼이 온전히 저승에 들지 못하고, 이승에 떠돈다는 것은 이승에서 맺힌 한을 풀지 못한 채 죽었다는 것을 의미한다.[15] 하여 혼백이 내는 소리는 화자에게 서럽게 들릴 수밖에 없다.

동시에 그것은 그 자신이 겪는 생의 한스러움과 공명을 일으킨다. 화자와 죽은 자는 동병상련하는 심리적 등가관계에 놓이게 된다. 이제 그에게 죽은 자의 혼백이 내는 공창은 마치 자신을 잘 알고 있는 사령이 자신을 부르고 끌어당기는 것 같다. 그 소리를 찾아 한밤

---

13 저승세계에 든 망자는 가족관계와 같은 이승에서의 인연은 완전히 단절되지만, 세상에서 가졌던 미련이나 욕망 같은 감정은 일정 기간 유지한다. 김태곤, 『무속과 영의 세계』, 한울, 1993, 52~58면 참조.
　저승세계의 이러한 모습은 불교에서 말하는 천상계의 둘째 하늘인 도리천(忉利天)의 성격과 유사하다. 도리천은 아직 식욕과 음욕, 수면욕 등이 남아 있는 죽은 자의 세계다.

14 영혼은 생전의 형태로 나타나기도 하지만, 형체는 보이지 않고 그의 말소리만 들리는 예가 있는데 이를 공창(空唱)이라 한다. 최운식, 『한국설화연구』, 집문당, 1994, 245면.

15 물에 빠져 죽거나, 교통사고 등으로 참사를 당해 이승에 대한 미련이나 한이 남아 있는 망자의 혼은 저승으로 가지 못하고 이승에서 원혼이 되어 떠도는 부혼(浮魂)이 된다. 김영진, 「충청북도무속연구」, 김택규·성병진 공편, 『한국민속연구논문선4』, 일조각, 1986, 300면.

중 공동묘지를 헤매는 모습은 화자가 빙의[16] 상태에 있음을 시사한다. 빙의는 신병증상과 비슷한 모습을 보인다. 신병에 걸리면 의식이 희미해지고, 꿈과 현실의 경계가 모호해진다. 꿈이 잦아지고 꿈뿐 아니라 생시에도 신의 환상과 환청을 경험한다. 이런 증세가 심해지면, 미쳐서 집을 뛰쳐나가 산과 들을 정신없이 헤매기도 한다.[17] 화자의 태도는 신병 들린 입무자의 모습을 환기하기도 한다.

「무덤」은 한밤중 공동묘지를 헤매는 화자가 빙의 상태에서 가슴에 품은 한을 망자의 공창에 의탁해 표출하는 작품으로 이해할 수 있다.

「묵념黙念」은 화자와 시적 대상이 전도되어 나타난다. 화자가 한밤 중 이승을 떠도는 사령의 배역을 맡고, 시적 대상은 그가 연모하는 살아 있는 자의 배역을 맡는다.


이슥한밤 밤긔운 서늘할제

홀로 창窓턱에거러안자, 두다리느리우고,

첫머구리소래를 드러라.

애처롭게도, 그대는 먼첨 혼자서 잠드누나.


내몸은 생각에잠잠할새, 희미한수풀로서

촌가村家의액厄맥이제祭지나는 불빗츤 새여오며,

이윽고, 비난수도머구리소리와함께 자자저라.

16 빙의(posession)은 흔히 '신지핌'이라 하며 황홀경(ecstasy), 트랜스(trance)와 더불어 巫의 일반적 특징이다. 오태환, 앞의 책, 38~39면.

17 고대민족문화연구소 편, 앞의 책, 217면 참조.

가득키차오는 내심령心靈은······하눌과쌍사이에.


나는 무심히 니러거러 그대의잠든몸우혜 기대여라.

움직임 다시업시, 만뢰萬籟는 구적俱寂한데,

희요熙耀히 나려빗추는 별빗들이

내몸을 잇그러라, 무한無限히 더갓갑게.

                                        — 김소월, 「묵념黙念」, 전문.


　　화자인 사령은 저승으로 들지 못하고 이승을 떠돈다. 이 시의 화
자를 사령으로 이해하는 것은 우선 이 시의 내용에서 정황근거를 마
련한다. 화자는 "그대"를 향한 그리움의 감정에 사로잡혀 있다. "홀
로 창窓턱에거러안자" 있던 그는 그리움을 이기지 못해 "그대"가 잠
든 곳을 찾아가 "그대의잠든몸" 위에 "무한無限히 더갓갑게" 기댄다.
"그대의잠든몸" 위에 "무한無限히 더갓갑게" 기대는 화자의 모습은
그리워하는 이를 만났기 때문에 그리움이 희석되고 있기보다는 오히
려 그것이 더 간절하게 고조되고 있는 포즈로 비친다. 화자가 살아
있는 사람이라면 언제든지 가서 만날 수 있는 공간에 있는 연인 때문
에 그리움으로 고통받지도 않을 뿐더러, 하물며 가서 대면한 상황에
서 그리움에 겨워할 가능성은 희박해질 수밖에 없다. 화자는 혼령이
기 때문에 "그대"가 있는 곳으로 언제든지 갈 수 있었을 것이다. 하
지만 혼령이라는 입장이라면 항상 "그대"는 그리움의 대상일 수밖에
없다. "그대"를 만난다 하더라도 자신은 "그대"를 볼 수 있을지언정,
"그대"는 자신을 볼 수 없기 때문이다. 곁에 있지만 "그대"가 결코 자

신을 지각하지 못한다는 현실은 살아 있을 때의 "그대"와의 만남과 대비되면서 화자의 안타까움과 그리움을 가중시킬 개연성이 있다.

화자를 사령으로 해석하는 방향은 "애처롭게" 잠든 "그대"의 모습과 "액厄맥이제祭"에서 간접적인 근거를 확보할 수 있다. "그대"는 화자의 죽음을 슬퍼해서 "애처롭게" 잠들었을 가능성이 크다. 그렇지 않다면, 화자와 언제든지 만날 거리에 있으면서 그렇게 잠든 이유를 상정하기 어렵다. 이러한 입장에서 다음 연의 "액厄맥이제祭"를 설명할 수 있다. 비난수[18]가 원혼을 달래 저승으로 보내는 제차라는 점에서 "액厄맥이제祭"는 젊은 나이에 사랑을 잃고 한스럽게 죽은 화자의 넋으로부터 입을 수 있는 액을 방지하려는 의례다. 화자는 "액厄맥이제祭"에서 달래어 천도시키려는 혼백으로 보는 것이 타당하다. 혼백인 화자는 자신의 죽음에 대한 슬픔으로 "애처롭게" 잠든 연인에 대한 안타까움으로 저승세계에 차마 들지 못하고 연인 곁을 배회한다.

이 시는 사랑하는 사람을 남겨놓고 젊은 나이에 세상을 떠난 자의 혼령을 화자로 해서 한과 그리움의 정서를 펼친다는 점에서 김소월의 다른 시들과 구별된다. 무속에서 저승으로 가지 못하고 이승을 배회하는 혼백을 원귀[19]라 일컫는다. 이 시의 화자는 몽달귀의 성격을 지니는 것으로 보인다. 그렇다고 무속적 속신처럼 원한에 사무쳐

---

18 이는 평안도 지역의 무속 제차며, '비나수'라는 표기도 보인다. 김태곤, 「북한지역의 무속실태와 전승」, 『북한』, 1977년 3월호, 북한문제연구소, 1977, 146면; 이몽희, 앞의 책, 79면에서 재인용. 이몽희는 위 저술에 의거 '비나수'가 보편적인 명칭인 것으로 추정한다.(이몽희, 앞의 책, 79면) 그러나 소월의 다른 시 「비난수하는맘」, 백석의 「오금덩이라는곳」에도 '비난수'라는 표현이 있는 것으로 보아 김태곤의 오기일 가능성도 남는다.

19 이런 유형은 산 자들에게 횡액을 내리는 수가 많다. 이를 일컫는 말로 왕신, 몽달귀신, 객귀, 영산, 상문 등이 있다. 김태곤, 『무속과 영의 세계』, 한울, 1996, 72면.

사람들에게 횡액을 내리는 존재로 보기는 어렵다. 그것은 죽어서도 잊지 못하는 "그대"에 대한 안타까운 그리움과 사랑 때문에 이승을 떠돌 뿐이다. 「묵념黙念」은 무속적 사생관을 배후로 사랑과 그리움, 또는 한이라는 소월 시의 주제적 국면을 사령을 화자로 삼아 형상화하는 특이한 형식으로 구성된다.

「접동새」는 서북지방에 전래되는 '접동새설화'를 모티프로 하면서 무속적 혼교의 정황을 환기하는 작품이다.

접동/접동/아우래비접동

진두강津頭江가람까에 살든누나는/진두강津頭江압마을에/와서웁니다.

옛날, 우리나라/먼뒤쪽의/진두강津頭江가람까에 살든누나는/의붓어미싀샘에 죽엇습니다.

누나하고 불녀보랴/오오 불설워/싀새음에 몸이죽은 우리누나는/죽어서 접동새가 되엿습니다.

아웁이나 남아되든 오랩동생을/죽어서도 못니저 참아못 니저야삼경夜三更/ 남다자는 밤이깁프면/이산山 저산山 올마가며 슬피웁니다.

– 김소월, 「접동새」, 전문.

이 작품은 의붓어미와 의붓자식 사이의 갈등을 대립축으로 한 '접동새설화'에서 밑본을 구한다. 이 시의 접동새는 의붓어미의 "식 새움"으로 한스럽게 살다 죽은 자의 영혼이 투사된 한의 현현顯現, epiphany이다. 이 시에 반영된 무속적 사유는 죽은 자의 영혼이 새의 몸을 빌어 지상을 떠돈다는 설정과, 영혼과 정서적으로 교감하는 화 자의 사생관에서 끌어낼 수 있다.

솟대[수살대守煞臺] 위에 나무로 만든 새를 1~3마리를 올려놓는 풍속은 예로부터 새가 천상과 지상, 저승과 이승을 매개하는 영물로 여겼다는 사실과 조응한다. 북방아시아에서 발견된 '샤머니즘의 대' 끝을 장식한 새는, 새가 샤먼의 영혼을 인도하여 천계로 간다[20]는 믿 음을 추론할 수 있다. 브리아드족 전설 속에서 최초의 샤먼은 솔개의 전신인 것으로 간주한다. 무당의 모자장식에 쓰는 새의 깃은 무당이 새의 깃을 타고 타계의 혼과 접촉하는 것을 의미하는 표지다.[21] 무당 은 점을 칠 때 소반 위에 펴 놓은 흰쌀에 새의 발자국이 찍히면 망자 가 극락왕생한 걸로 풀이한다. 망자가 새의 형상으로 천도한다는 믿 음에 따른 것으로 보인다. 또 제주 시왕맞이굿의 본풀이에는 '지장아 기씨'가 죽어 새로 환생하는 모티프가 나타난다.[22] 시왕맞이굿의 환 생모티프는 '접동새설화'의 원형에 닿아 있는 것으로 보인다. 무속에 서 새는 천상과 지상, 신의 세계와 사람의 세계 사이를 오간다는 점

20 김열규, 『한국의 신화』, 일조각, 1997, 37~38면.
21 구미래, 『한국인의 상징세계』, 교보문고, 1994, 164면.
22 현용준, 『제주도무속연구』, 집문당, 1986, 181면.

에서 사령을 상징해 왔다. 이 시에서 그것은 접동새로 형상화된다.

이 시의 화자는 죽은 누이의 "아홉이나 남아되든 오랩동생" 중 한 명이다. 그는 "진두강津頭江가람ㅅ가"에서 접동새의 서러운 울음소리를 듣는다. 화자는 접동새의 서러운 울음소리에서 "의붓어미식샘" 때문에 죽고 만 누이의 서러운 삶을 떠올린다. 화자는 접동새에 죽은 누이의 혼백이 깃들였다고 믿게 된다. 그는 누이의 혼백이 "아홉이나 남아되든 오랩동생"을 잊지 못하고 접동새의 몸에 의탁해서 자신이 살던 "진두강津頭江가람ㅅ가"에 와서 울고 있다는 환상에 빠진다. 접동새가 자신이 살던 곳에 와서 운다는 설정은 한맺힌 사령은 자신이 죽은 곳이나, 살았던 장소에 머문다는 무속적 속신을 반영한다. 화자는 "누나"의 사령인 접동새의 서러운 울음을 들으며, 그녀의 한에 동참한다.[23] 이러한 정황은 사령제의 핵심제차인 공수와 유사한 성격을 띤다. 공수는 격렬한 무악과 도무에 의해 강신된 무당이 신, 또는 사령을대신해서 1인칭으로 하는 말이다.[24] 공수의 내용은 망자가 생전의 내력을 밝히고 품은 한을 토설하는 형식으로 이루어진다. 이 시에서 접동새의 울음은 망자가 제3자의 몸을 빌려 내는 소리라는 점, 그리고 표면적으로는 동생들을 근심하지만, 그 이면에는 살아 있을 때의 한이 배경과 동기를 이루고 있을 수밖에 없다는 점에서 공수의 성격과 겹치는 부분을 찾을 수 있다.

---

23 정끝별은, 누나와 자신을 동일시하는 시인의 내면에는 현실을 설화화하여 현실의 고통을 초월코자 하는 김소월의 패러디적 욕망이 숨겨진 것으로 이해한다. 정끝별, 『패러디시학』, 문학세계사, 1997, 92면.

24 최길성, 『한국 무속의 연구』, 아세아문화사, 1990, 17면 참조.

「접동새」는 전래설화를 모델로 하여 한이라는 겨레정서의 원형질을 포착한다. 그 배후에는 새의 몸을 빌린 사령과 소통하는 무속적 혼교 모티프가 놓인다.


## 3. 이상-무적 임사체험과 문벌에 대한 강박의식

이상 시에서 무속적 요소를 탐색하려는 노력은 낯설고 어려운 모험을 요구한다. 그의 언어에 대한 짓궂은 희롱과 창백하게 부검된 이미지의 집산集散, 그 안에서 군데군데 드러나는 병적으로 날이 선 자의식은 재래식 독법을 부정하는 것처럼 보이기도 한다. 그의 시에 대한 이해를 초현실주의나 다다, 또는 정신분석학적 접근에 의존하려는 유혹에 쉽게 빠지는 이유가 된다. 그의 시세계를 네가필름적인 것으로 규정하고, 각각의 작품들이 시대를 넘어선 아득한 미래의 시점에 놓인다[25]는 평가도 그의 시가 지니는 탈전통적 기질을 전제한다.

그의 시에서 발견되는 무속성은 그 생래적 기질만큼 제한적이고 파편적일 가능성이 커질 수밖에 없다. 김소월의 시편에서와 달리, 화자가 무속적 사유의 틀 안에서 세계를 바라보고 해석한다고는 생각하기 어렵다. 무의식 안에 침전되어 있던 무속적 사유형식이 어느 순간 우연히 시 속에 드러나는 것 같다.

「오감도烏瞰圖」 연작 가운데 하나인 「시제14호詩第十四號」는 무속적

---

25 오탁번, 앞의 책, 13면.

입사의례의 한 형식인 임사체험을 사실적으로 재현한다.

> 고성古城앞풀밭이있고풀밭위에나는내모자帽子를벗어놓
> 았다. 성城위에서나는내기억記憶에꽤무거운돌을매어달아
> 서는내힘과거리距離껏팔매질쳤다. 포물선抛物線을역행逆行
> 하는역사歷史의슬픈울음소리. 문득성城밑내모자帽子곁에한
> 사람의걸인乞人이장승과같이서있는것을내려다보았다. 걸
> 인乞人은성城밑에서오히려내위에있다. 혹或은종합綜合된역
> 사歷史의망령亡靈인가. 공중空中을향向하여놓인내모자帽子
> 의깊이는절박切迫한하늘을부른다. 별안간걸인乞人은율율慄
> 慄한풍채風彩를허리굽혀한개의돌을내모자帽子속에치뜨려
> 넣는다. 나는벌써기절氣絶하였다. 심장心臟이두개골頭蓋骨
> 속으로옮겨가는지도地圖가보인다. 싸늘한손이내이마에 닿
> 는다. 내이마에는싸늘한손자국이낙인烙印되어언제까지지
> 워지지않았다.

> — 이상, 「시제14호詩第十四號」, 전문.

화자는 "모자帽子"를 벗어 풀밭 위에 놓는다. 이 시의 흐름으로 보
아 "모자帽子"는 화자의 두개골을 가리킨다. 두개골을 내려놓은 화자
가 성 위에서 한껏 돌팔매질을 한다. 돌은 "모자帽子", 즉 두개골의
내부에 들어 있는 것으로 추정이 가능하다. 그렇다면 그것은 그때까
지 화자의 모든 정신작용이 총체적으로 '수록'된, 뇌에 준하는 어떤
것으로 해석할 수 있다. 화자는 그것을 '기억에 매단 돌'로 묘사한다.

이는 '돌에 매단 기억'의 전도된 표현으로 볼 수 있다. 돌은 화자의 전 생애를 스치며 날아간다. 돌이 공기를 가르며 내는 소리는 화자의 편에서 듣는다면 돌의 궤적인 돌팔매가 그리는 포물선을 거슬러 들릴 수밖에 없다. 화자에게 그 소리는 "역사歷史의슬픈울음소리"로 들린다. "역사歷史"는 화자의 기억에 남아 있는 전 생애의 기록이다. 그것을 "슬픈울음소리"로 인식하고 있다는 정황은 화자가 자신이 겪어온 삶의 전모를 비극적으로 인식하고 있다는 것을 뜻한다.[26]

　문득 그는 자신의 모자, 즉 두개골 옆에 서 있는 "걸인乞人"을 발견한다. 그의 키는 막 성 위까지 뻗쳐올라온다. 화자는 그를 "종합綜合된역사歷史의망령亡靈"[27]이 아닌가 생각한다. 그는 화자를 포함한 모든 개인의 삶을 아우르는 기억의 집결체를 관장하는 신적인 존재다. 화자의 빈 두개골은 하늘을 보고 뒤집힌 채 다시 채워지길 "절박切迫"하게 기다리는 중이다. 별안간 그것은 소름 끼치는 몸을 구부려 화자의 빈 두개골 내부에, 화자가 기억을 매달아 날려버린 돌 대신에 다른 돌을 채워 넣는다. 화자는 그 광경이 무서워 기절한다. 화자의 시야에 자신의 해부도解剖圖 위로 심장이 두개골 속으로 들어가는 광경이 보인다. 기절한 화자의 이마에 누군가의 싸늘한 손길이 닿는다.

---

26 입무자들은 예외없이 현실적 질곡으로부터 고통을 받는다. 이 시의 화자가 자신의 삶을 비극적으로 인식하는 것은 그가 입무자들이 공통적으로 지니는 환경 속에 놓였음을 시사한다.

27 서정주는 귀신을 "육신을 이미 떠난 마음의 대집합"이라 한다. 서정주, 「역사의식의 자각」, 『현대문학』, 1964. 9. 38면. 이상의 "종합(綜合)된역사(歷史)의망령(亡靈)"에서 '역사'를 개인의 기억으로 보았을 때, 서정주의 "육신을 이미 떠난 마음의 대집합"은 그것과 매우 흡사하다. 두 시인이 영(靈)의 존재를 거의 동일하게 이해한 점은 흥미롭다. 두 가지 다 그것을 정신의 어떤 현상으로 이해하는 듯하다. 이러한 점은 이 시에 대한 해석의 정당성을 간접적으로 뒷받침한다.

화자는 그 감촉이 "언제까지든지" 잊혀지지 않는다.

이 시의 내용은 입무자들이 겪는 신체할단dismemberment을 통한 임사체험의 모습을 놀라울 정도로 현실감 있게 보여 준다. 입무자들의 임사체험은 샤머니즘의 습속이 있는 전 지역에서 두루 발견된다. 그중 한 가지 사례를 살펴보자.

후보자는 지쳐서 의식을 잃고 쓰러질 때까지 계속해서 걷거나 서 있어야 한다. 후보자가 의식을 잃으면, 의례의 집행자(영신─연구자)들은 여느 의례에서처럼 후보자의 옆구리를 째고 내장을 들어내고는 새 내장으로 바꾸어 넣는다. 이어서 집행자들은 후보자의 머리 안에는 뱀을 한 마리 넣고, 코에는 주물呪物, kupitja을 끼우는데……[28]

위와 같은, 입무자가 겪는 신체할단의 환상은 우리나라 무속에서는 약화되어 나타나지만,[29] 시베리아나 남북아메리카, 오세아니아 등

---

28 M. 엘리아데, 이윤기 역, 『샤마니즘』, 까치, 2003, 64~65면.

29 『삼국유사』에 신체할단 모티프를 추정할 만한 흔적이 나온다. '혁거세왕이 신라를 세우고 나라를 다스린지 61년 만에 하늘에 올라갔다. 그후 이레가 지난 다음 왕의 유해가 산산히 흩어져 땅에 떨어졌다. 그것을 모아 합장하려했으나 큰 뱀이 방해를 하여 분리된 유체를 다섯 능에서 각각 장사를 했다. 이를 사릉이라 한다.' 『삼국유사』권1 기이.
또 이원수의 전래동화 「순이와 버들잎소년」에도 비슷한 추정을 할 만한 이야기가 나온다. '하늘에서 내려온 소년이 의붓어미 밑에서 고생하는 순이를 돕는다. 그러나 순이의 의붓어미에게 들켜 불에 타죽는다. 순이는 소년의 뼈를 모아 여러 가지 빛깔의 물을 뿌린다. 재생한 소년은 순이를 데리고 하늘로 올라간다. 이원수, 『전래동화집』, 현대사; 이부영, 「입무과정의 몇 가지 특징에 대한 분석심리학적 고찰」, 김택규·성병희, 『한국민속연구논문선』, 일조각, 1986, 179면에서 재인용.

샤머니즘의 세계에서 보편적으로 일어나는 현상이다. 위 기록에서처럼 신체할단과 더불어 신체에 이물질을 삽입하는 모습은, 오스트레일리아에서 입무자의 머리에 구멍을 내고, "레몬 크기 정도의 마법의 돌"을 박거나, 몸 속에 "석영조각atnongara"을 채워넣는 의식[30]에서도 발견된다. '바꿔 넣음'은 인격에서 신격으로 몸을 바꾸기 위한 제차다.

이 시에서 화자는 입무자로서 신체할단의 임사체험을 한다. 화자의 돌팔매질은 자신의 역사, 즉 전 생애의 기억을 날려보내는, 다시 말해서 자아를 교체하기 위한 제차라 할 수 있다. 인격에서 신격으로 전화轉化하기 위한 행위다. 그의 의례를 도와 주는 것이 "걸인乞人"이다. "종합綜合된역사歷史의망령亡靈"으로 표현된 그는 신적인 존재다. 갑자기 키가 성 위까지 치솟는 모습도 그를 인간으로 믿기 어려운 이유가 된다. 그는 영신靈神의 역할을 맡는다. 그는 비워진 화자의 두개골에 새로운 돌을 "치뜨려" 넣는 의식을 거행한다. 이는 화자의 인격이 전환되었음을 의미한다. 화자가 기절한 상태에서 목격하는 내장기관의 뒤바뀜도 입무자들이 겪는 보편적인 환상이다. 입무자들의 내장기관이 적출되거나, 교체·재배치되는 모습과 입무자들이 그 광경을 '숨죽여' 바라보는 모습은 임사체험의 전형적 풍경이다. 여기까지가 화자의 꿈으로 여겨진다. 그를 깨운 "싸늘한손"은 환상의 고통과 전율스러움 때문에 "낙인烙印"처럼 그 감촉을 잊기 어려웠을지도 모른다. 그 손의 임자가 영신일 수도 있다.

이상의 다른 시, 「오감도烏瞰圖」의 「시제11호詩第十一號」나 「시제13

---

30 M. 엘리아데, 이윤기 역, 앞의 책, 62~65면 참조.

호詩第十三號」 등에도 신체할단 모티프가 나타난다. 그러나 이 시에 나타나는 신체할단이미지와 구별되는 분위기와 에피소드가 감지된다.

> 내팔은그사기컵을사수死守하고있으니산산散散이깨진것은그럼그사기컵과흡사한내 해골骸骨이다. 가지났던팔은배암과같이내팔로기어들기전前에내팔이혹或움직였던들홍수洪水를막은백지白紙는찢어졌으리라. 그러나내팔은여전如前히그사기컵을사수死守한다.
>
> — 이상, 「시제11호詩第十一號」, 부분.

> 자세히보면무엇에몹시위협威脅당하는것처럼새파랗다. 이렇게하여잃어버린내두팔을나는촉대燭臺세움으로내방안에장식裝飾하여놓았다. 팔은죽어서도오히려나에게겁怯을내이는것만같다. 나는이런얇다란예의禮儀를화초분花草盆보다도사랑스레여긴다.
>
> — 이상, 「시제13호詩第十三號」, 부분.

윗시들에 나타나는 신체할단이미지는 위트에 의존하며, 언어와 감각의 유희를 떠올리게 한다. 그리고 신체할단의 파트너가 존재하지 않는다. 이에 비해서 「시제14호詩第十四號」는 이상 자신의 능기인 위트나 언어유희적 낌새가 거의 느껴지지 않고, 읽는 이가 고통을 느낄 만큼 진지하게 시상을 갈무리한다. 또 신체할단의 파트너가 명시되고 있다. 이러한 점은 이 시를 무적 입사의례의 제차인 신체할단의식의 한 장면으로 해석할 가능성을 뒷받침한다. 모든 임사체험에는 파트너가 필수적이다. 그것은 의례를 집전해야 하는 영신이기 때문이다. 입무자는 신체할단의 대상일 뿐이다. 더구나 이 시의 에피소드는, 화자가 자신의 바깥에서 자신을 바라보는 내용을 담는 이율배반적 경험을 담고 있다는 면에서도, 원시샤먼의 전형적 임사체험 장면과 일치한다.

이상이 샤머니즘의 입사의례에 대한 정보를 접했을 가능성은 확인하기 어렵다. 그가 임사체험의 제차를 의식하고 이 시를 썼든 그렇지 않든 중요한 문제는 아니다. 임사체험은 시간이나 장소, 또는 정보의 소통 여부와 상관없이 샤먼에게 보편적으로 일어나는 현상이다. 원시샤먼의 생생하고 격렬한 신체할단의식을 환기하는 이 작품은 꿈의 내용을 시로 형상화했을 가능성이 크다. 문학적 수사나 과장을 염두에 두더라도 꿈이 아닌 생시의 상상이나 환상으로 보기에는 경험의 내용이 너무 적나라하고 격렬하다. 이상의 시들 가운데에서도 독특한 소재로 짜여진 이 작품은 소위 집단무의식collective unconscious이나 벤야민의 소위 '종합적 기억gedächtnis'[31]의 시야에서 이해할 수 있을 듯하다.

「문벌門閥」은 조상의 영혼과 소통하는 형식으로 가문에 대한 콤플렉스와 정체성의 갈등을 행간에 드러낸다.

---

31 벤야민에 따르면, 이것은 일상에서 경험한, 의식하지 못하는 자료들이 축적되면서 형성된다. 프로이트의 '무의지적 기억'과 유사한 개념으로 경험의 본질을 형성한다. W. 벤야민, 반성완 역, 『발터 벤야민의 문예이론』, 민음사, 1983, 119~205면 참조.

분총墳塚에계신백골白骨까지가내게혈청血淸의원가상환原
價償還을강청強請하고있다. 천하天下에달이밝아서나는오늘
오늘떨면서도처到處에서들킨다. 당신의인감印鑑이이미실
효失效된지오랜줄은꿈에도생각하지않으시나요—하고나는
의젓이대꾸를해야겠는데나는이렇게싫은결산決算의함수函
數를내몸에지닌내도장圖章처럼쉽사리끌러버릴수가참없다.

– 이상, 「문벌門閥」, 전문.

이상은 문벌과 가계의 중요성을 내세우는 조부와 백부의 유교윤
리에 갇혀 지낸다.[32] 그의 시에는 그가 가문 또는 가정에 대해 어떤
강박의식을 가지고 있다는 흔적이 자주 발견된다. "크리스트에혹사
酷似한남루襤褸한사나이가잇으니이이는그의종생終生과운명殞命까지도
내게맛기랴는사나운마음씨다"(「육친肉親」), "두번씩이나각혈喀血을한
내가냉청冷淸을극極하고있는가족家族을위爲하여"(「육친肉親의장章」) 같
은 것이 그 예다.

이 시도 그가 가진 문벌과 가계에 대한 콤플렉스를 드러낸다. 이
시는 화자와 선산에 묻힌 조상들의 혼령과 교감하는 형식을 취한다.
"혈청血淸의원가상환原價償還을강청強請"한다는 말은 가문 대대로 이
어왔던 가풍을 지킬 것을 명령한다는 뜻이다. 조부나 백부와 같은 친
척들이 조상 때부터 지켜 왔던 가풍대로 처신하도록 화자를 간섭하
고 규제한 데서 연유한 것이겠다. 화자에게 조상의 유풍이 거추장스

---

32 김승희 편저, 『이상』, 문학세계사, 1993, 22면.

럽다. 화자는 그것으로부터 도피하고 싶은 욕망에 사로잡힌다. 그러나 그것은 욕망일 뿐, 일가친척의 간섭과 규제로부터 벗어날 수 없다. 화자는 그러한 자신의 처지를 "천하天下에달이밝아서나는오들오들떨면서도처到處에서들킨다"로 표현한다. "달"의 밝기는 표면적으로 화자의 모습이 발각되는 이유가 된다. 한편 그것은 그 시간이 조령祖靈이 활동하는 밤임을 의미하기도 한다. 무속에서 밤은 인간세계의 풍속과 윤리로부터 벗어나, 신들의 질서와 규범의 지배를 받는 성스러운 시간이다. 화자는 자신을 집요하게 찾아다니며 간섭하고 규제하려는 조령에게, 시대가 바뀌고 사회가 바뀌었음을 들어 설득하려 한다. "의젓이"는 조령들에 대한 두려움을 숨기려는 꾸밈이다. 그러나 그것은 마음속의 결의에 지나지 않는다. 왜냐하면 가문의 구성원은 마치 함수관계처럼 가풍과 나란히 처신해야 하고, 따라서 가풍의 부정은 가문의 구성원으로서의 관계를 "결산決算"하는 것을 의미하기 때문이다. 화자는 가문과 결별하는 것이 "내몸에지닌내도장圖章"을 끌러버리는 것 같아 차마 하기 어렵다. 여기에서 "내몸에지닌내도장圖章"은 '나'가 반복된 것이나, 도장의 쓰임새로 보아 화자의 정체성을 뜻하는 것으로 해석할 수 있다.

이 시는 가문의 굴레에 대한 화자의 입장을 혼교라는 무속적 사유형식으로 전달하고 있다. 여기에서의 무속성은 메시지를 효과적으로 꾸미기 위한 알레고리적 장치를 형성하는 데 복무한다. 비유적 수단으로 무속을 끌어썼다는 것은 오히려, 이상에게 그것이 그의 의식 또는 무의식 안에 짙게 배어 있음을 반증한다.

## 4. 백석-무속적 사유와 토속공간의 원형성

백석 시에 대한 논의는 모더니즘(이미지즘)적 요소나 리얼리즘적 요소, 그리고 낭만주의적 미학에 초점을 두고 작품에 자율적으로 내재하는 구조를 분석하려는 시도, 그리고 방법론적 도입을 통해 분석하려는 시도 등으로 대별된다.[33] 그의 시는 대체로 토속성[34]이나 모더니즘, 또는 리얼리즘[35]의 관점에서 이루어진 듯하다.

백석 시에서 두루 목격되는 북방정서나 북방민의 생활상 안에는 그것들을 이면에서 간섭해 온 무속적 사유가, 눈에 띄든 숨겨져 있든 존재할 것이란 것은 자명하다. 그의 시에서 북방정서나 북방민의 생활상이 시원적이고 생생한 날것으로 드러날수록, 안에 무속적 질서와 세계관의 원형질이 더 농밀하게 반영되었을 가능성이 크다.

「가즈랑집」은 무당인 "가즈랑집할머니"와 그녀의 마을과 집에 대한 이야기를 풀어놓으면서, 설화와 무속과 생활이 온전히 한 몸이 되어 존재하는 자연색 그대로의 토속공간을 섬세하게 그려낸다.

> 승냥이가새끼를치는 전에는쇠메돐도적이났다는 가즈랑
> 고개

---

33 박주택, 『낙원회복의 꿈과 민족정서의 복원』, 시와시학사, 1999, 22~23면.

34 김재홍은, 이미지즘의 장점을 찾아내어 특유의 설화적 내면 공간 또는 향토적 서정공간 속으로 끌어들였다고 평가한다. 김재홍, 『한국현대문학의 비극론』, 시와시학사, 1993, 230~258면 참조.

35 윤여탁은, 백석의 서술시를 리얼리즘 확보를 위한 모색의 일환으로 간주한다. 윤여탁, 『시의 논리와 서정시의 역사』, 태학사, 1995, 203~206면 참조.

가즈랑집은 고개밑의

　산山넘어마을서 도야지를 잃는밤 즘생을쫓는 깽제미소리

가 무서웁게 들려오는집

　닭개즘생을 못놓는

　멧도야지와 이웃사춘을지나는집


　예순이넘은 아들없는가즈랑집할머니는 중같이 정해서

할머니가 마을을 가면 긴 담뱃대에 독하다는막써레기를

몇대라도 붗이라고하며


　간밤엔 섬돌아레 숭냥이가왔었다는이야기

　어느메山곬에선간 곰이 아이를본다는이야기


　나는 돌나물김치에 백설기를먹으며

　넷말의구신집에있는듯이

　가즈랑집할머니

　내가날때 죽은누이도날 때

　무명필에 이름을써서 백지달어서 구신간시렁의 당즈깨

에넣어 대감님께 수영을들였다는 가즈랑집할머니

　언제나병을앓을때면

　신장님달련이라고하는 가즈랑집할머니

　구신의딸이라고생각하면 슳버졌다

　　　　　　　　　　　　　－ 백석, 「가즈랑집」, 부분.

"가즈랑할머니"가 사는 "가즈랑고개"는 승냥이가 새끼를 치고, 한때는 쇠몽둥이를 든 도적들의 소굴이 있는 깊은 산속이다. 그곳에는 한밤중 가축을 노리는 승냥이 따위의 산짐승을 쫓는 산 너머 마을의 꽹과리 소리가 들리기도 한다. 산짐승 등쌀에 가축들을 함부로 풀어먹이지 못하는, 가끔 멧돼지도 근방에서 어슬렁거리는 마을을 지나면, "가즈랑고개"에 할머니의 집이 있다.

할머니가 사는 "가즈랑집"을 포함하여 마을에서는 인가의 섬돌 아래까지 승냥이가 들락거리고, 어느 산골에서는 곰이 아이를 돌본다는 믿기 어려운 이야기가 사실처럼 들리는 곳이다. 이 공간은 사람들의 생활과 산짐승들의 생태가 혼효된다. 사람과 자연이 서로 소통하면서 스스로의 삶을 이어간다. 서구적 합리주의로 치장한 문명적 사유가 틈입할 여지가 없다. 이 공간에서는 곰이 아이를 부양한다는 신화 같은 이야기도 이성의 접시저울로 사실 여부를 가늠해야 하는 대상이 아니다. 다만 몇 번을 들어도 그 신비로움에 눈을 빛내며, 두려움과 호기심으로 가슴을 두근거려야 하는 존재sein형식으로 인식된다. 5연에서는 병을 "신장님달련"으로 여긴다. 무속적 질병관에 따르면, 병은 원혼의 해꽂이나 신벌神罰로 말미암는다.[36] 따라서 치료의 주체는 무당이었으며, 그들은 활인서活人署라는 기관에 소속되어 의료행위를 담당하기도 했다.[37] "가즈랑집할머니"가 살고 있는 이 시의 공간은 사람과 자연뿐 아니라, 신까지 뒤섞여 소통하는 시원의 비경

---

36 이부영, 「한국무속의 심리적 고찰」, 김인회 외, 『한국무속의 종합적 고찰』, 고려대 민족문화연구소, 1982, 154면.
37 조흥윤, 앞의 책, 223면 참조.

이다.

화자는 "돌나물김치에 백설기를먹으며" 할머니를 생각한다. 그녀는 화자와 누이의 이름을 적은 '명다리'를 신에게 바쳐 그들의 무병장수를 비는 무당이다.[38] "대감님"은 그녀의 몸주다. 신에게 "수영을 들였다"는 말은 그들을 신의 가호 아래 들여 무병장수하도록 했다는 뜻으로 이해할 수 있다. 무당은 세속세계의 규범과 풍속으로부터 벗어나 신들의 윤리와 질서 속에서 살아간다. 3연에서 볼 수 있듯이 신성공간인 巫의 세계에서 존재하는 할머니는 예순이 넘은 나이에도 "중같이 정"하게 늙을 수 있다. 그녀는 자연과 신과 섞여 서로 교섭하며 살아가는 마을 사람들의 삶의 내력과, 그들이 숨을 쉬며 생활하는 원형적 공간의 비밀을 탐색할 수 있는 하나의 기호로 기능한다.

「가즈랑집」은 무당인 "가즈랑집할머니"를 구심점으로 한, 무속적 사유와 질서 아래 사람과 동물과 신이 혼연하는 공간을 보여 준다. 화자에게 그 공간은 언제든지 그 안에서 의지하고 쉴 수 있는, 아기집과 같은 안식의 처소로 인식된다.

「오금덩이라는곧」은 무속적 색채가 축사의례의 풍속을 전경으로 구체적으로 드러난다.

　　어스름저녁 국수당돌각담의 수무나무가지에 녀귀의탱을
　　걸고 나물매 갖추어놓고 비난수를 하는 젊은새악시들
　　— 잘먹고 가라 서리서리물러가라 네소원풀었으니 다시

---

38 김명인, 「1930년대 시의 구조 연구」, 고려대 박사학위논문, 1985, 74면.

침노말아라

벌개늪역에서 바리깨를뚜드리는 쇠ㅅ소리가나면

누가눈을앓어서 부증이나서 찰거마리를 불으는것이다

마을에서는 피성한눈슭에 절인팔다리에 거마리를 붙인다


여우가 우는밤이면

잠없는 노친네들은일어나 팟을깔이며 방요를 한다

여우가 주둥이를향하고 우는집에서는 다음날 으레히 흉

사가있다는것은 얼마나 무서운말인가

— 백석, 「오금덩이라는곳」, 전문.


이 시는 '오금덩이'라는 마을에 있는 서낭당의 한 모습을 소개하
는 것으로부터 비롯한다. "수무나무" 가지에 걸린 "녀귀의탱"은 여귀
厲鬼의 그림을 뜻한다. 여귀는 돌림병으로 죽음을 당한 자의 귀신이
다. 제대로 된 제사를 받지 못한다. 그것은 객귀나 영산, 왕신, 몽달
귀신과 마찬가지로 저승에 들지 못하고, 부랑고혼浮浪孤魂이 되어 사
람들을 괴롭힌다. 마을의 젊은 색시들은 그것을 위해 나물과 젯밥을
갖추어 놓고 비난수를 한다. 이는 여귀를 위로하여 저승으로 돌려보
내, 이승에서 더이상 해꼬지하지 못하도록 하려는 의도에서다. 비난
수하는 축이 젊은 색씨들인 걸로 미루어 여귀는 처녀로 죽은 왕신일

가능성이 크다.[39]

2연의 "벌개늪"녘에서 주발뚜껑을 두드리는 행위는 소리로써 귀신을 퇴치하려는 재액주술이다. 궁궐에서 제석除夕에 행하던 의식이 민간에 내려오며 간소화된 형태다.[40] 이 시대에 명절날 폭죽 따위를 터뜨리는 것도 그 풍속의 잔영으로 보인다.

여우가 우는 밤이면 "잠없는 노친네"들이 일어나 팥을 바닥에 깔고, 오줌을 눈다. 물론 이러한 모습은 3행에서 보이는, 여우의 울음소리로 닥칠 흉사를 애초에 방지하기 위한 주술적 행위로 해석할 수 있다. 팥의 붉은빛은 벽사의 빛깔이다. 동짓날 팥죽을 먹는다거나, 환자가 팥밥을 먹는다거나, 우물에 팥을 넣는 행위는 모두 사귀나 역귀를 쫓거나, 그것들의 침입을 막기 위한 의식이다. 사귀들은 모두 적두赤豆를 두려워하므로 민간에서는 염기厭忌하는 성정을 이용하여 역귀구축의 방도로 삼았다.[41] 제주민속에 천화일天火日에 집을 지으면, 화재에 약하다는 믿음이 있다. 화재에 대한 방비로 일꾼들이 지

---

39 질투심이 많은 왕신이 제일 싫어하는 것은 마을의 혼사다. 특히 시집가는 것을 질투하여, 그 때는 정성을 다하여 왕신을 위로하고 하락을 받아내야 한다. 민간에서 가장 두려워하는 왕신이 되는 것을 막기 위해 처녀가 죽으면 특별한 절차를 거친다. 사람들의 내왕이 잦은 네거리에 엎어서 묻으며, 시신에 입히는 수의는 바늘 꽂은 남자의 옷이다. 그리고 생전에 좋아했던 화장품이며 책 따위, 그리고 참깨 세 되를 함께 묻는다. 이는 처녀의 넋이 무덤 밖으로 나오는 것을 방지하는 수단이다. 김태곤, 『무속과 영의 세계』, 한울, 1996, 73면.
   왕신을 달리 손각시, 손말명이라고도 한다. 이는 또래의 혼기가 찬 처녀에게 붙어 괴롭힌다. 그러면 결국 시집을 가지 못한다고 믿어, 무당을 불러 방액(防厄)을 했다. 고대민족문화연구소 편, 앞의 책, 324~435면.
40 대궐 안에서는 제석(除夕) 전날에 대포를 쏘는데 이를 연종포(年終砲)라 한다. 화전(火箭)을 쏘고, 징과 북을 울리는 것은 대나(大儺)의 역질귀신을 쫓는 행사의 잔재다. 또 제석과 설날에 폭죽을 터뜨리는 것은 귀신을 놀라게 하려는 제도다. 홍석모, 『동국세시기』, 12월 '제석'.
41 임동권, 『한국민속학논고』, 집문당, 1982, 93~97면.

붕에 오줌을 눈다. 이는 재액이 오줌과 더불어 실려간다는 일종의 유
감주술homeopathic magic이다. 또 불길이 잡히지 않을 때 여자 속옷에
오줌을 묻혀 네 귀퉁이에 휘둘러 진화하려는 습속[42] 역시 위와 같은
맥락에서 이해할 수 있다. 노인이 집주변에 팥을 까는 행위나 오줌을
누는 행위는 모두 축사를 위한 주술행위로 이해할 수 있다.

이 작품은 "녀귀의탱"에 고사를 올리고, 주발뚜껑을 두드리거나,
팥을 바닥에 깔고 오줌을 누어 예상되는 재액을 방비하는 마을 사람
들의 풍속을 화자의 정서를 최소한으로 여과시켜 묘사하는 형식을
띤다. 이 시에서 보여 주는 에피소드는 무속적 사유가 마을 사람들의
생활과 행동에 육화되었음을 뜻한다.

「마을은 맨천 구신이 돼서」에서는 집과 마을 모두가 무속의 지배
를 받는다. 집과 마을 곳곳이 무속의 신들이 살아 숨쉬는 신화적 공
간이다.

나는 이 마을에 태어나기가 잘못이다
마을은 맨천 구신이 돼서
나는 무서워 오력을 펼수 없다
자 방안에는 성주님
나는 성주님이 무서워 토방으로 나오면 토방에는 디운구신
나는 무서워 부엌으로 들어가면 부엌에는 부뜨막에 조앙님

---

42 한국문화상징사전편찬위원회 편, 『한국문화상징사전2』, 동아출판사, 1995, 534면.

나는 뛰쳐나와 얼른 고방으로 숨어 버리면 고방에는 또
시렁에 데석님

나는 이번에는 굴통 모롱이로 달아가는데 굴통에는 굴대
장군

얼혼이 나서 뒤울안으로 가면 뒤울안에는 곱새녕 아래
털능구신

나는 이제는 할수 없이 대문을 열고 나가려는데

대문간에는 근력 세인 수문장


나는 겨우 대문을 삐쳐나 밖앝으로 나와서

밭 마당귀 연자간 앞을 지나가는데 연자간에는 또 연자
망구신

나는 고만 디겁을 하여 큰 행길로 나서서

마음 놓고 화리서리 걸어가다 보니

아아 말 마라 내 발뒤축에는 오나가나 묻어 다니는 달걀
구신

마을은 온데 간데 구신이 돼서 나는 아무데도 갈수 없다

　　　　　　　– 백석, 「마을은 맨천 구신이 돼서」, 전문.


화자는 집 안 여기저기 가득한 신들 때문에 무서워 "오력"[43]을 차

---

43 오력은 불가에서 말하는, 수행에 필요한 신력·정진력·염력·정력·혜력의 다섯 가지 힘을 가리킨
다. 『잡아합경』 26권. 이 시의 "오력"은 이 낱말이 민간화되면서 뜻이 변질된 것 같다. "오력
을 펼수 없다"는 '정신을 차릴 수 없다' 정도로 해석될 여지가 있다.

릴 수가 없다. 그래서 화자는 집을 뛰쳐나가 보지만, 마을길에도 도처에서 귀신이 따라붙는다.

성주신은 애초에 집짓기를 가르쳐 준 가택신이었으나, 후에는 성주신앙成主信仰이 이루어지면서 재복과 행운 따위를 관장하는 신으로 모셔진다.[44] 토방의 "디운구신"은 지운地運을 관장하는 신인 터주고, 부뚜막의 "조앙님"은 아궁이를 관리하는 조왕신竈王神이다. 조왕신은 집안의 운세를 담당하기도 한다. 고방에 걸린 시렁의 "데석님"은 제석帝釋으로 보인다. 제석은 인도에서 불교를 통해 제석천이란 이름으로 왔다. 환인제석이라는 말에서 알 수 있듯이 하늘신을 가리키는 말로 쓰인다. 인간의 생명을 담당하는 가장 높은 신이다.[45] 쌀이나 돈을 담은 신주단지로 안방에 모셔지기도 한다. "굴통"은 뜻이 분명치 않다. '굴통'을 사전적 뜻을 따라 '굴대를 끼우는 부분'에 착안해서, 그것을 수레바퀴로 보면, 이 부분은 수레바퀴가 있는 모퉁이 정도가 되겠다. "굴대장군"은 키가 크고 몸피가 굵은 신장을 이르나, 그 거소居所나 역할은 알려지지 않았다. 이 신은 수레바퀴와 관련지으면 외양간이나 마굿간의 쇠구영신일 가능성이 있다.[46] 이를 함경도지역에서

---

시어사전에는 오금의 방언으로 설명한다. 김재홍 편, 『시어사전』, 고려대학교출판부, 1997, 797면. 물론 '오력'을 '오금'으로 풀이해도 의미상의 문제는 없다. 국어학적인 세밀한 탐구를 필요로 하겠지만, 일단 표준어가 고유어인데 사투리가 한자어인 점도 낯설고, '오금'과 '오력'의 음운상의 변동과정도 추정하기 어렵다.

44 김태곤, 「성주신앙고」, 『후진사회문제연구논문집2』, 경희대후진사회문제연구소, 1969, 297면.

45 조흥윤, 앞의 책, 39면.

46 고대민족문화연구소 편, 앞의 책 119면에서 재인용.

는 군웅신 또는 마부신이라 하며, 성주신보다 더 위한다.[47] "장군"이라 한 것으로 보아 이 신을 가리킬 가능성이 크다. 곱새녕은 용마루나 토담 위를 덮는 지네 모양의 이엉이다.[48] 토담을 덮은 이엉 아래의 "틸능구신"은 전라도에서 장독대를 관리하는 믿는 '철륭님', 즉 대추나무에서 산다는 '천륜대감'[49]과 같은 계열의 신일 가능성이 크다. 북방사투리의 특징인 역구개음화와 보통의 사투리에서 자주 나타나는 자음동화의 음운변이 과정에서 추론할 수 있다. "수문장"은 대문을 지키는 신장이며, 대문을 통과하는 복운과 재액을 다스린다. "연자망구신"은 연잣간을 관장하는 여신으로 추정된다. 화자의 "발뒤축"에 "오나 가나 묻어 다니는" "달걀구신"은 속설에 이목구비가 없는 귀신, 달걀에 몸을 숨겼다가 나타나는 귀신 등으로 일컫는다. 그러나 민속학적 자료 안에서 그것에 대한 논의를 발견하기 어렵다. "달걀구신"에 관한 진술은, '미운 며느리 발꿈치가 달걀 같다고 나무란다'는 속담에서 알 수 있듯이 발뒤축의 형상과 달걀의 모양이 유사하다고 여긴 데서 착안한 듯이 보인다.

이 작품은 어린 시절의 자신을 화자로 해서 무속적 사유가 가택신앙 안에서 어떤 모습으로 드리워지고 있는가를 진술한다. 집안 곳곳에 도사린 "구신"은 시적 화자에게 두려움으로 인식된다. 그러나 그것은 귀신에 대해 누구나 겪는 유년기 정서의 일말을 드러낸 것일

---

47 문화공보부, 『한국민속종합조사보고서』 강원편, 1977, 159면.
48 김재홍 편, 앞의 책, 117면.
49 고대민족문화연구소 편, 앞의 책, 428면.

뿐, 백석 자신이 무속에 대해 두려움을 느끼거나 부정하는 증거로 작용하지 않는다.[50] 오히려 성년기 백석의 기억 속에 깊게 음각된 무속적 환경은 언제나, 돌아가 정주하고 싶은 그리움의 원형적 공간이며, 안식의 거소로 인식된다.[51]

## 5. 맺음말

지금까지 김소월, 이상, 백석의 시들에 투영된 무속적 상상력에 대해 살펴보았다. 그들의 시편을 텍스트로 삼은 것은 그들의 작품이 한국 현대시사의 흐름 위에 각각 좌표적 성질을 띠면서 현대시인들의 작품 생산에 깊고 넓은 파장을 미쳤다고 보기 때문이다.

단군이 태백산에 신시神市를 마련했던 신화시대로부터 디지털시대로 일컬어지는 현대에 이르기까지 무속이 우리 겨레의 의식과 풍속과 윤리와 규범에 끼쳐 온 파급력에 비추면, 현대시의 공간 안에 드리운 무속적 모티프는 상대적으로 희미하다고 할 수 있다. 무속이 타기해야 할 전형적 유산으로 치부되었던 소위 근대라는 시대적 환경 속에 배아胚芽를 마련한 현대시가 지니는 태생적 기질에서 가장

---

50 김학동은, 「넘언집 범같은 노큰마니」를 예시하며, 생사관을 샤머니즘에 두었던 마을에서 태어난 백석이 속신적 인습에서 벗어나지 못한 촌민들의 비극을 그려낸다고 하여, 백석이 무속에 대해 부정적으로 인식하고 있다는 시각을 드러낸다. 김학동, 『백석전집』, 새문사, 1990, 236면.

51 박주택은 「마을은 맨천 구신이 돼서」를 들며, 현재적 삶의 공포와 불안의식을 드러내는 시는 신화적 세계를 향한 원망을 드러낸다고 분석한다. 박주택, 앞의 책, 80면.

큰 원인을 찾을 수 있겠다.

앞에서 현대시에 드러난 무속적 사유체계는 '① 시인이 지닌 무속적 세계관과 인생관의 조명 아래 쓰여지는 경우, ② 시인이 무속적 세계관과 인생관을 지니는 않지만 무속을 도구로 사용하는 경우'의 두 가지 방향에서 가늠할 수 있다고 했다.

소월 시에서는 「무덤」, 「묵념默念」, 「접동새」를 텍스트로 삼아 무속적 상상력을 탐색했다. 「무덤」은 한밤중 공동묘지를 헤매는 화자가 빙의 상태에서 가슴에 품은 한을 망자의 공창에 의탁해 표출하는 작품이다. 이 시의 에피소드는 신병들린 입무자의 심리와 행동을 환기한다. 「묵념默念」은, 한맺힌 망자는 저승으로 들지 못하고 지상을 떠돈다는 무속적 사생관을 배후로 사랑과 그리움, 또는 한이라는 소월 시의 주제적 국면을 표출한다. 사령을 화자로 삼아 형상화하는 형식을 지닌다. 「접동새」는 서북지방의 전래설화를 모델로 하여 한이라는 겨레정서의 원형질을 포착한다. 이 시들의 배후에는 사령과 소통하는 무속적 혼교 모티프가 놓인다. 화자 자신이 무속적 사유를 배경으로 사상事象에 접근하고 그것을 해석한다. 그 과정에서 깊은 그늘을 드리우는 한恨은 '무속의 씨'로 무적 제례의 동인을 형성한다. 이 점에서 그의 시는 ①에 근접한다.

이상 시 가운데에서는 「오감도烏瞰圖」의 「시제14호詩第十四號」와 「문벌門閥」에서 무속적 요소를 감지할 수 있다. 「오감도烏瞰圖」 연작 가운데 하나인 「시제14호詩第十四號」는 무속적 입사의례의 한 형식인 임사체험을 사실적으로 재현한다. 신체할단dismemberment을 통한 임사체험은 시대나 장소와 관계없이 원시샤먼들이 인격에서 신격으로

전환하는 과정에서 겪는 보편적인 현상이다. 이 시에 드러난 신체할
단 장면의 전율과 고통은 원시샤먼들의 그것과 놀라울 정도로 일치
한다. 이상 시에서도 우연적이고 예외적인 이러한 모습은 '집단무의
식', 또는 '종합적 기억'의 현상으로 볼 수 있을 듯하다. 「문벌門閥」
은 가문의 굴레에 대한 화자의 갈등과 고민을 혼교라는 무속적 사유
형식으로 전달하고 있다. 여기에서의 무속성은 메시지를 효과적으로
꾸미기 위한 알레고리적 장치를 구성하는 데 복무한다. 이상의 시는
②에 가깝다 할 수 있다.

백석의 시에서는 「가즈랑집할머니」, 「소금덩이라는곧」, 「마을은
맨천 구신이 돼서」에서 무속의 기미를 발견하려 했다. 그의 시가 보
여 주는 극사실주의적 토속 공간의 원형성은 이미 그 안에 짙든 흐리
든 무속적 세계가 겹쳐 있을 소지를 마련한다. 「가즈랑집」은 무당인
"가즈랑집할머니"를 구심점으로 한, 무속적 사유와 질서 아래 사람
과 동물과 신이 혼연하는 신화적 공간을 보여 준다. 「오금덩이라는
곧」은 무속적 색채가 축사의례의 풍속을 전경으로 구체적으로 드러
난다. 여귀厲鬼를 위로하거나 재액을 방비하는 풍속을 묘사하면서 그
이면에 가려진 무속적 사유의 일단을 보여 준다. 「마을은 맨천 구신
이 돼서」에서는 집과 마을 모두가 무속의 지배를 받는다. 집과 마을
곳곳이 무속의 신들이 살아 숨쉬는 신화적 공간이다. 성년기 백석의
기억 속에 깊게 음각된 유년기의 무속적 환경은 언제나 돌아가 정주
하고 싶은 그리움의, 원형적 공간이다. 백석 시는 ①과 ②의 중간쯤
에 놓인다 할 수 있다.

김소월·이상·백석의 시편에서 무속적 상상력의 흔적을 찾으려는

노력은 그들의 시가 무속성을 띤다는 논지를 얻기 위한 것은 아니다. 현대시사에서 좌표적 공간을 확보하는 그들의 시 안에 잠복한 무속성을 탐험함으로써, 겨레의 의식과 규범과 윤리와 행동을 오래 지배해 왔던 무속이 겨레정서가 가장 예리하게 집적된 물증이라 할 수 있는 현대시에 어떤 모습으로 간섭하고 있는가를 살피려는 데 이 연구의 의도가 있다.

지금까지 한국 현대시 연구는 서구식 사유와 도구로 재단되어 온 게 현실이다. 상대적으로 전통적인 것을 수단으로 한 연구는 도외시된 채 이루어져 온 점 또한 부정하기 어렵다. 무속은 합리성 여부와 상관없이 오랜 기간 이미 존재해 왔다. 무속이 품는 신비성이나 초자연성의 합리성 여부와는 무관하게 우리 겨레는 그것이 형성하는 공간 안에서 수천 년 동안 숨쉬며 살아 왔다. 서구적 저울과 잣대로 재면서 합리성 여부를 따질 만한 가치판단의 대상이 아니다. 시라는 장르가 앞에서 말한 것처럼 겨레 정서를 가장 민감하게 반향한다면, 겨레정서의 원형질을 이루는 무속을 광원光源으로 해서 우리 현대시를 조명해 보는 것은 의미 있는 작업으로 여겨진다. 이러한 작업이 더 심층적으로 축적되기를 기대하는 것이 철지난 민족주의나 국수주의로 읽히지는 않을 것이다.

## 참고문헌

고대민족문화연구소 편, 『한국민속대관3』, 고대민족문화연구소출판부, 1995.

고형진, 『정본 백석 시집』, 문학동네, 2007.

구미래, 『한국인의 상징세계』, 교보문고, 1994.

김명인, 「1930년대 시의 구조 연구」, 고려대 박사학위논문, 1985.

김승희 편저, 『이상』, 문학세계사, 1993.

김열규, 『한국의 신화』, 일조각, 1997.

김영진, 「충청북도무속연구」, 김택규·성병진 공편, 『한국민속연구논문선4』, 일조각, 1986.

김용덕, 『한국의 풍속사』, 밀알, 1994.

김재홍, 「입무과정의 몇 가지 특징에 대한 분석심리학적 고찰」, 김택규·성병희, 『한국 민속연구논문선』, 일조각, 1986.

_____, 「한국무속의 원형연구」, 민속학회 편, 『무속신앙』, 교문사, 1989.

_____, 『무속과 영의 세계』, 한울, 1993.

김재홍, 『한국의 현대시』, 일지사, 1982.

_____ 편, 『시어사전』, 고려대학교출판부, 1997.

김재홍, 『한국현대문학의 비극론』, 시와시학사, 1993.

_____, 『미당 시의 산경표 안에서 길을 찾다』, 황금알, 2007.

김태곤, 「성주신앙고」, 『후진사회문제연구논문집2』, 경희대후진사회문제연구소, 1969.

_____, 「한국무속의 원형연구」, 민속학회 편, 『무속신앙』, 교문사, 1989.

_____, 『무속과 영의 세계』, 한울, 1993.

김학동, 『백석전집』, 새문사, 1990.

김행숙, 「1920년대 동인지 문학의 근대성 연구」, 고려대 박사학위논문, 2004.

문화공보부, 『한국민속종합조사보고서』 강원편, 1977.

박주택, 『낙원회복의 꿈과 민족정서의 복원』, 시와시학사, 1999.

박찬승, 『한국근대정치사상사 연구』, 역사비평사, 1992.

서정주, 「역사의식의 자각」, 『현대문학』, 1964. 9.

_____, 『한국의 현대시』, 일지사, 1982.

신범순, 「샤머니즘의 근대적 계승과 시학적 양상―김소월을 중심으로」, 『시안』 2002
　　　년 겨울호.

오탁번, 『현대시사의 대위적 구조』, 고려대민족문화연구소, 1988.

오태환, 「서정주 시의 무속적 상상력 연구」, 고려대 박사학위논문, 2006.

_____, 『미당 시의 산경표 한에서 길을 찾다』, 황금알, 2007.

윤여탁, 『시의 논리와 서정시의 역사』, 태학사, 1995.

이몽희, 『한국현대시의 무속적 연구』, 집문당, 1990.

이부영, 「한국무속의 심리적 고찰」, 김인회 외, 『한국무속의 종합적 고찰』, 고려대 민
　　　족문화연구소, 1982.

_____, 「입무과정의 몇 가지 특징에 대한 분석심리학적 고찰」, 김택규·성병희, 『한국
　　　민속연구논문선, 일조각, 1986.

이영광, 「서정주 시의 형성원리와 시의식의 구조」, 고려대 박사학위논문, 2006.

임동권, 『한국민속학논고』, 집문당, 1982.

정끝별, 『패러디시학』, 문학세계사, 1997.

조흥윤, 『한국 무의 세계』, 민족사, 1997.

최광열, 「한국 현대시 비판」, 정봉래 편, 『시인 미당 서정주』, 좋은 글, 1993.

최길성, 『한국 무속의 연구』, 아세아문화사, 1990.

최운식, 『한국설화연구』, 집문당, 1994.

한국문화상징사전편찬위원회 편, 『한국문화상징사전2』, 동아출판사, 1995.

현용준, 『제주도무속연구』, 집문당, 1986.

M. 엘리아데, 이윤기 역, 『샤마니즘』, 까치, 2003.

W. 벤야민, 반성완 역, 『발터 벤야민의 문예이론』, 민음사, 1983.

# '향토'의 창안과 조선문학의 (탈)지방성

오태영_ 동국대학교 다르마칼리지 조교수

● 이 글은 오태영, 「'향토'의 창안과 조선문학의 탈지방성」(『한국근대문학연구』 제7권 제2호, 한국근대문학회, 2006)을 재수록한 것이다.

# 1. 은폐된 '한국적인 것'의 기원

"가장 한국적인 것이 가장 세계적이다." 보편과 특수, 중심과 주변의 길항관계를 내포하고 있는 그 자체로 모순적인 이 말이 발화 주체의 어떠한 욕망을 표출하고 있는가에 대해서는 논외로 한다고 하더라도, 과연 한국적인 것이 무엇인지, 그리고 그것이 실재하는지에 대한 의문이 든다. 같은 맥락에서 '한국적인 것'이 무엇인가라는 물음에 대해 다양한 관점과 방법으로 답한다고 하더라도 그것은 단편적일 수밖에 없다. 왜냐하면 주체의 욕망과 위치에 따라 한국적인 것은 다양하게 인식되고 표출되기 때문이다. 한편으로 이 물음에 '한국적이지 않은 것'과의 차이를 통해 우회적으로 답하는 길이 있다. 이것은 한국적인 것의 아이덴티티가 한국적이지 않은 것과의 차이에서 발생한다는 관점으로부터 도출된 것이다. 이처럼 한국적인 것이 구성된다는 측면에 주목했을 때, 그것의 정체성을 밝히기 위해서는 문화적 헤게모니 투쟁의 과정에서 양산된 한국적인 것이 어느 순간 자명한 것으로 인식되고 있는 상황, 그 자체에 주목할 필요가 있다. 즉, 한국적인 것이 발견되고 재생산된 메커니즘에 대한 세밀한 고찰이 이루어져야 하는 것이다.

이 글은 자명한 듯 여겨지는 한국적인 것에 대한 의심에서 논의를 시작한다. 통상 오래된 것처럼 보이고 오래된 것이라고 주장하는 이른바 '전통들traditions'은 실상 그 기원을 따져 보면 극히 최근의 것일 따름이거나 종종 발명된 것이다.[1] 한국적인 것이 전통으로 인식되고 문화의 각 영역에서 재생산되어 정전의 지위를 누리고 있다고 하더라도 대체로 그것들은 근대에 창안된 것이다. 다시 말해 근대에 만들어진 '조선적인 것'이 해방 이후 각 시대담론과 조응하면서 '한국적인 것'이라는 미적 이데올로기로 끊임없이 재생산되었던 것이다. 이 글에서 한국적인 것의 발견과 재생산에 대한 본격적인 논의를 전개할 수는 없다. 다만, 이 글에서는 식민지 후반기 문학작품에 표상되었던 조선적인 것이 어떠한 메커니즘에 의해 만들어지고, 그것이 당시 제국 일본과 식민지 조선 사이의 문화적 헤게모니 투쟁 과정 속에서 어떠한 의미를 갖고 있었는지에 대해 살펴보고자 한다.

이는 주로 1930년대 후반에서 1940년대 전반에 걸쳐 '조선적인 것'을 둘러싼 지방성locality 담론 생산의 메커니즘을 구명하는 것에서 시작해서 당시 조선 지식인들이 변화하는 시대에 조응하여 어떻게 조선(문화)의 정체성을 모색해 갔는가에 대해 살펴보는 작업으로 이어질 것이다. 특히 이 글에서는 조선적인 것의 대표적인 표상 중의 하나인 '향토鄕土' 창출의 메커니즘을 해명하는 데 초점을 맞춰 논의를 전개할 것이다. 물론 식민지 후반기 조선적인 것의 표상은 다양하게 나타난다. 하지만 이 글에서 향토에 주목하는 이유는 향토를 둘러싼 담론 생산과 문학작품 안에 향토를 표상하는 것 등을 통해서 당시 식민지 조선의 지식인들이 제국 일본과 식민지 조선 사이의 중첩된 경계 안에서 자신들의 정체성을 정립하고 나아가 새로운 조선문화를

---

1 에릭 홉스봄 외 지음, 박지향·장문석 옮김, 『만들어진 전통』, 휴머니스트, 2004, 19면.

확립하기 위해 노력했다는 데 주목하기 위함이다.

　이를 위해서 이 글에서는 이효석의 작품을 논의의 주 대상으로 삼는다. 이효석은 문학사에서 한국적인 정조를 가장 잘 구현하고 있는 작가 중 한 명으로 평가받아왔으며, 이러한 평가는 문학사 기술을 넘어서 교과서를 통해 학습되고, 대중문화 일반에까지 영향을 미치고 있다.[2] 즉, TV 드라마나 지방 축제 등을 통해서 그의 작품은 끊임없이 한국적인 것을 대표하는 정조로 환기되고 있다. 이처럼 이효석의 작품이 '한국적'이라는 특수성을 대표하는 것으로 여겨지는 것은 그의 작품에 나타난 '향토성' 때문이다. 향토성은 향토의 풍물·전통·생활을 주요 대상으로 그 지방의 분위기·색채·민속·사상·정감 등의 특색을 의미한다. 이효석 작품에 나타난 강원도 영서지방의 향토성이 문화 장場 속에서 생산·소비의 유통 과정을 겪으면서 한국적인 것으로 만들어지고, 어느 순간 그러한 과정은 은폐되어 자명한 것으로 여겨졌던 것이다. 따라서 은폐의 과정을 추적하기 위해서는 은폐 이전, 그것이 만들어진 시점으로 돌아갈 필요가 있다.

---

2　이와 관련해서 소위 한국인의 애독 작품을 대상으로 '향토적 서정소설'의 미적 특성을 파악한 박헌호의 『한국인의 애독작품—향토적 서정소설의 미학』(책세상, 2001)을 참고할 만하다. 그에 의하면 "향토적 서정소설은 전통적 정서를 복원해내며 한국 근대소설의 미학을 한 단계 격상시킨 공로가 크다. 파행적 근대화가 야기한 제반 부정적인 현상에 피곤해진 민족 구성원들은 향토적 서정소설 속에서 문학적 위안처를 얻었다. 그것은 운명과 일상의 변증법을 엮어내며 사유의 진폭을 확대시켰고, 향토성의 세계를 재현하여 근대화의 피로감을 달래주었다."(181면)

## 2. '조선적인 것'과 '지방적인 것'

1930년대 접어들면서 서구에서는 세계대공황의 여파로 자본주의 체제 몰락의 징후들이 나타나기 시작하였다. 또한, 독일·이탈리아 등을 위시한 파시즘 체제의 강화는 제2차 세계대전으로 이어지면서 세계 질서 재편 움직임에 박차를 가하였다. 그리하여 자본주의와 자유주의를 근간으로 하는 기존 패러다임은 붕괴의 조짐을 보였고, 서구의 자명한 역사적 발전 단계로 믿어져왔던 '근대화'는 점차 그 의미를 상실해갔다. 동아시아의 정세 역시 급변하여 1931년 만주사변에 뒤이은 1937년 중일전쟁의 발발은 일제 파시즘 체제의 강화와 함께 전체주의 구도 안에서 동아시아 지역 질서를 재편하기에 이르렀다. 식민지 조선에서 이러한 국내외 정세를 상징적으로 나타낸 사건은 1935년의 카프해산이었다. 즉, 카프해산이라는 사건은 단순히 기존 문단을 주도하고 있던 문학 단체의 와해를 의미하는 것이 아니라, 거기에는 근대화라는 역사적 과정에 대한 식민지 조선 지식인들(근대주의자들)의 위기의식이 투영되어 있었던 것이다.

이후 1930년대 후반은 "日常生活을 指導하던 常識과 道德 傳統과 慣習이 묻어지는 대신 새것, 異常한 것을 創造하기爲한 모든 情熱이 混沌하게 肉薄"[3]하는 '전형기轉形期'로 당대 지식인들에게 인식되었다. 생활의 기준이 없는 '말 그대로의 카오스'로서 전형기라는 시대 인식은 기존 체제의 가치에 대한 근본적인 회의를 동반하고 있

---

3  徐寅植, 『歷史와 文化』, 學藝社, 1939, 223면.

었다. 이는 세계사적으로나 동양사적으로 팽배해진 근대성 자체에 대한 불신으로부터 기인한 것이었다. 때문에 한 시대가 종언을 고하고 새로운 시대가 도래할 것이라는 믿음이 전형기라는 시대 인식을 낳았다면, 종언을 고해야 할 시대는 '근대' 그 자체였다.

> 事實 오늘에 와서 以上 우리가 「近代」 또는 그것의 地域的具現인 西洋을 追求한다는것은 아무리보아도 우수워졌다. 「유토피아」는 뒤집어진세음이되었다. 歐羅巴自體도 또 그것을 追求하던 後列의 諸國도 지금에와서는 同等한空虛와 動搖와 苦憫을 가지고 「近代」의 파산이라는 意外의局面에 召集된 세음이다.[4]

근대의 파산에 직면한 당대 지식인들은 공허와 동요와 고민 속에서 참담한 상실감을 맛보지 않을 수 없었다. 왜냐하면 그들은 특수성을 염두에 두지 않은 보편성에의 의지를 바탕으로 현실 분석이 따르지 않은 추상적 전망만을 가지고 있었기 때문이다.[5] 따라서 '근대화'라는 슬로건 아래 식민지 조선을 추동해오던 계몽의 의지와 신념은 그 근거를 상실하게 되었다.

서구 추수의 근대화가 디스토피아라는 절망의 심연으로 떨어지고 있다는 판단 속에서 식민지 조선의 지식인들에게 있어서 무엇보다도

---

4  金起林, 「朝鮮文學에의 反省—現代 朝鮮文學의 한 課題」, 『人文評論』, 1940. 10, 44면.
5  류보선, 「1930년대 후반기 문학비평 연구」, 서울대학교 박사학위논문, 1996, 58면.

절실한 문제는 자기 정체성의 재확립이었다. 그리고 새로운 정체성 확립의 움직임 속에서 서양에 대한 동경어린 시선은 교정되어져야 할 필요가 있었으며, 타자에 대한 선망은 자기 내면의 탐색으로 전환되어져야 했다. 그리하여 문명/야만, 선진/후진, 계몽/미개의 이분법적 구도에 묶여 있었던 '서양/동양'은 그 위치를 전복한다. 이 시기 문화의 전 영역에 걸쳐 '동양적인 것'과 '조선적인 것'에 대한 탐구가 활기를 띠었던 것은 이러한 정황을 반영한 것이었다.[6]

물론 '조선적인 것'에 대한 탐구는 근대 초기 신채호의 조선 고대사 서술을 비롯해서 1920년대 국학파, 그리고 1921년에 결성된 조선어학회에 의해 역사, 언어 및 고전문학에 대한 연구 등으로 계속해서 진행되어왔다. 또한, 최남선의 조선광문회(1910)가 고전 문헌을 수집·간행하여 조선학 연구의 기초를 마련하였고, 1920년대의 시조부흥운동, 민요시운동 등은 조선의 과거 문학을 정신적으로 계승하고자 한 노력의 결과물들이었다. 그러나 1920년대까지의 '조선적인 것'에 대한 관심과 탐구는 특정 학파나 유파에 국한되었으며 낭만적 민족주의라는 사상적 기반으로부터도 자유롭지 못했다.[7]

---

6  이와 관련해서 식민지 후반기 '동양적인 것'에 대한 관심과 탐구가 하나의 이데올로기로 전화되고, 주체의 자기 정체성 확립의 동력으로 자리잡아간 과정을 추적한 정종현의 논문은 주목을 요한다. "중일전쟁을 전후해서 서구적 근대의 파산과 새로운 원리의 모색을 중심으로 동양에 대한 논의가 본격화하면서, 조선의 근대주의자들은 그들의 정체성을 구성한 '교양' '이성' '역사' '문화' 같은 이념을 적극적으로 재검토한다. 맑시스트이건 모더니스트이건 '보편적 주체'의 입장에서 세계를 조망할 수 있도록 해준 근대주의의 지반이 위태로워지면서 '근대의 위기'는 주체의 위기와 결부되었다. 이에 직면하여 많은 맑시스트와 모더니스트는 '동양'을 새로운 보편으로 받아들이고 그곳에서 주체화하는 길을 모색했다." 정종현, 『동양론과 식민지 조선문학 : 제국적 주체를 향한 욕망과 분열』, 창비, 2011, 84~85면.

7  이에 대해서는 차승기, 「3장 근대의 '종언'과 과거로의 전회」, 『반근대적 상상력의 임계들 :

이에 비해 1930년대 후반 '조선적인 것'의 부상은 근대성의 가치 전도 현상과 밀접한 관련이 있었다. 문화에 있어서 보편주의 이념의 동요와 함께 일본 군국주의 대두에 따른 식민지 상황의 변화를 수락하면서 출발한 저널리즘 주도의 고전부흥운동은 기존의 국학자뿐만 아니라 당대의 비평가, 철학자 등 지식인들의 폭넓은 참여 속에서 문학사의 전통 지향적 조류 가운데 가장 큰 물결을 이루었다.[8] 이러한 고전부흥운동이 기존의 '조선적인 것'에 대한 고유성, 독자성, 특수성을 최고의 범주로 설정하는 민족주의적 요소를 계승하고 있었음은 부인할 수 없는 사실이지만, 이 시기에 이르러서는 탈민족주의적인 색채를 띠고 전개되었으며, 여기에는 근대의 종언이라는 위기의식이 투영되어 있었다. 고전부흥운동의 문학적 전통주의는 이후 1939년 2월에 창간된 『文章』지의 출현으로 표면화된다. 『文章』은 한국 고전문학 유산의 발굴·정리, 국어학·국문학·미술사학 분야에 대한 학술 활동 지원, 이병기를 주축으로 한 시조부흥운동의 계승 등을 바탕으로 전통주의 태도를 고수해갔다. 주 편집자인 이병기, 정지용, 이태준 역시 근대문화에 대한 회의와 환멸을 바탕으로 사대부 지향성의 상고주의적 태도를 보였으며, 자신들의 작품 속에서 반근대의 표상으로 산수, 골동, 농토 등을 강조하였다.[9]

---

식민지 조선 담론장에서의 전통·세계·주체」, 푸른역사, 2009, 75~117면 참고.

8  이에 대해서는 황종연, 「1930년대 고전부흥운동의 문학사적 의의」, 동국대학교 한국문학연구소 엮음, 『한국문학과 근대성의 형성』, 아세아문화사, 2001, 335~394면 참고.

9  『文章』지의 전통주의에 대해서는 황종연, 「한국문학의 근대와 반근대—1930년대 후반기 문학의 전통주의 연구」, 동국대학교 박사학위논문, 1991 참고.

한편, 1940년대 전반에는 근대의 종언이라는 위기의식과 함께 위기의 근대를 극복하려는 적극적인 움직임이 나타났다. 이러한 움직임의 일단을 1942년 일본 『文學界』 동인 심포지엄 '근대의 초극'을 통해 유추해볼 수 있다. 물론 1930년대 후반과 『文學界』 심포지엄 사이의 시간적 간극이 존재하지만, '근대의 초극'과 관련된 논의의 초점은 『文學界』의 고바야시 히데오小林秀雄, 교토학파의 니시다 기타로西田幾多郎, 일본 낭만파의 야스다 요주로保田與重郎 등에 의해 이미 1935년경에 완성된 형태로 제시되었다는 점[10]에서 1930년대 후반에서 1940년대 전반까지의 사상적 흐름은 그 궤적을 같이 한다고 할 수 있다. 1942년 『文學界』의 '근대의 초극'은 정치에서는 민주주의의 초극, 경제에서는 자본주의의 초극, 사상에서는 자유주의의 초극을 의미하는 것으로, 이는 유럽의 초극이라는 과제와 긴밀하게 연결되어 있었다.[11] 이러한 근대초극론에서 일본은 타자로서 서양 제국주의의 위협에 맞서기 위해서 동아제국이 일심단결해서 하나의 '협동체協同體'를 형성해야 하며, 그 협동체의 중심에 자신이 위치해야 한다는 인식을 가지고 있었다. 그런데 서양 오리엔탈리즘의 구속으로부터 벗어나고자 한 근대초극론에서 '일본적' 오리엔탈리즘의 지적 지배가 아시아를 자국 본위의 '규율=훈련 질서의 분류체계' 속에 가둬 넣으려고 했다는 데 딜레마가 있었다. 즉, 일본은 아시아에 속하면서 아시아가 아니라는, 배치되고 모순된 위상을 추구했던 것

---

10 이에 대해서는 정종현, 앞의 책(특히, 제2부 1장 「'동양론'의 발생과 전개 : 겐요오샤에서 근대초극론까지」), 41~49면 참고.

11 히로마쓰 와타루, 김항 옮김, 『근대초극론』, 민음사, 2004, 65면.

이다.[12]

근대초극론이 일제 파시즘 체제 논리로 귀결되어가고 있었다고 하더라도 신체제 하에서 무엇보다 강조되어야 했던 것은 새로운 비전의 제시였다. 이에 따라 근대화로 인해 상실된 낙토를 건설하고, 그 속에서 동아 제민족이 공영共榮할 수 있다는 신체제론이 제창되었다. 이 시기 문학의 가장 중요한 책무는 이러한 신체제 하 국책國策의 옹호와 전파였다. 『文章』, 『人文評論』 등의 잡지와 『朝鮮日報』, 『東亞日報』 등의 신문 폐간에 이어 1941년 11월에 창간된 『國民文學』은 "일본 정신에 의하여 통일된 동서의 문화 종합을 터전으로 새롭게 비약하려는 일본 국민의 이상을 담은 대표적인 문학으로서 금후 동양을 이끌고 나갈"[13] '국민문학'의 사명을 완수해야 했다. 국민문학으로서의 조선문학의 역할, 대동아문화권 내 조선문화의 위상과 관련해 '동양적인 것' 속에 '조선적인 것'이 다시 부각되면서 조선문학의 지방성, 지방색이 화두에 오른다.

조선문학은 규슈문학이나 도호쿠문학, 내지는 타이완문학 등이 갖는 지방적 특이성 이상의 것을 가지고 있다. 그것은 풍토적으로나 기질적으로, 결국에는 사고 형식상으로도 내지와 다를 뿐만 아니라, 장구한 독자적 문학 전통을 함유하고 있고, 또한 현실에서도 내지와는 다른 문제와

---

12 야마무로 신이찌, 임성모 옮김, 『여럿이며 하나인 아시아』, 창비, 2003, 158면.
13 崔載瑞, 「國民文學の要件」, 『國民文學』, 1941. 11, 35면.

요구를 가지고 있는 것이다. …(중략)… 언어 문제에 관해 이야기할 때, 자주 조선문학을 아일랜드문학에 비유하는 경향도 있었던 것 같으나, 그것은 위험하다. 아일랜드문학은 물론 영어를 사용하고 있지만, 정신은 처음부터 반영적反英的이며, 영국으로부터의 이탈에 그 목표가 있었던 것이다.[14]

위의 글에서 최재서는 조선문학이 풍토적·기질적 특성과 함께 사고 형식상으로도 내지문학과 다르며, 규슈문학이나 도호쿠문학, 타이완문학과도 다름을 밝히면서 조선문학의 지방성을 확보하고 있다. 여기에는 일본뿐만 아니라 여타 식민지 문학과의 이중적 구별 짓기를 통해 '자기'를 규정하려는 욕망이 작동하고 있다. 조선문학의 지방성을 이해하기 위해서는 동아시아 각국의 지방문학이 국민문학으로 통합되는 데 있어 하나의 모델로서의 조선문학의 위상에 대한 검토가 필요하다. 최재서가 영문학권 내 스코틀랜드문학의 위상을 조선문학의 그것에 비유하고 있는 것을 통해 알 수 있듯이, 식민지 지방문학은 개별성이나 독창성의 차원에서가 아니라 국민문학의 일익을 담당하는 수준에 있어서 그 가치를 부여받을 수 있었다. 따라서 일제 파시즘기 조선문학은 세계 신질서 수립과 대동아 건설이라는 국민문학의 당면과제 앞에 문필봉공文筆奉公할 수밖에 없었던 것이다.

한편, 김종한 역시 지방문학으로서의 조선문학에 대한 논의를 전

---

14 崔載瑞,「朝鮮文學の現段階」,『國民文學』, 1942. 8, 12면.

개하였는데, 그는 지방이 단순히 중앙에 복속되는 것이 아님을 강조하였다. 그는 전체주의적인 사회기구에 있어서는 "東京이나 京城이나 다같은 全體에 있어서의 한 空間的 單位에 不過"[15]하다고 하면서 중앙과 지방의 종속적인 관계가 아닌 지방의 연합체로서 전체를 인식하였다. 이러한 김종한의 '신지방주의론'은 중앙에서 생산해내는 가치를 그대로 이어받는 존재가 아니라 중앙과는 다른 가치를 생산해내는 주체로서 조선 및 조선문학을 위치 짓는 것이었다.[16]

1930년대 후반 이후 1940년대 초반에 이르기까지 식민지 조선의 지식인들은 근대의 종언이라는 위기의식과 신체제의 전망 속에서 '조선적인 것=지방적인 것'을 재발견하였다. 저널리즘 주도의 고전부흥운동에서부터 『文章』지의 전통주의 기획, 그리고 신체제 하에서의 국민문학으로서의 조선문학의 위치 짓기 과정 속에서, '조선적인 것'은 식민지 조선문화의 아이덴티티를 새롭게 정립하고자 한 노력의 산물이었던 것이다.


## 3. '향토=조선'을 통한 정체성의 모색

식민지시기 '조선적인 것'의 대표적인 표상 중의 하나는 '향토鄕土'였다. 향토는 문학작품뿐만 아니라 조선미술전람회 출품작을 중

---

15 金鍾漢, 「一枝의 倫理」, 『國民文學』, 1942. 3, 35면.
16 윤대석, 「『국민문학』의 '신지방주의론'」, 사에구사 도시카쓰 외, 『한국 근대문학과 일본』, 소명출판, 2003, 259면.

심으로 한 회화, 일본인을 위한 조선 관광 안내서, 우편엽서 등을 통해서 조선적인 아우라를 자아내는 대표적인 소재였다. 1930년대 후반 조선적인 것에 대한 재발견의 과정에서 '지방의 시골'이라는 향토의 일반적인 의미[17]는 문화의 각 담론에서 그 외연을 확장한다. 그리하여 향토는 '반도', '조선', '지방' 등의 의미를 갖게 되는데, 이는 독일어 하이마트Heimät의 역어에 가까웠다. "「하이마트」는 生土, 生鄕을 뜻한다. 卽 一國內의 一地方, 一邑落이다. 말하자면 人間의 血緣的關係(生)와 自然(土)이 가장 親密한 直接的인 呼吸을 하고 있는것이 生土요 그것이 行政上一單位를 형성코 있는것이 鄕"[18]이었다. 요컨대 향토는 혈연적 관계를 기반으로 한 국가 내의 한 지방이라고 할수 있다. 그런데 1930년대 후반 이후 '일국一國'의 범주는 식민지 조선의 경계를 넘어 설정되어 있었고, 이때의 국가는 일본 또는 대동아공영권을 의미했다. 따라서 당시 향토라는 범주에는 일본의 지방으로서의 조선과 조선의 지방이라는 이중적인 의미가 중첩되어 있었던 것이다.

문학작품에 재현된 '향토(시골)'는 주로 도시와 도시적 삶에 대한 염증을 치료하기 위한 공간으로 제시되었다. '도시' 그 자체는 근대화의 실험실이었으며, 도시 공간을 살아간다는 것에는 계몽의 기획과 이성의 추구를 바탕으로 자기 정체성을 보장받을 수 있다는 믿음

---

17 1928년 조선총독부에서 편찬하여 1932년과 1939년에 각각 재판(再版)과 삼판(三版)이 발행된 『朝鮮語辭典』에서 '鄕土'는 '鄕里', '鄕村'과 동의어로 '시골'을 의미했으며, 이는 1940년 문세영의 『修正增補 朝鮮語辭典』의 '鄕土'에 대한 "시골. 향촌."이라는 간결한 설명에도 반복적으로 나타난다.

18 高裕燮, 「鄕土藝術의 意義와 그 助興—特히 美術工藝 편에서」, 『三千里』, 1941. 4, 217면.

이 그 기저에 놓여 있었다. 그러나 자기 기획의 공간으로서 도시가 그 의미를 상실한 후 도시 공간 속에서 당대 지식인들은 "몹이도 지저분한 거리의산문이 전신의신경을 한데뭉아 짓니기고 란도질하야 놋는"[19] 혼란을 느낀다. 이효석의 「人間散文」에서 '문오'는 번잡한 도시를 떠나 한적한 시골 소도시로 이주하여 자신의 삶을 정리하고자 한다. 그는 근대 지식인으로서 자신을 추동해 오던 과학이나 철학이 더 이상 힘을 발휘하지 못하고, 근대화의 공간인 도시의 거리가 오히려 쓰레기통 같은 '산문으로 들어찬 세상'으로 여겨진 상황 속에서 시골을 찾아 나서게 되는 것이다.

도시의 산문에 염증을 느끼고 찾아온 곳은 시적인 서정의 세계, '자연'이었다. 이때의 자연은 훼손당하지 않은 전근대의 공간으로서 인위적이지 않은 본연의 것을 고스란히 간직하고 있는 공간으로 표상된다. 또한, 인간의 원초적인 욕망이 도덕적 規律에 의해 통제되지 않고 자연스럽게 표출되는 공간으로 나타난다.

> 눈에는 어느결엔지 푸른하날이물들엇 피부에는 산냄새 가배엿다. …(중략)… 두발은 뿌리요, 두팔은 가지다. 살을 베히면 피대신에 나무진이 흐를듯하다. 잠잣고섯는나무들 의 주고밧는은근한말을 나무가지의 고개짓하는뜻을 나무 닙의소군거리는속심을 총중의한포기로서 넉넉히짐작할수

---

19 李孝石, 「人間散文」, 『朝光』, 1936. 7. 270면.

잇다.[20]

이효석의 「산」에서 자연에 동화된 '중실'의 두 발은 뿌리가 되고, 두 팔은 가지가 되며, 피 대신에 나무진이 흐른다. 또한, 그는 나무들의 대화를 알아들을 수 있고 그들만의 풍속과 비밀을 속속들이 이해할 수 있게 된다. 자연 속에서 중실은 한 그루의 나무에 다름 아닌 것이다. 그런데 머슴살이로부터 쫓겨나 산 속에서 살아가고 있는 중실을 바라보는 서술자의 태도에는 지식인의 관점이 내포되어 있다. 즉, 자연의 품속으로 들어간 중실을 한 그루의 나무로 여기는 것은 '人爲的인 것을 떠난 野生의 健康美를 讚美'[21]하고자 한 근대 지식인의 응시가 투사되어 있는 것이다. 중실의 자연 속에서의 삶이 '야생적'이고, 그 속에 '건강미'가 깃들어 있다는 것은 근대 지식인에 의해 새롭게 발견된 것으로, 이때의 '향토=시골'은 야생적 건강미를 담고 있는 공간으로 명명되었던 것이다.

1930년대 후반 근대 지식인들의 향토에 대한 관점은 잡지 『朝光』에 실린 「나의 卜地 그리는 땅」(1936. 2.), 「내 고향의 봄」(1936. 4.), 「내가 그리는 新綠鄕」(1936. 5.), 「내 故鄕의 探秋」(1936. 11.), 「내 故鄕의 九月」(1938. 9.) 등 일련의 특집을 통해 확인할 수 있다. 특집에는 임화, 채만식, 이효석, 김유정 등의 문인은 물론 당대 음악가, 화가 등 문화의 전 영역에서 활발하게 활동하고 있던 지식인들이 대거

---

20 李孝石, 「산」, 『三千里』, 1936. 1, 309면.
21 李孝石, 「健康한 生命力의 追求—卑俗하게 鑑賞함은 讀者의 허물」, 『朝鮮日報』, 1938. 3. 6.

참여하였다. 이들은 대체적으로 유년기의 회상을 통해 개인사적인 과거를 재구하면서 '자연'과 '고향'의 이미지로서 향토에 대해 이야기하였다. 대표적으로 임화는 근대 지식인으로서 자기 정체성을 확립하는 데 있어서 향토 그 자체는 관심의 대상이 되지 않았고, 지식인으로서 향토에 대해서 관심을 갖는 것은 오히려 '모욕'이라고까지 생각하였지만, 혼돈의 시대를 살아가는 자신에게 향토는 '정직하고 솔직'한 공간으로 마음의 위안처로서 의미를 갖는다고 하였다.[22] 한편, 김문집은 스스로 고독한 지식인으로 자처하면서 '외로운 영혼'을 감싸 안아줄 수 있는 심리적 위안의 공간으로 향토를 찾는다고 하였다. 그러나 그는 향토를 찾는 것에 대해서 "없는것을 찾는다는 것은 너무나 비현대적이고 비과학적이"며, "이러한 비극은 나뿐만의 비극이 아니요 모든 청춘의 비극 모든 인류의 비극"[23] 이라고 하여 향토가 실재하는 대상이 아닌 지식인의 자의식에 의해 만들어진 대상임을 역설하였다. 이처럼 이들 특집에 실린 글을 통해 확인할 수 있는 것은 1930년대 후반 당대 지식인들이 심리적 위안처로서 향토를 상상하였으며, 그것은 실재하는 공간이 아닌 지식인의 자의식에 의해 양산된 환상이라는 것이다.

향토는 앞서 살펴본 도시의 타자로서의 시골이나 지식인의 심리적 위안처로서의 자연으로만 표상되지 않는다. 문학작품에 나타난 향토는 모내기에서 추수까지의 농사일과 관련된 풍속, 성황당에 산

22 林和,「푸른골작의 誘惑」,『朝光』, 1936. 5, 41면.
23 金文輯,「꿈에 그리는 幻想境」,『朝光』, 1936. 5, 50면.

제山祭를 올리거나 무당을 불러 굿을 하는 민간 신앙, 아리랑으로 대표되는 민요 등 과거 조선의 전통을 간직하고 있는 공간으로 나타나기도 하였다. 이는 당시 지식인들의 글을 통해서도 확인할 수 있는데, 특히 1941년 4월 『三千里』의 「鄕土藝術과 農村娛樂의 振興策」특집에서 향토는 민간 신앙과 농촌의 세시풍속, 전통적인 가무歌舞와 민속놀이가 공존하는, 조선의 전통문화가 면면히 이어져 내려오고 있는 공간으로 그려졌다.

이효석의 「山峽」의 '남안리' 역시 같은 맥락에서 이해할 수 있다. 「山峽」은 강원도 영서지방의 산간벽지 '남안리'를 무대로 산골 사람들의 삶을 계절의 순환에 따라 묘사하고 있는 작품이다. 이 작품의 중심 서사는 '재도' 일가의 몰락에 그 초점이 맞춰져 있지만, 「山峽」은 사시사철 산골 풍습의 묘사를 통해 강원도 영서지방의 향토성을 자아낸다.

봄이되면 소금바지의 먼길을 떠나는 남안리 농군들이 각기 소등어리에 콩ㅅ섬을 실고 마을ㅅ길에 양양하게들 늘어서는 습관이던 것 …(중략)… 문막 나룻강ㅅ가에는 서울서 한강을 거슬러올라온 소금ㅅ섬이 첩첩이 쌓여서 산ㅅ골에서 나온 농군들과의 거래로 복작거리고 떠들성했다. 대개가 콩과 교환이되여서 이 상류지방에서 바뀌어진 산과바다의 산물은 각기 반대의 방향으로 운반되는것

이었다.[24]

위의 인용문에는 산골에서 재배한 콩과 바다에서 난 소금과의 물물교환의 거래행위, 즉 봄철 '소금받이'의 풍속이 잘 묘사되어 있는데, 이는 소금이 나지 않는 강원도 영서지방의 산골 고유의 풍속이라고 할 수 있다. 또한, 작품 속에 나타난 "소의 본성을 본받아 잘 낳고 잘 늘라는 뜻"으로 "외양깐에 집과 멍석을 펴고 신방"[25]을 차리는 '첫날밤의 풍습' 역시 영서지방 고유의 것으로 보인다. 「山峽」에는 이 외에도 단오의 씨름대회, 칠성단에 제를 올리는 민간신앙, 사주를 풀어 길흉을 점치는 무속신앙, 겨울의 사냥법 등 산골의 토속적인 삶을 전경화하여 향토성을 확보하고 있다.[26]

작품 속에서 특정 지방의 향토성을 부각시켜 조선적인 것을 표상하는 것은 조선의 지방 자체에 대한 관심으로부터 기인한다. 잡지 『三千里』가 1940년 5월부터 9월까지 서면으로 마련한 좌담회를 통해 당시 지식인들의 조선 지방에 대한 인식을 살펴볼 수 있다. 이 좌담회는 "全朝鮮을 關西, 畿湖, 嶺南, 關北, 嶺東의 五地域으로 分하

---

24 李孝石, 「山峽」, 『春秋』, 1941. 5, 278면.(잡지에는 '創作 2'면으로 표시되어 있다.)

25 위의 글, 231~231면.

26 이와 관련해서는 김양선, 「이효석 소설에 나타난 식민지 무의식의 한 양상—향토와 조선적인 것의 발견을 중심으로—」, 『현대소설연구』 제27호, 한국현대소설학회, 2005, 209~217면 참고. 김양선의 이 글은 1930년대 중반 이후 이효석 소설이 토속적인 향토나 조선적인 미를 재현했다는 점에 주목하여 '식민지 무의식의 양가성'에 대해 고구한 글이다. 이 글의 논지와 관련해서 특별히 주목되는 부분은 "피식민자(the colonized)가 식민 담론(colonial discourse)과 공모하면서 자기 안의 '타자'인 향토를 발견하는 과정과 근대 기획에 대한 회의 및 비판의 맥락에서 향토를 심미화하는 과정이 복합적으로 교호하면서"(207~208면) '식민지 무의식의 양가성'이 형성된다는 지적이다.

여, 그 地方出身의 文士諸氏로부터 鄕土文化에 對한 高見"[27]을 듣고
자 기획되었는데, 설문의 내용이 주로 개인사적인 내용에 치우쳐 있
어 조선문화의 지방성에 대한 본격적인 논의를 전개하지는 못했다.
하지만 각 지방 작품의 특징을 묻는 난欄을 별도로 두어 해당 지방
출신 문인들을 소개하고, 그들의 작품에 나타난 향토성에 대해 간단
히 언급하기도 하였다. 일례로, 이석훈은 관서關西지방 출신 문인 작
품의 특징을 묻는 질문에 "白石의 定州사투리의 詩的價値는 사투리
의, 文學에있어서의 地位랄까를 充分히 主張한 것으로 注目"[28]된다
고 하였고, 이효석은 영동·영남嶺東嶺南지방 출신 문인 작품의 특징
을 묻는 질문에 "故 金裕貞의故鄕이 어디였든지 作中의人物과風物
이 江原道地方의것을 방불시키는데 그런特色의强調로든지 또 文學
으로서의 된품으로든지 그분의文學이 가장 큰 收獲이아니었을까 생
각"[29]된다고 하였다.

　이 좌담회에서 주목되는 것은 당시 조선의 지식인들이 조선을 여
러 지방으로 분할하고 각 지방의 문화가 차이를 갖는다는 데 공통된
인식을 보였다는 점에 있다. 다시 말해, 이 좌담회의 글을 통해서 조
선문화를 구성하고 있는 각 지방문화의 지방성에 대한 식민지 조선
지식인들의 인식이 일반화되었던 것을 확인할 수 있다. 이는 앞서 살
펴보았던 최재서나 김종한의 논의를 통해서도 알 수 있듯이, 1930년

---

27 「關西出身文人諸氏가 『鄕土文化』를 말하는 座談會」, 『三千里』, 1940. 6, 166면.
28 위의 글, 173면.
29 「『嶺南, 嶺東』出身文士의 『鄕土文化』를 말하는 座談會」, 『三千里』, 1940. 7, 147면.

대 후반 동아시아 지역 질서의 재편 속에서 당시 조선의 지식인들이 일본을 정점으로 한 중앙과 지방, 또는 지방들의 연합체로서 새로운 동양을 인식하고 그 경계 안에서 조선의 정체성을 모색하려 했던 움직임과 밀접한 관련을 갖는다. 즉, 동아시아 지역 질서의 재편 속에서 조선의 지방성을 인식한 것과 동시에 동일한 방식으로 조선 각 지방의 지방성에 대해서도 이해하기 시작했던 것이다.

지금까지 살펴보았듯이, 1930년대 후반 향토는 지식인의 낭만적인 환상과 욕망에 의해 재구성된 것이거나 현실의 외부에서 여행자의 시선에 포획된 '풍경'으로 그려졌으며, 서정적인 감흥과 동화의 대상으로 나타나거나 현실의 고통을 치유해주는 위안처로서 문학작품 속에 표상되었다. 즉, 향토는 근대 지식인의 개인적 관조의 대상으로서 새롭게 만들어졌던 것이다.[30] 또한, 향토는 농촌의 세시풍속, 무속을 포함한 민간신앙, 전통적인 가무와 민속놀이가 공존하는, 조선의 전통문화가 살아 숨 쉬고 있는 공간으로 그려지기도 하였다. 이처럼 향토는 1930년대 후반 근대 지식인들에게 있어 자신의 정체성을 재정립하고, 조선문학의 지방성을 확보하기 위한 공간으로 적극 활용되었던 것이다.

---

30 이와 관련해서 신형기, 「이효석과 '발견된' 향토」, 『민족 이야기를 넘어서』, 삼인, 2003, 108~135면 참고. 특히, 향토가 "식민지 혼종의 내면을 이루는 또 하나의 환상으로 제시된 것"(124면)이라는 논의는 이 글을 구성하는 데 있어 많은 참고가 되었다.

# 4. 제국을 월경越境하는 조선(문학)에 대한 상상

　식민지 후반기 문화의 각 영역에서 '조선적인 것'과 '지방적인 것'에 대한 관심이 고조되고, 당대 지식인들이 이러한 관심을 바탕으로 조선문화의 새로운 패러다임을 구축하기 위한 움직임을 보였다는 점을 감안했을 때, 식민지 조선문화 형성에 있어서 제국 일본문화와의 상호 교호의 측면이 고려되어야 한다. 같은 맥락에서, 식민지 후반기 조선문학의 지형도 안에서 향토(성)의 창출이 식민 지배 담론과의 헤게모니 투쟁 과정 속에서 다양한 스펙트럼을 경유하여 양산되었던 측면에 주목할 필요가 있다. 왜냐하면 당대 문학 장場 속에서 향토 창출이 식민 담론과 공모했느냐, 저항했느냐는 속단할 수 없는 문제이기 때문이다. 보다 중요한 것은 공모/저항의 이분법적 구별이 아니라 그것이 어떠한 양상으로 얽혀 있느냐에 있다.

　일본에서 향토에 대한 관심과 탐구는 미나카타 구마구스南方熊楠와 야나기타 구니오柳田國男에 의해 '민속학'이 하나의 학문 영역으로 정착하면서부터였다. 미나카타가 영국의 곰므Gomme에 의해 촉발된 민간전승·민화·민요·신화 등에 대한 탐구에 자극을 받아 야나기타에게 '이속학里俗學'에 대한 관심을 촉발하였고, 야나기타는 1913년 『郷土研究』를 발간하여 향토를 연구의 대상으로 자리매김하였다. 일본의 근대화에 대한 비판적인 시각을 바탕으로 1920년대부터 1930년대에 이르면서 민속학이 대학의 제도권 안에 들어가고, 민간에서 지지를 얻는 등 '도고쿠東國 학풍'이 거세게 일어났다. 이러한 민속학의 열풍 속에서 이질성과 후진성을 각인당한 류큐琉球와 홋카이도北海島

에 대한 연구도 활발하게 일어났다. 또한, 야나기 무네요시柳宗悅는 '민중적 공예'에 대한 관심을 유도하여 민예운동을 일으키면서 한편 으론 '조선의 미'를 발견하였고, 곤 와지로今和次郎는 문화적 가치가 없다고 무시당해왔던 민가民家에 대한 탐구를 진행하기도 하였다.[31] 이처럼 일본에서는 1910년대 이후 야나기타 구니오를 중심으로 학문 적 대상으로서 향토를 관찰하는 방법이 제창되었고, 향토에 관련된 담론이 각지에서 쏟아져 나왔다. 또한, 민속학자와 지리학자들은 지 방을 방문 조사하고, 그 지역에 관한 기록을 남겼다. '향토'라는 말이 '태어나 자란 토지', '후루사토ふるさと', '고향'이라는 의미에 덧붙여 '지방', '시골'이라는 의미를 갖게 된 것도 이러한 움직임을 반영한 것이었다.[32]

이러한 제국 일본의 향토에 대한 관심과 탐구는 일본 내의 각 지 방을 넘어서 동아시아 식민지를 그 대상으로 포함하였고, 1930년대 후반 이후 일본의 지방으로 위치 지어진 조선 역시 그 대상으로 포섭 되었다. 이때 조선문화는 중앙 문화의 타자로서 열등한 것으로 여겨 졌으며, 중앙 문화에 자극을 주는 지방 문화로 하나의 활력소로서 기 능하였다. 당시 일본 문단에 조선 작가의 일본어 소설이 소개되었는 데, 일본 문인들의 이국취향의 대상인 소위 '조선색'이 농후한 작품 들이 취사선택되었다. 그리고 조선색을 잘 드러내는 소재로는 시골

---

31 이에 대해서는 가노 마사나오(鹿野政直), 김석근 옮김, 「민속사상」, 『근대 일본사상 길잡이』, 소화, 2004, 185~206면 참고.

32 小畠邦江, 「昭和初期に記述された鄕土と手任事」, 「鄕土」研究會 編, 『鄕土―表象と實踐 ―』, 嵯峨野書院, 2003, 46면.

의 향토 풍경과 한복을 입은 조선의 여인(기생)상이 주를 이루었다.

이는 관능적이고 이국적인 지방으로 조선을 위치시키면서 그에 대한 일본의 호기심을 반영하는 한편, 후진적이고 야만적인 조선에 대한 조롱을 반영한 것이다. 여기에는 익숙한 동양에 대해서는 조롱을, 새로운 동양에 대해서는 호기심을 드러내는 서구 오리엔탈리즘의 양가성과 같은 일본적 오리엔탈리즘의 양가성이 내포되어 있다. 다시 말해 류큐나 홋카이도처럼 야만의 영토로 조선을 표상하면서 거기에 경멸어린 조롱을 가하는 한편, 아직 개척되지 않고 원초적인 것이 고스란히 간직되어 있는 영토로 조선을 구획 지으면서 그곳에 대한 호기심을 드러낸 것이다. 이는 제국 일본이 식민지 조선을 원시화함으로써 스스로를 근대화되고 고도로 테크놀로지화된 위치에 올려놓는 과정의 일부[33]라고 할 수 있다.

1930년대 후반에 들어서면서 제국 일본에 의한 '향토'에 대한 관심과 탐구는 식민 지배담론으로 변질되어 가면서 동일화/차별화의 전략으로 유포되었다. 그것은 제국의 지배 권력에 포섭되는 하나의 지방으로 식민지 조선의 위치를 제한하면서 조선 그 자체를 향토로 바라보게 하였다. 당시 조선의 지식인들 역시 향토의 의미가 조선적인 것에서 지방적인 것으로 변질되어감에 따라 지배 담론의 이데올로기를 일정 부분 수용할 수밖에 없었을 것이다. 따라서 당시 조선의 지식인들에게도 관능적이고 야만적인 영토로 조선을 바라보는 제국의 관점이 없지 않았다. 하지만 조선의 지식인들은 식민 담론에서 파

---

33 레이 초우, 정재서 옮김, 『원시적 열정』, 이산, 2004, 42면.

생한 향토의 문법을 그대로 받아 쓴 것만은 아니었다.

이와 관련해서 주목되는 작품이 이효석의 「은은한 빛」이다. 「은은한 빛」은 1940년 7월 일본의 문예잡지 『文藝』에 일본어로 발표된 작품으로, 골동취미를 가진 조선인 '욱'이 고구려 시대의 고도古刀를 얻게 된 뒤 일본인 '호리' 박물관장으로부터 이를 기증해 달라고 종용받고 있는 상황 속에서 발생하는 사건을 전개하고 있는 작품이다. 욱은 평소 호리 관장과 가깝게 지내는 사이였지만 고도만은 절대로 양보할 수 없다고 하였고, 이에 호리 관장은 술자리를 마련하여 고미술애호회 '후꾸다' 영감의 지원 하에 돈으로 매수하려는 야욕을 보인다. 이에 욱은 스스로 '가난한 장사'를 하고 있지만 고도에 관해서는 장사치가 아니라며 강한 어조로 거절한다. 여기에서 욱이 고도를 팔지 않겠다는 것은 일본인의 호사 취미를 위해 조선(문화)을 상품화하지는 않겠다는 강한 의지의 표현이다.

　우리의 장점을 발견해준 건, 솔직히 말해서 그들일지도 모르지. 적어도 타인의 풍부함이 우리에게 반성을 환기해 주었다고 말할 수도 있지 않을까? …(중략)…
　파렴치한 소리 작작 하게. 우리의 장점이란 본래 우리에게 있는 거야. 남들에게 배워서야 겨우 알게 된다면, 그런 건 없어도 좋아. …(중략)… 그런 걸 누구한테 배운단 것인가? 체질의 문제네. 풍토의 문제야. 그것마저 외면하는, 자네들의 그 천박한 모방주의만큼 같잖고 경멸할 만한 건

없다네.[34]

　호리 관장과의 일을 친구 '백빙서'에게 이야기하자 그는 야유하는 어조로 욱의 행동 자체가 골동적 가치가 있다면서 우리의 장점을 발견하게 해준 것이 그들이라고 옹호하는 태도를 보인다. 즉, 수치스럽긴 하지만 조선문화의 장점을 발견하게 된 것은 순전히 일본인들에 의한 것이라고 역설하고 있는 것이다. 타인의 풍부함이 우리로 하여금 반성을 할 수 있게 한 것이라 믿고 있는 백빙서의 태도는 욱이 말한 것처럼 '서양 사람의 집에서 조선 식기를 역수입'하는 것과 같은 것이며, 결국 그것은 조선문화를 타인의 입장에 서서 관조하고 상품화하는 것에 다르지 않다. 이에 대해 욱은 조선문화의 장점은 본래부터 가지고 있는 것이라며 백빙서의 '천박한 모방주의'를 강한 어조로 비난하기에 이른다. 욱의 이러한 태도는 마음에 두고 있던 기생 '월매'가 돈에 팔려가는 자신의 처지에 대해 구제를 요청하거나, 아버지가 뼈를 묻고 싶은 땅에 대한 염원을 보였음도 불구하고 고도를 "넘길 바엔 차라리 내 목숨을 넘겨주는 게 낫"[35]겠다는 굳은 의지로 이어진다.

　더욱이 일본문화와 조선문화 사이의 차이를 이야기하고, 천박하게 일본문화를 모방하는 것을 경계하면서 그 근거로 든 것은 '체질'과 '풍토'의 문제였다. 이는 한편으로는 동조동근론同祖同根論을 바탕

---

34 李孝石, 「ほのかな光」, 『文藝』, 1940. 7, 97면.
35 위의 글, 106면.

으로 내선일체를 획책하고자 한 지배 담론의 근거였으며, 다른 한편으로는 조선을 일본의 미개한 지방으로 자리매김하려는 제국주의적 우월 의식의 근거였다. 따라서 욱이 '체질'과 '풍토'를 근거로 하여 지배 담론의 자기만족적인 응시를 되돌린 것은 그러한 지배 담론의 양가성 자체에 균열을 가한 것이다. 이는 이 작품이 일본 문단에 일본어로 발표된 소설이라는 측면에서 한층 의미를 갖는다. 즉, 식민지에 대한 이국취향을 바탕으로 자국 문단에 활력을 불어넣기 위해서 향토(색)을 장려하고, 타자(조선)를 통해 자기(일본) 정체성을 확립하려는 제국주의의 전략을 교묘하게 모방[36]하여 지배 담론의 중심성을 해체시킨 것이다.

그런데 이효석은 향토적인 것, 지방적인 것에만 몰두해서 작품을 창작하는 것이 무의미하다고 주장한다. 그는 무비판적으로 토속적인 문학을 숭상하는 것은 편집자의 비위를 맞추려는 것일 뿐이라고 일축하고, 나아가 조선인의 대부분이 지방의 시골사람들이라고 해서 작품 속에서 향토를 그리려 하는 것도 이유가 없다고 비판한다. 이효석은 향토라는 공간 그 자체에는 그다지 관심이 없었다. 그는 향토에 몰입하여 '토속적인 것'을 창작 수단으로 삼는 것에 대해 협착한 아량이라고 비판하면서 "朝鮮의움즉임은오히려都會에잇다"고 강변

---

36 바바에 의하면, 모방(mimicry)은 그 자체가 부인의 과정인 차이의 표상으로서 나타난다. 따라서 모방은 이중 절합(double articulation)의 기호이다. 그것은 가시적 권력으로 타자를 '전유하는' 개정·규칙·규율의 복합적인 전략이다. 그러나 모방은 또한 차이 혹은 부적합의 기호이기도 하다. 그것은 식민 권력의 지배 전략적 기능에 결합하고, 감시를 강화하며, '표준화된' 지식과 규율 권력 모두에 내재적인 위협의 포즈를 취한다. Homi K. Bhabha, The Location of Culture, Routledge, 1994, 86면.

하였는데, 그가 '도시' 공간에 주목했던 이유는 그곳에는 "世界的인 生活要素가 … 地方的인것과 合流融合되여잇"다고 여겼기 때문이었다.[37] 그에게 있어서는 "메주를먹는風土속에 살고있음으로 메주내나는文學을 나음이 當然하듯 한편 西歐的共感속에 呼吸하고있는現代人의趣向으로써 빠터내나는文學이 우러남도 이또한 當然한것"[38]이었다. 이효석에게 있어서 서구적 도시문학과 향토적 지방문학은 그 자체가 관심의 대상이 되지 못하였고, 그는 그러한 문학을 통해서 조선문학을 세계문학으로 발전시키고자 했던 것이다.

> 그의 구라파주의는 곧 세계주의로 통하는것이어서 그입장에서볼때 지방주의같이 깨지않은 감상은없다는 것이다. …(중략)… 이곳의 추한것과 저곳의 아름다운것을 대할 때 추한것보다는 아름다운 것에서 같은 혈연과 풍속을 느끼는것은 자연스런일이다. 같은 진리를 생각하고 같은 사상을 호흡하고 같은 아름다운 것에 감동하는 오늘의 우리는 한구석에 숨어사는것이 아니오 전세계속에 살고 있는 것이다. 동양에 살고있어도 구라파에서 호흡하고 있는것이며 구라파에 살아도 동양에 와있는셈이다.[39]

---

37 李孝石, 「文學과 國民性─한 개의 文學的 覺書─」, 『每日新報』, 1942. 3. 6.
38 李孝石, 「文學振幅擁護의 辯」, 『朝光』, 1940. 1, 72면.
39 李孝石, 『花粉』, 人文社, 1939, 156면.

앞의 인용은 이효석의 『花粉』에서 미란이 '철저한 구라파주의자' 영훈을 바라보는 관점을 서술한 부분이다. 피아니스트인 영훈은 '아름다운 것'에 대해서는 동양과 서양의 구별을 넘어서 '같은 혈연과 풍속을 느끼는 것이 자연'스럽다고 생각하는 인물이다. 그는 미적인 것에 있어서는 "지방의구별이없고 모든것이 한세계속에 조화되"[40]어 있다고 인식한다. 그에게 조선의 자연이나 풍속은 환멸의 대상이 될지언정 미美의 대상이 되지는 않는다. 그가 서양을 동경하는 이유는 조선이라는 환멸의 공간으로부터 벗어나 미의 영역에 자신을 위치시킬 수 있다고 믿고 있기 때문이다. 결국 이러한 '서양=미적 영토'에 대한 영훈의 인식은 이효석의 미에 대한 인식으로부터 나온 것이라고 할 수 있다.

이효석은 소위 동반자 작가로 불려지던 초창기부터 서구 세계에 대한 동경을 작품 곳곳에서 드러내고 있었다.[41] 다시 말해, 그는 서구 세계에 대한 동경을 바탕으로 식민지 조선을 바라보았으며, 조선인이 아니라 세계인이 되고자 꿈꾸고 있었다. 이처럼 이효석은 자신의 '구라파에 대한 애착'을 서양인이 동양에 대해 갖는 이국취향의 엑조티시즘과는 다른 '자유에 대한 갈망의 발로'[42]라고 말한다. 그는 식민지 조선인으로서나 제국의 일본인으로서 자신의 정체성을 정립하고자 하지 않았으며 세계인으로서 스스로를 위치 짓고자 하였다. 심미

---

40 위의 책, 157면.

41 이효석의 서구 세계에 대한 동경에 관해서는 김주리, 「이효석 문학의 서구지향성이 갖는 의미 고찰」, 『민족문학사연구』 제24호, 민족문학사연구소, 2004, 387~408면 참고.

42 李孝石, 「旅愁」, 『東亞日報』, 1939. 12. 12.

적 차원에서 다문화적·통국가적 세계인이 되고자 했던 이효석에게
있어서, 조선문학의 향토성은 제국문학의 지방성을 넘어 세계문학으
로 나아가기 위한 모색의 산물이었던 것이다. 요컨대, 그는 제국의
경계를 넘어 조선 및 조선문학을 상상했던 것이다.


## 5. '향토＝고향'의 균열: 결론을 대신하여

1930년대 후반 이후 문화의 각 담론 안에서 '조선적인 것'의 대
표적인 표상인 '향토'의 의미가 '지방의 시골'에서 '반도', '조선', '지
방' 등으로 그 외연을 확장했음은 앞서 살펴본 바와 같다. 그런데 제
국 일본과 식민지 조선의 관계 속에서 파생한 향토의 의미에는 '고
향'이라는 심상지리가 중첩되어 있다. 이는 앞서 살펴 본 1936년 이
후 『朝光』에 실린 일련의 특집 글들을 통해서도 확인할 수 있다. '고
향故鄕'은 '태어나고 자라난 고장'이라는 사전적 의미를 넘어 다양한
거점과 논리를 통해 구성된다. 시간과 공간, 그리고 지리, 역사, 언
어 등은 과거와 현재를 결합하고 미래로 향하는 시간적 일체성을 형
성하는 데 중요한 역할을 하며, 공통의 언어와 관습은 공간적 일체감
을 생성한다. 동시에 이것들이 하나의 기원을 가지며 공통의 문화가
되고, 공통의 감정을 양성한다는 '내러티브'를 통해서 공통의 시공간
을 '고향'이라고 여기도록 만든다.[43] 이와 같은 '고향'의 발견은 근대

---

43 成田龍一, 『「故鄕」という物語─都市空間の歷史學』, 吉川弘文館, 1998, 91면.

이후 '이향離鄕'의 체험을 전제로 한다.

해방 이후 국가 건설과 민족 통합이라는 당면 과제 앞에서 '향토'는 민족의 성소로서 위치 지어지면서 '고향', '고국' 등의 의미로 고착화되었다. 그러나 '향토=고향'의 등식화나, '향토=고국'의 등식화는 탈향脫鄕과 이향의 식민지시기에 발생한 것이라고 할 수 있다. 이 글을 마무리하면서 식민지시기 이산離散의 체험을 둘러싼 고향의식의 전모에 대해 살펴볼 수는 없지만, 1940년대 중반 '향토=고향'의 등식화에 나타난 개인의 분열 의식에 대해 간단히 언급하고자 한다. 왜냐하면 이러한 분열은 1930년대 후반에서 1940년대 전반에 이르기까지 '제국의 지방으로서의 조선'이라는 향토의 의미가 해방 후 '민족의 성소'로서의 향토라는 의미로 변화되어가는 과정 속에서 그것의 굴절된 양상을 짐작할 수 있게 하기 때문이다.

이와 관련해서 주목되는 작품은 1944년 3월 『春秋』에 실린 박계주의 「鄕土」이다. 이 작품은 화자가 간도에 있는 어머니를 찾아가는 열차 안에서 궁핍했던 과거를 회상하면서, 간도에 정착하기 위해 온갖 역경을 이겨내는 "어머니의 씩씩한 기개와 영웅적 분전"[44]을 형상화하고 있다. 그런데 흥미로운 점은 어머니와 아들 사이에 고향을 바라보는 다른 관점이 내포되어 있다는 데 있다. 어머니는 고향을 등지고 간도로 이주했다고 하더라도 조상 대대로 살아왔던 '조선'을 고향으로 여기고 있음에 비해 아들은 자신이 태어나 자란 '간도' 땅을 고향이라고 느낀다. 어머니는 돌아가야 할 근원의 장소로서 고향을 인

---

44 朴啓周, 「鄕土」, 『春秋』, 1944. 3, 108면.

지하는 반면, 그는 태어난 곳을 고향으로 여기는 것이다.

> 멀, 고향땅이라고 별 다른가요. …(중략)… 세상은 한 땅
> 이오 한집이랍니다. 요새 팔굉일우八紘一宇라는 말도 있고
> 더욱이 선만일여鮮滿一如라는 말도 있는데요. 여기 간도 땅
> 이 옛날엔 우리조선땅이였답니다. 그러니까 예두 우리 향
> 토가 아니겠어요?[45]

그가 간도를 고향으로 느끼는 근저에는 '선만일여', '팔굉일우' 등
천황제 통치 하 일본인으로서 고향을 바라보는 관점이 내포되어 있
다. 다시 말해, 그는 '조선인'이나 '만주인'이 아닌 '일본인'으로서 자
신의 고향을 바라보고 있는 것이다. 그러나 이러한 그의 인식은 여생
이 얼마 남지 않아 죽기 전에 아버지의 유골을 조선 땅으로 모셔가려
는 어머니를 생각하면서 변하게 된다. 그는 스스로 어머니와 마찬가
지로 조선의 고향을 동경하게 되었음을 토로하면서 자신은 중국인이
나 만주인이 아니라 조선인임을 새삼 느끼게 된다. 즉, '향토=고향'
에서 조선인이라는 자신의 아이덴티티를 찾고 있는 것이다. 그러나
그의 이러한 생각은 다시 변하게 되는데, 간도의 '용정'에 도착한 뒤
시가를 바라보면서 그는 "향토가 될수 없다던 용정을 무의식중에 고
향으로 여기"면서 "그렇게 무의식중에 고향으로 느껴지는 곳이 진정

---

45 위의 글, 109~110면.

한 내 고향일지도 모른다"[46]고 말하게 된다. 다시금 태어난 곳 용정을 고향으로 느끼게 되면서 고향에 대한 감정이 '분열'되고 있는 것이다.

이처럼 박계주의 「鄕土」에서는 간도에서 태어나 자란 조선인의 '고향' 인식에 분열이 발생한하고 있다. 이러한 분열 의식은 조선인/일본인의 분열, 조선/일본의 분열을 함축한다고 할 수 있다. 이는 1930년대 후반 이후 일본의 지방으로서 '조선=향토'를 통해 새로운 조선문화를 건설하고 자신의 정체성을 확립하려 했던 조선인들이 1940년대 중반에 이르러서 조선인과 제국인 사이에서 자신의 정체성을 확립하는 데 동요를 느끼고 있었음을 암시한다. 바꾸어 말하면, 당시 식민지 조선인으로서나, 제국 일본인으로서 '향토=고향'을 바라보면서 자신의 정체성을 확립하는 길이 쉽지 않았음을 짐작할 수 있다. 고향이라는 시공간을 통해 자신의 정체성을 확립하는 데 있어 조상 대대로 살아왔던 '조선'을 바라보는 '조선인'과 자신이 나고 자란 곳 '간도'를 바라보는 '제국인' 사이의 동요와 균열은 식민지 조선인이 조선과 일본 중 자신을 어느 지역 경계 안에 위치시키느냐에 따라 다른 것이다. 그리고 이러한 분열의 발생은 당시 조선인의 위치가 끊임없이 유동하고 있었음을 가늠케 한다. 이러한 유동은 이후 해방기 '민족–만들기' 프로젝트 안에서 봉합되고, 향토는 '조국'과 '국토'라는 의미로 견고하게 굳어갔던 것이다.

---

46 위의 글, 111면.

# 참고문헌

## 1. 기본자료

『東亞日報』,『每日新報』,『朝鮮日報』

『國民文學』,『三千里』,『人文評論』,『朝光』,『春秋』

『朝鮮語辭典』,『修正增補 朝鮮語辭典』

朴啓周,「鄕土」,『春秋』, 1944. 3.

徐寅植,『歷史와 文化』, 學藝社, 1939.

李孝石,「산」,『三千里』, 1936. 1.

＿＿＿,「人間散文」,『朝光』, 1936. 7.

＿＿＿,『花粉』, 人文社, 1939.

＿＿＿,「ほのかな光」,『文藝』, 1940. 7.

＿＿＿,「山峽」,『春秋』, 1941. 5.


## 2. 연구논저

김양선,「이효석 소설에 나타난 식민지 무의식의 한 양상: 향토와 조선적인 것의 발견을 중심으로」,『현대소설연구』제27호, 한국현대소설학회, 2005.

김주리,「이효석 문학의 서구지향성이 갖는 의미 고찰」,『민족문학사연구』제24호, 민족문학사연구소, 2004.

류보선,「1930년대 후반기 문학비평 연구」, 서울대학교 박사학위논문, 1996.

박헌호,『한국인의 애독작품―향토적 서정소설의 미학』, 책세상, 2001.

신형기,「이효석과 '발견된' 향토」,『민족 이야기를 넘어서』, 삼인, 2003.

오태영,「향토의 창안과 조선문학의 탈지방성」,『한국근대문학연구』제14호, 한국근대문학회, 2006.

윤대석,「『국민문학』의 '신지방주의론'」, 사에구사 도시카쓰 외,『한국 근대문학과 일본』, 소명출판, 2003.

정종현, 『동양론과 식민지 조선문학 : 제국적 주체를 향한 욕망과 분열』, 창비, 2011.

차승기, 『반근대적 상상력의 임계들 : 식민지 조선 담론장에서의 전통·세계·주체』, 푸른역사, 2009.

황종연, 「한국문학의 근대와 반근대—1930년대 후반기 문학의 전통주의 연구」, 동국대학교 박사학위논문, 1991.

_____, 「1930년대 고전부흥운동의 문학사적 의의」, 동국대학교 한국문학연구소 엮음, 『한국문학과 근대성의 형성』, 아세아문화사, 2001.

가노 마사나오, 김석근 옮김, 「민속사상」, 『근대 일본사상 길잡이』, 소화, 2004.

야마무로 신이찌, 임성모 옮김, 『여럿이며 하나인 아시아』, 창비, 2003.

히로마쯔 와타루, 김항 옮김, 『근대초극론』, 민음사, 2004.

레이 초우, 정재서 옮김, 『원시적 열정』, 이산, 2004.

에릭 홉스봄 외 지음, 박지향·장문석 옮김, 『만들어진 전통』, 휴머니스트, 2004.

成田龍一, 『「故鄕」という物語—都市空間の歷史學』, 吉川弘文館, 1998.

小畠邦 江, 「昭和初期に記述された鄕土と手任事」, 「鄕土」研究會 編, 『鄕土—表象と實踐—』, 嵯峨野書院, 2003.

Homi K. Bhabha, *The Location of Culture*, Routledge, 1994.

동양학 학술총서 8

개화기에서 일제강점기까지

**세시풍속의 문학적 형상과 그 변용**

**1판 1쇄 펴낸날** 2015년 05월 25일

**편저자** 단국대학교 동양학연구원

**펴낸이** 서채윤
**펴낸곳** 채륜
**책만듦이** 김미정
**속글꾸밈이** 이현진
**겉장꾸밈이** 이한희

**등록** 2007년 6월 25일(제2009-11호)
**주소** 서울시 광진구 천호대로 798 현대 그린빌 201호
**대표전화** 02-465-4650 | **팩스** 02-6080-0707
**E-mail** book@chaeryun.com
**Homepage** www.chaeryun.com

책값은 뒤표지에 있습니다.
ISBN 979-11-86096-11-6 93380

이 저서는 2011년 정부(교육과학기술부)의 재원으로 한국연구재단의 지원을 받아 수행한 연구임.
(NRF-2011-413-A00003)